U0540594

四库存目

子平匯刊 ⑥

神峰通考命理正宗

[明]张楠◎撰 郑同◎校

华龄出版社

责任编辑：薛　治
责任印制：李未圻

图书在版编目（CIP）数据

四库存目子平汇刊. 6/（明）张楠撰；郑同校
—北京：华龄出版社，2015.4
ISBN 978-7-5169-0555-5

Ⅰ.①四…　Ⅱ.①张…　②郑…　Ⅲ.①《四库全书》
—图书目录　Ⅳ.①Z833

中国版本图书馆CIP数据核字（2015）第082211号

声明：依据《中华人民共和国著作权法》及《中华人民共和国著作权法实施条例》，本书作者依法享有本书的著作权。未经出版社及作者许可，禁止大量引用、节录、摘抄本书，禁止以任何方式翻印本书。

书　　　　名：	四库存目子平汇刊（六）：神峰通考
作　　　　者：	（明）张楠撰　郑同校
出　版　人：	胡福君
出版发行：	华龄出版社
地　　　　址：	北京市东城区安定门外大街甲57号　邮　编：100011
电　　　　话：	（010）58122246　传　真：（010）84049572
网　　　　址：	http://www.hualingpress.com
印　　　　刷：	九洲财鑫印刷有限公司
版　　　　次：	2015年5月第1版　2020年10月第6次印刷
开　　　　本：	720×1020　1/16　印　张：16.5
字　　　　数：	235千字　印　数：10501～13500册
定　　　　价：	38.00元

版权所有　　翻印必究

本书如有破损、缺页、装订错误，请与本社联系调换

叙

神峰子曰：天之所赋者命，穷达夭寿，系诸气禀之先；虽圣贤鬼神，莫能移易。故君子居易以俟命，惟不知命，无以为君子。然命之理，溯其源则肇于轩辕氏，始有干支之降，师大挠作甲子，遂以人之年月日时所生，谓之命焉。盖与天赋之命，其揆一也。但始无书稽考，① 至唐袁守成，始作《指南五星书》，吕才作《合婚书》，一行禅师作《星历书》②，五代有《辘轳书》，前宋有《殿驾书》，南宋辽金有《乔拗书》，元有《耶律楚材书》，③ 裴大猷有《琴堂虚实书》，均以人之生年，五行纳音所属，身命限度为之主，七曜四余为之用。明朝徐均作《子平书》，④ 专以日干为主本，月令为用神，岁时为辅佐。吁！命书之作，至此尽矣。其故何欤？盖五星之说，只是以生年为主，月与日时或遗焉；或以纳音为主，干与支或遗焉；孰若子平之理，独得其中。日通月气，岁与时为脉络；日为身主，月为巢穴，岁与时为门户。得于此而不遗于彼，通于上而不遗于上；抑有余，补不足。⑤ 中正之道，孰外是焉！

余涉猎群书，颇诣旨趣，独观命理，有《五星指南》、《琴堂书》、《渊海子平》书宗。其理出之正，法立之善，但其中间颇有不根之言；进退之说，无确然一定示人之见。后世缘此，立说益多，益滋人惑。虽授受不过袭谬，殆若行书者迷道，问盲人指示焉！是以究之穷陬极壤，尽皆招摇售术，听其言则是，校其理则非，竟无一人能扪其堂陛而撮其枢要也。呜呼！非惟诬人，实自诬也，予深慨焉。

由是究心此道，四十余年矣。一旦恍然有得，始觉其理有正途，断无

---

① "始无书稽考"，它本作"先未有书"。
② 指一行所订定《开元大衍历》等。
③ 耶律楚材著有《庚午元历》、《五星秘语》等书。
④ 即《渊海子平》一书。
⑤ "不足"，它本作"不及"。

旁出；似是之非，不惭肤见，乃立《五星正说》、《五星谬说》、《子平诸格正说》、《子平诸格谬说》、《动静说》、《盖头说》、《六亲说》、《病药说》、《雕枯弱旺损益生长八法说》、《人命见验说》。盖取诸尊崇正理，辟诸谬说之意，因名之曰《命理正宗》。付诸剞劂，以分同好，庶可有补六艺中之万一云尔。

临川西溪逸叟张楠叙

目 录

神峰通考命理正宗卷一 ········· 1
  五星正说类 ················· 1
  五星谬说类 ················· 2
  男女合婚说 ················· 5
  总论子平谬说类 ·············· 5
  动静说 ···················· 6
  盖头说 ···················· 7
  六亲说 ···················· 8
  病药说类 ··················· 9
  雕枯旺弱四病说类 ············ 9
  损益生长四药说类 ············ 11
  正官格 ··················· 12
  偏官格 ··················· 16
  时上一位贵格 ··············· 30

神峰通考命理正宗卷二 ········ 35
  月支正财格 ················ 35
  时上偏财格 ················ 39

伤官食神格 …… 41

印绶格 …… 55

阳刃格 …… 60

专禄格 …… 66

杂气财官印绶格 …… 67

金神格 …… 72

神峰通考命理正宗卷三 …… 73

飞天禄马格 …… 73

倒冲禄马格 …… 75

子遥巳格 …… 75

丑遥巳格 …… 76

壬骑龙背格 …… 77

井栏叉格 …… 77

六乙鼠贵格 …… 78

六阴朝阳格 …… 79

刑合格 …… 81

合禄格 …… 82

曲直仁寿格 …… 83

稼穑格 …… 84

炎上格 …… 85

润下格 …… 85

从革格 …… 85

年时上官星格 …… 86

从化格 …… 87

夹丘拱财格 …… 89

岁德扶杀格 …… 89

又补岁德扶财格 …… 90

专财格 …… 90

日德格 …… 91

日贵格	91
魁罡格	92
六壬趋艮格	92
六甲趋乾格	93
勾陈得位格	93
玄武当权格	94
财官双美格	94
拱禄拱贵二格	96
日禄归时格	97
四位纯全格	99
天元一气格	99
三合聚集格	100
福德格	101
神趣八法	102
论大运	104
论太岁	104
认格局生死之歌	104
五星论	105
金不换看命绳尺	107
金不换骨髓歌断	108

神峰通考命理正宗卷四 … 113

十天干体象全编论	113
十二支咏	115
总　咏	118
干支所属	118
天干合	118
地支合	118
地支会局	119
五行相生	119

五行相克	119
十干禄	119
五行发用	119
地支相冲	120
三　刑	120
六　害	120
十二支中所藏法	120
论五行生克制化	120
吉神类	121
凶神类	125
起八字诀	131
看命人式	132
月令详辨	132
起大运法阳男阴女	132
起大运法阴男阳女	133
子平举要	133
江湖摘锦	133
男命小运定局	134
女命小运定局	134
阳顺阴逆生旺死绝图	135
地支造化图	136
天干五阳通变	137
天干五阴通变	137
阴阳通变妙诀	138
定格局诀	138
子平泛论	141
十干从化定诀	141
十段锦	142
十段化气	143
五阴歌	144

天元一字歌	145
运晦歌	145
运通歌	145
刑克歌	146
刑妻歌	146
克子歌	146
带疾歌	147
寿元歌	147
飘荡歌	148
女命歌	148
月建生克	148
看命捷歌	153
论诸格有救	155
取格指诀歌断	155
节气歌断	156
万尚书琼玑三盘赋	156
崖泉男命赋	158
崖泉女命赋	159
讲命捷径赋	160
四言独步	161
身弱论	164
弃命从杀格	165
五言独步	165

神峰通考命理正宗卷五 167

喜忌篇	167
继善篇	176
六神篇	187
气象篇	192
渭泾论	198

定真篇 ……………………………………………………………… 206

神峰通考命理正宗卷六 …………………………………… 211

五行元理消息赋 ………………………………………………… 211

五行生克赋 ……………………………………………………… 222

一行禅师天元赋 ………………………………………………… 228

捷驰千里马赋 …………………………………………………… 236

络绎赋 …………………………………………………………… 236

玄机赋 …………………………………………………………… 237

憎爱赋 …………………………………………………………… 237

万金赋 …………………………………………………………… 238

相心赋 …………………………………………………………… 239

仙机赋 …………………………………………………………… 239

金玉赋 …………………………………………………………… 240

人鉴论 …………………………………………………………… 240

渊源集说 ………………………………………………………… 241

妖祥赋 …………………………………………………………… 241

幽微天干赋 ……………………………………………………… 242

人元消息赋 ……………………………………………………… 244

地支赋 …………………………………………………………… 245

病源赋 …………………………………………………………… 246

神峰通考命理正宗卷一

五星正说类

一、安身命宫，原取逢卯安命，逢酉安身，其理何欤？然卯属东方正木，木主仁，仁主寿，故以命宫寓焉。酉属西方之正金，金主义，义主宜，故以身宫寓焉。然命宫为受胎之初，故以仁木主之，仁有生生之意也。身宫为受胎之后，故以义金主之，义有成身之道也。身命之立，其原于此，理出于正也。

一、安星辰法，当以《五星指南》为之体，《琴堂》、《殿驾》为之用。体可祖之，而为造命之矜式；用可则之，而为祸福之根底。若《乔拗》，若《加盘》，若《步天经》，俱以命宫为主。如寅亥二宫属木，畏金克之，喜水生之；卯戌二宫属火，辰酉二宫属金，申巳二宫属水，子丑二宫属土，午属太阳，未属太阴，生克之例同前。独午属太阳，畏木星遮蔽光，其理颇非近正。然太阳为万物之尊，穹隆于万仞之上，木岂能蔽焉？但喜金水以伴之，其理甚是。未属太阴，未土计以蚀之，喜火罗金以护之。但诸星生克，俱当以命而论，未可以身宫论之，盖命在身先也。

限行于命宫之后，而不从身为庐舍，何欤？盖命属身之先也。受胎之后，即以命宫为庐舍；人之祸福，但当究诸命宫，有何恩星？有何难星？如难星守命，主一生孤苦；恩星守命，主一生富贵。如命宫无星辰之可考，当以三合宫看；如坐寅，则看午戌宫也。如三合无，则看四正宫。但四正宫，颇不近理，如命宫畏金为难，行限亦畏之。凡诸财帛、田宅等宫，俱同此也。此系五行生克正理之说也。

度主，即以木度所属。如寅宫立命，躔尾火虎度，即以水星克火度为难星，为划度星，即以木为恩星。但论度为准，则又有一说焉。或命宫所喜，或又度主所忌，一喜一忌，将何为主？然但以命宫为主，其理则近；

若又以度论之，则惑人心矣。划度则以张剔谷《划度歌》为则。若日、月、木、火、土、金、水为正七曜星，若罗星则为火之奴，计星则为土之奴，气星则为木之奴，孛星则为水之奴，此为四余星。然七曜星命限逢之，见祸或浅；四余星命限逢之，见祸或烈。何也？七曜主星属君子，四余奴星属小人，狐假虎威，正理然也。

五星诸书之立，惟《五星指南》所立起八字、安身命、安星辰节气五行生克之理，此系看命之门户，不可无也，其余则陈诸五行谬说类内。又若《五星》、《琴堂》、《殿驾》、《加盘》、《步天经》，俱属正理。但五星之说，近正理者颇少，近谬说者颇多也。

五星谬说类

夫金木水火土，原天一生水，地二生火，即以水一、火二、木三、金四、土五次第列之。后娄景即以海中、炉中、大林、路傍之妄说，配其纳音五行为歌，使后人可以成诵。夫何后世妄以海中、炉中无理之说，立为门户？若《三车一览》、《塑斗真经》、《耶律经》、《玉井奥诀》、《兰台妙选》等书，俱不祖其身命限度、近理之事为言，漫以江山水石、道风道雨言之。又以人之生年、十二支生肖所属论人吉凶，夫何谬也！

盖原生肖本以十二禽兽身中各欠一件。肖者似也，以十二禽兽似此也。如鼠欠牙，牛欠䏚，虎欠项，兔欠唇，龙欠聪，蛇欠足，马欠胆，羊欠瞳，猴欠腮，鸡欠肾，猪欠筋，皆以十二支所生肖此也，全不关系人之八字干支，妄以此生肖而论命耶，然以人所生之年地支一字而论，如剜人肉而贴己肉，血气实不相通。且如今宜黄县显宦谭二华命，**庚辰、甲申、丁未、丙午**，本然八字是身强杀浅，假杀为权。又曰"身强杀浅，行杀旺地，贵封万户之候"，其理甚是。舍此正说，谬言其命属龙，得丁未丙午日时，谓之龙奔天河，以龙遇水为极贵。假如有一贫命，是**庚辰、甲申、癸亥、癸亥**，亦可以龙归大海论之，何以极贫？盖缘此八字水多，以水为病；再行北方之运，以水济水，正谓"背禄逐马，守穷途而牺惶"也。且如人属鸡狗猪羊，亦有贵人命，请问将何理论之？二者所说俱谬。

一、《五星指南》载破碎、吞啗等杀，及小儿雷公、金锁、断桥、休庵、百日、四柱、鸡飞等关，只以生年一字，妄以犯某时某日为言，又立险语，"哭断肠、不过三岁死"及"打脑、断桥"之说，以惊人之父母，并不以八字、干支、生克、制化、财官论之。且以正理搜寻，尚且祸福不验，此只把一字以定生死，实谬说也。

一、吕才作《合婚书》，岂有是理耶？盖人之婚姻，由于月老检书，赤绳系足。今之择婚择命，无过欲尽父母爱子之心。男之择女也，八字贵看夫子二星；女之择男也，八字贵得中和之道，夫何以下文男女所带诸般为忌？其理甚谬，说见下文。如俗谚云"此是《灭蛮经》"，盖灭退蛮人，羞与中国为婚，故将此无理之说，以哄灭之，其理或是。

一、骨髓破、铁扫帚、六害、大败、狼籍、飞天狼籍、八败、孤虚谬说。此说原止是将人十二支所属生命，浪以月家一字为犯，岂有是理耶？盖论人之祸福，当事人以年月日时四字俱全，更加天干地支所藏配合，论人休咎，尚不可全得；而以年月两字，不与日时相关，断头绝脚为说，不特立诸空言，而且刻诸版籍，妄立险语，以骇人之听信。后世愚夫愚妇，遂以为真，或有斯犯，即骇而惊。或有高明，知其果于无验，以破其说，彼亦不信，且言曰："此是神仙留记，若果无验，安有刻板？"又有登科及第，只读儒书，未谙此理，或亦酷信，遂使下愚之人曰："此上人尚且信之，我何疑焉！"一犬吠形，百犬吠声。又或八字果系偏枯，太弱太旺，有病无药，兼带谬说，愚人且不以八字正理不好为说，只浪怨带此谬说之害。又或浪听愚人谚语，飞天狼籍是八败耶？此非君子之言，齐东野人之语也。愚谓此等妄语，刊诸板籍，必须焚其板，火其书，而后可也！

进财退财、望门守寡、妻多厄、夫多厄、死墓绝妨妻、死墓绝妨夫，斯说之谬，原止以人之生年，金木水火土纳音所属，只论年月以上一字犯之，呜呼，岂有是理耶！只论年月，丢下日时不论。年月日时全备，方能论得人之祸福。且进财退财，系乎自己命运所招，安有他人家男女而能致我之祸福耶？俗说退九年，退十九年，益见此说更妄也。又有金舆禄，以马前一位所犯一字，浪以男人为忌，其谬之甚，何惑人之甚耶！

女命祸福淫乱，或以八败、桃花杀为首忌，八败则以猪羊犬吠春三月，盖以亥未戌生人，见三月生者，遂为之八败，并不联属日时，并不论其夫子中和之道。假如亥未戌三个生人，见此辰月，终不然是他仇家也，亦非天地将此辰月亏负此三人也。八败之说，其谬甚矣。又桃花杀之说曰："寅午戌兔从卯里出。"盖其立说之意何耶？其寅午戌属火，火则裸形，沐浴于卯，谓其火在卯上，浴水有裸体之嫌，妄立此名，其谬可知矣。吾尝屡见富贵夫子两全老妇，幼带八败，父母另将年命改造适人，及至临终，始告夫子真造，以纪谱券，其夫又无大败之对。及我尝将此妇真造视之，果系夫子星秀，理得中和，八败谬说果然也。

又或本然八字偏枯，夫子星亏，又带八败，世俗之人，只谓其带败，不知其八字本然不美也。故人择女之命，但以夫星为主，子星次之。柱中若有夫星，便以夫星论之；原无夫星，别寻他格。盖夫贵妻亦贵，夫贫妻亦贫，富贵从夫，其理甚明。何以名其官星为夫？盖克我者官星也，则身受制于夫，不敢淫乱，不敢妒暴，又喜夫星生旺之运，及有财神助起其夫；大畏食神伤官之运，以克其夫也。若日主弱，夫星太旺，带有二三重者，此非好夫也，乃戕命之夫也，则喜食神、伤官以制之，大运亦然。若制之太过，则又不足，贵得中和。大抵女命有夫则有子，子则从夫生；无夫则无子，子从何处觅？愚曾欲觅河淮桥黄女为子妇，阅其八字不美拒之，是己未、丁丑、甲寅、甲子。愚曰：用丑中辛金为夫也，嫌未中丁火，钻入丑中，破去其夫星；再加丁火，透出天干，寅中又有丙火进气，原夫星衰，而制夫星旺也。吾推其运入寅，五月必死，果五月患痘疹而死也。又如淫乱娼婢之说，亦甚有理。盖或身主太旺，无夫星以制之，或又无财星以为依托，尤且身主血气壮旺，无官克制，无夫管摄，逾于规矩准绳之外，安得不放逸为淫为奔乎！非特无夫，又且无子。盖八字柱中无夫星，则子星何而生也？又或身主太弱，被其偏官、正官三四点夫星以制之，又无食神伤官以制其夫星。又或财多以挠其身主，虽曰官杀为夫也，此则非夫星也，乃克身之贼也。若有此等，必须制夫之运。又若日主无根，官杀太多，或从夫星，要行夫星旺处，盖弃命从杀从夫，如人舍命而从强贼也，亦主富贵有子。但畏见从，苟或日主有根，而惟官杀太旺，又无克制，多是为婢为娼，是不得已而从人也。此等八字，俱系淫乱。或因八字有此身旺身弱之病，而又带桃花，愚人不言八字偏枯之病，而浪以带桃花为名。此等之谬，有智之士，请当细察。

男女合婚说

一、原出吕才《灭蛮》之说，只以男女年命，浪立数目，配合相成，名曰合婚。妄立天医、福德为上婚，游魂、归魂为中婚，五鬼、绝命为下婚，其谬甚矣。安可只以男女二年命，舍去月与日时，而能论人婚配者乎？若是有理，则天下之议婚者，俱择上中二婚者而配之，择下婚者而舍之，其书甚易而不难，宜乎天下无失婚之妇、丧偶之男矣。夫何后世又有孤孀之患者？婚虽出于宿世之所定，而亦由于议婚者之不明也。然议婚之礼，人道之端，亦不可不慎也。其理当何如耶？但当看男命带比肩、劫财重者，必择女命带伤官、食神重者配之；若女命带伤官、食神重者，必择男命带比肩、劫财重者配之。此系合婚之正理，岂可以吕才上中下三婚无根之说，无据之理，而议人之婚配也耶！吕才之说之谬，不足信也明矣。

总论子平谬说类

格曰：如《珞琭子》，专以财官为主，据其为说亦谬矣。虽人身以财官为依据，然财官太旺，日主太弱，则身主不能任其财官。苟日主太旺，财官气轻，则财官不足身主之理。当以财官日主参看。若子平书云："财官轻而日旺，运行财官最为奇，若财官旺而日弱，运行身旺最为奇。"此言至约至当，可为看命之法则。若《珞琭子》所言，只要财官生旺，不看日主旺弱，岂不甚谬乎？

日贵格，如甲戊庚牛羊，乙巳鼠猴乡之类也。焉有斯理！虽曰天乙贵人，日主临此贵人之上，或作日贵论其休咎。然贵人之说，名有数端，原取名之不据理出。即与五星小儿、诸多关杀妄谬之说同。虽曰日主临之，不论财官印星，独以贵人为主，甚为虚诞。且原立诸多贵人之说，只是飘空而立，不根理出。岂可信乎？六乙鼠贵格，亦同此例。谬说无疑也。

日德格有五：甲寅、戊辰、丙辰、庚辰、壬戌日也。何以见其为德也？不考原委，不询来历，误以日德名之，岂不是子平中之谬说乎？

魁罡格，取壬辰、庚戌、庚辰、戊戌，临四墓之上，取其为魁罡，能掌大权，并不以理论。何以临此四墓之上就能掌握威权？此亦子平书之大谬也。

六壬趋艮，谓用寅中甲木，能合己土，为壬之官；谓用寅中丙火，能合辛金，为壬之印。俱是无中生有之说，吾恐谬也。大抵与前拱禄、飞天、禄马之说，相为表里。此说尤非，故以谬名之也。

六甲趋乾，谓亥上乃天之门户，谓甲日生人临此，谓之趋乾。假如别日干生临亥上，何以不谓之趋乾也？然天门亦只好此六甲日主来趋也。然天门体至圆，本无门户可入，然乾乃西北之界，类天之门户，岂可论人祸福乎？此说是子平之大谬也。

勾陈得位，以戊己为勾陈，其一理也。得位谓其临财官也，若戊己身主不柔，则能任财官也，则谓之勾陈得位也。宜矣。若戊己气弱，临其财官太旺之地，或为财多身弱，或为杀重身轻，若以勾陈得位为美，岂不谬乎？玄武当权，与此理相同也。

从革格，谓庚辛日干，见申酉戌全，或巳酉丑全，此多剥杂，原非纯粹可睹，与壬癸润下格理同，此二格吾见多矣。未曾有富贵者，但当以别理推之。止有曲直、稼穑二格多富贵，火全巳午未格，亦未见其美。由是尊其所正，而辟其所谬也。

动静说

何以为之动也？其体属阳，阳主动。故天行健。圆转循球而无端。故以人之八字天干透露于上者，为之动也。如八字天干之甲木，但能克运上天干之戊土也。不能克巳中所藏之戊土也。盖以动攻动为亲切。如男人之攻得男人也，不攻闺阃中所藏之女人也。但虽不能攻人，而亦有摇动震惊之意，但不能作实祸也。如女人见男来攻，虽不能加捶楚于其身，而亦有恐惧之意焉。如运上申中地支之庚金，亦不能攻我八字中天干所透之甲木也。是以天干之动，只能攻得天干之动，不能攻地支之静也，明矣。

何以为之静也？其体属阴，阴主静，故地承顺，方静守固而有常。故以人之八字地支隐藏于下者，为之静也。如八字地之庚金，但能克运上地支之甲木，不能克运上天干之甲木也。盖以静攻静为亲切，如女人只攻得女人也，不能攻在外之男人也。但虽不能被其攻，亦有摇动震惊之意也。如运上地支之庚金，亦不能破我八字天干之甲木也。是以地支之静，只能攻得地支之静，不能攻天干之动也，亦明矣。又如辰戌丑未四地支之物，乃天地四方收藏之库，极牢固，假如八字地支，辰有戊土、乙木、癸水运，或行寅，寅中虽有甲木，亦不能破其戊。又运行酉，酉中虽有辛金，亦不能破其乙。又或行午，午中虽有巳土，亦不能破其癸。非不能破也，盖其库中，锁钥甚牢，真要戌字运来冲开之，就如有了锁匙，开了其锁，而放出戊土、乙木、癸水出来。如丑字就要未字冲，别物不能攻之。故曰杂气财官喜见冲，正此意也。

盖头说

何以谓之盖头也？如人之一身，独有头为一身为端也。头与面相连，耳目鼻系焉，统而言之为之头也。其下若四肢肚腹，稍有不善，可以衣服以饰其不善也，若头之诸物，发见于外，则谓之动物。非若四肢肚腹所藏之物，不足为轻重也。大抵人之八字类如此。八字中上四个字是头也，下地支四字是肚腹四肢也。支中所藏之物，是五藏六腑也，如肚腹秀气，发出在面头上来，便是英发华出外来，一生富贵贫贱，只从头面上见得。如八字畏伤官，这伤官藏在内，尚不足畏，如天干透出此伤官，便是头面上已见了，怎能掩饰？凡有所害之物，露出头面，便是动物，就能作害。凡行运如原八字是乙日干，用丙丁火为伤官，乙日干伤重者，便以庚金官星为病，若八字上见了庚金，便要丙丁为疾病之神。如早年行壬申癸酉运，便是不好运。盖因壬癸水盖在申酉头上，是壬癸水盖了头，便不好也。后行甲戌、乙亥运，便好了，是甲乙木盖了头也。又行丙子丁丑运又好，盖得丙丁火盖了头来克庚也，虽下面地支有亥子丑水，其水被丙丁盖了头，亦不能为害。又如庚辛日干，喜甲乙丙丁四字为福神，庚辛壬癸四字为病神，行运望见甲乙丙丁数字盖了头便好。如望见庚辛壬癸数字，便是坏命，虽运上地支有甲乙丙丁，亦被庚辛壬癸盖坏了头，此地支虽有甲乙丙丁，亦不能作福。盖为庚辛壬癸，盖在上面，出头不得。看八字以此盖头字望见了，就识得人一生好歹，此是真传秘诀也。

六亲说

年上财官，主祖宗之荣显；月上官杀，主兄弟之凋零。又曰：年看祖宗兴废事，月推父母定留存。然年属祖宗之宫，临财官之地，乃坐禄马之乡，荣显理然也。但坐比肩劫财，无财官之可依据。此乃祖宗凋零也。然父母之宫，又当与岁上之祖宗、月上兄弟两宫相寓而参看焉。若岁月无财官，俱主根基浅薄，白手成家，独月令官杀司权，俱主损伤兄弟。虽有兄弟，多主阋墙，何也？比肩乃兄弟之星，见官杀面克之，安得不损兄弟乎？故曰：官杀排门兄寿夭，杀官司户弟郎当。故月乃门户也，又若日通月气，比肩神旺，多主鸿雁成行，理虽如是，亦贵变通。苟或日主根多，比肩太旺，亦主参商，盖缘兄弟多来劫财神也，此又喜官杀而得兄弟也。偏财为父，比劫重重损父亲，正印为母，财星旺处虽损母，以官杀为子，伤官食神多损子。若官杀太重，克制日主，则自身杀死不赡，安能生子乎？必须食神伤官，制去官杀，方能生子也。男命如斯，女命亦然。若财官旺而日主弱，夫家兴而母家灭，盖财官乃旺夫之物也。然财能损母，官能克兄弟，多主父母兄弟凋零。孤鸾曰：木火蛇无婿，盖乙巳、丁巳日也。然乙巳坐下有庚夫，丁巳坐下有庚财，有财能生夫也，不可谓无婿也。女命生此二日，多主旺夫旺子也。金猪岂有郎，辛亥日坐下有正财，财亦能生夫，岂可谓无郎乎？土猴常独卧，乃戊申日也，坐下有庚金，能克夫也。女命戊申日，极损夫也。木虎定居孀，甲寅日也。夫星绝于寅也，甲寅日，女命极克夫也。又女命食神伤官多，泄损精神，不能生子也。又喜印星损其子，养其精，方能生子也。若食神伤官少，而又嫌印星，能损其食神伤官子也。若辰戌丑未四字全，此坐天地之四狱也，又安能生子乎？若止犯二字，亦不畏也。若夫星子入墓，亦难为夫子也。男女二命，俱不可犯。妻星夫星子星而论之，但只看八字，有病能去其病，则有妻、有夫、有子也。论六亲只是死格说，见上文五星谬说内。

病药说类

何以为之病？原八字中原所害之神也；何以为之药？如八字原有所害之一字，而得一字以去之谓了，如朱子所谓各因其病而药之也。故书云："有病方为贵，无伤不是奇；格中如去病，财禄两相随。"命书万卷，此四句为之括要。盖人之造化，虽贵中和，若一一于中和，则安得探其消息，而论其休咎也？若今之至富至贵之人，必先"劳其筋骨，饿其体肤，空乏其身，然后动心忍性，增益其所不能"，人命之妙，其犹此乎！愚尝先前未谙病药之说，屡以中和而究人之造化，十无一二有验。又以财官为论，亦俱无归趣。后始得悟病药之旨，再以财官中和参看，则尝八九而得其造化所以然之妙矣。何以言之？假如人八字中，四柱纯土，水日干，则为杀重轻，如金日干，则为土厚埋金，火日干，则晦火无光，木日干，则为财之弱，土日干，则为比肩太重，是则土为诸格之病，俱喜木为医药，以去其病也。如用财见比肩为病，喜见官杀为药也。如用食神伤官，以印为病，喜财为药也。或本身病重而药少，或本身病轻而得药重，又宜行运，以取其中和。若病重而得药，大富贵之人也。病轻而得药，略富贵之人也。无病而无药，不富不贵之人也。究人之命，将何以探其玄妙？如八字中先看了日干，次看了月令，且如月令支中所属是火，先看月令中此一火字起，又看年上或火，又看月时上或有火，宜将以上各火做一处看，或为病，或非病。又或地支虽又藏有别物，且不必看，若再看别物，则混杂不明，故曰：从重者论。此理是看命下手法处。若以火论，又再看水、看金、看土，则不知命理之要也。若财官印绶有病，就要医其财官印绶也。如身主有病，就要医其身主也。如八字纯然不旺不弱，原财官印俱无损伤，日干之气，又得中和，并无起发可观，此是平常人也。然病药之说，此是第一家紧要，售斯术者，不可不精察也，详见见验类。

雕枯旺弱四病说类

何以谓之雕也？如玉虽至宝也，而贵有雕琢之功；金虽至宝也，而贵有锻炼之力。苟玉之不琢，虽曰荆山之美，则为无用之玉也；金之不炼，虽曰丽水之良，则为无用之金也，人之八字，大概类此。如见官星未曾有伤官，见财星未曾有比劫，见印绶未曾有财星，见食神伤官夫曾见印绶，若此纯然无杂，不犹未琢之玉，未炼之金乎？大抵天之生人也，盈虚消长之机，未尝不寓焉。若四时之有生长也，必有春夏焉；若四时之有收藏也，必有秋冬焉。又如地理，有龙穴砂水之美，而来脉又贵有蜂腰鹤膝断续之妙焉。人之造化穷通寿夭之理，亦贵宜有去留舒配，以取用焉。是以八字贵有雕也。

何以为之枯也？风霜木之，春华之至可观焉。旱魃之苗，得雨之机难遇焉。故冲霄之羽健。贵在三年之不飞，惊人之声雄，贵在三年之不鸣。是以清凉之候，恒伸于炎烈之余。和煦之时，每收于苦寒之后。故人之造化，官贵有枯也，行官旺地，贵不可言。财贵有枯，行财旺乡，财难计数。然又当喜其有根在苗先，实从花后，但贵具有根而枯也，不贵其有苗而枯也。苟若官星无根，则官从何出？财星无根，财从何生？是以财官印绶，贵有根而枯之病也。或若无根，而自为之枯焉，则亦非矣。是以八字贵有根而枯之病也。何以为之旺也？群芳苗长，可观真木之光辉，万物凋零，可识真金之肃杀，是以各全其质，各具其形。若木不木而金不金，旺不旺而弱不弱，则五行之质有亏矣。何以考人祸福也哉？若人之用木出也，则宜类聚，斯木性之不杂。若人之用火也，则宜照应，斯火性之不裂。若春林木旺，见水多益壮其神。夏月火炎，见木多愈资其烈。由此区别，则知其所以旺者，当何旺者，当何如耶。然或官星太旺者，宜行伤官运以去其官星；财星丈旺者，宜行比劫运以去财星；印星太旺者，宜行财星运以破其印星；日干太旺者，宜行官杀运以制其日干。一理如是，百理皆然。若其旺弱之相参，斯其下矣。是以八字贵有旺之病也。

何以为之弱也？雨露不足，则物性为之消磨。血气不充，人身为之羸瘦。天根可蹑，六阳之弱可闻乎，月窟可探，六阴之弱者可究也。是以六阳之弱，不至于终弱，而有《临》《泰》之可乘。六阴之弱，不至于终弱，而有《遁》《比》之可托。犹人之命，弱不弱而旺不旺，则何以稽其祸福哉？然虽贵有弱也，则犹恐极弱之无根，故水虽至巳为极弱，然已有庚金为水根也。火虽至亥为极母也，然亥有木为火之根也。人之造化，财官印绶，贵有弱也。弱则有旺之基焉。若官星太弱，宜行官旺之乡；财星太弱，宜行财旺之地；日主太弱，宜行身旺之地。然犹畏弱之无根，所谓根在苗先也。弱而有根，则官星虽弱而可致其旺，财星虽弱而可致其强。是以八字贵有弱之病也。

损益生长四药说类

何以谓之损？损者，损其有余也。然木生震位，正木气之当权也。金产兑宫，正金神之得位。当权者不宜资助，得位者不必生扶。假或水又滋土，土或培金，若木有余之病，用金以制之；金气有余之病，用火以克之。官星之气有余，则损其官星；财星之气有余，则损其财星。壁如人身元气太旺为疾，当以凉剂通药以济之也。是以八字贵有损之之药也。

何以谓之益？益者，益其不及也。若木之死于午，若水之死于卯也。不及则宜资助，且如木气之本衰，庚辛又来克木也；水气之本衰，戊己土又来克水也，则水木不及之病在此矣。益之之理又当何如耶？若木之不及，或行水运以滋其根本。或行木运以茂其枝叶。若水之不及，或行金运浚其源流，或行水运以广其澎湃。若宫星之气不足，则喜官旺之乡；财星之气不足，则喜行财旺之地。譬如人身血气之不足，则用温药之剂以补之也。是以八字贵有益之药也。

何以谓之生也？六阳生处，真为生也。如甲木生亥，亥有壬水，来滋甲木也。六阴生处，俱为弱。如乙木生于午也，午有丁火泄木之精英，有己土为乙木之挠屈。又如六阴死处俱为生，如乙木死于亥，亥有壬水，反来滋木也。六阳死处死真为死，如甲木死于午，且午中有丁火，泄木真精，己土为之挠屈。且如生之理，形气始分，赤子未离于襁褓，精华初判，婴儿初脱于胞胎。如木之生于亥，根气犹枯也，未可以木为旺也。如火之生于寅，气焰犹寒也，未可以火旺也。又或财官印临于生地，未可以财官印为旺也。凡气之不足，故贵济之有生之药也。

何以谓之长也？春蚕作茧，木气方敷。夏热成炉，炎光始著。如木临震位，火到离宫。若此帝旺之乡，实不同于生长之位。是以生者长初，长者生之继也。如财官属木，则长养在寅卯辰之方，此木气方敷也。如是则

11

贵行金运以克之，则与长生之木理不同也。如财官属火，火则长养在巳午未方，此火气之方炽也。如果则贵行水运以克之，则与长生之火理不同也。是以生长二字，衰旺之不同，故运行有喜生、喜克之异。是以八字贵有长之之药也。

以上诸格，楠于合理者取之，背理者辟之矣。以后各格，楠所未及者，附陈于后。以备参考。

正官格

楠曰：正官者，何以言之？盖以阳见阴，阴见阳，故曰一阴一阳之谓道，如人之一夫一妇之有配对也。何以谓之官？盖官者管也。如人焉，必须官管，然后循规蹈矩，居仁由义，不敢放逸为非，故为制我身主之官也。然月令提纲之官，若我之本府太守、本县之令尹也。但当服其管，则岂能用之。故凡月上官星，世无用官之理，如此将如取用？但或止有官星一点，日主又旺，则官星轻而日主弱，运行官旺最为奇。譬如府县官，是我之主也。今主人弱也。当以财生之，行官运以助之。若行印运，则又泄弱官星之气。若官星犯重，日主根弱，克制日干太重，则不曰官星，而曰七杀也。七杀克身，则喜伤官食神，以制其官杀也。大抵用月上官星，要官旺，官旺方好取用。要官星有病，各因病而药之，官旺官多，喜食神以制去之，官星气弱，喜财神以生之，官旺之运以助之。若日干官星二者，纯和无病，俱是平常人也。若岁日时上虚官，用之十有九贵。然官为扶身之本，夫人非官，则放于礼法之外，故官星不宜破损，而亦不可用也。惟官星太弱太旺，方为有病，因其病而药之，斯可作为用神而论祸福也。

《继善篇》云：有官有印无破，作廊庙之材。

楠曰：旧注谓有官有印，乃杂气所藏官印也，牵强不可从。或曰：有官有印，盖言人命中有官星印绶双全者，更无刑冲破害之物，破伤官印贵气之物，则官生印，印生身，其人必是廊庙栋梁之大材。此说可从。盖乙生辛月，丁生亥月，己生寅月，辛癸生巳月，皆官印两全，何必拘拘于杂气两全乎。况杂气喜冲破，谓之无冲可乎？

古歌云：正气官星月上推，无冲无破始为奇。中年岁运来相助，将相公侯总可为。

补曰：正气官星，谓阳见阴、阴见阳，如六甲日生酉月、六乙日生申巳月、六丙日生子月、六丁日生亥日之类，乃月正官也。柱中无冲刑破害，功名显达，始为奇特，下文云："登科甲第，官星临无破之宫"是也。中年岁运遇财星印绶，身旺之助。更无刑伤杀杂，则台阁可登。古歌云"官印相生临岁运，玉堂金马作朝臣"是也。

司马季主云：真官时遇，早登金紫之封。

补曰：真官时遇，谓真正官星，遇于生时，正《渊源》所谓时土正官格是也，必早得腰金衣紫之贵。解：时作月令之时，非生时之时。又于时正官格，删而去之，则非也。若以此时遇为月令之时，则《喜忌篇》云："偏官时遇，造微论之时"，遇官星生旺位，亦可谓令之时乎？牵强不可从。

张都宪造　辛未　乙未　丁未　辛亥

亥中壬水，为丁火正官，则真官为生时之遇也，有准矣。

《通明赋》云：禄得天时，奇花生于金带。

补曰：禄得天时，乃时干得正官，而且见其言之禄，必有奇花金带之荣贵。与上文大同而小异。解谓禄马为官，则是为天时即天干，则泛而不切。曰天下，则年月亦在其中矣，于时干，则隐而晦矣。

都御史造　癸未　乙卯　丙子　癸巳

此造时干，以癸水为官，而建禄于子，官印相生，则天时为时干，不可泛言天干也明矣。

甲午　丁丑　壬辰　乙巳

宜黄县刘景八公富命生生入巳格

楠曰：壬生丑月水源深，叠叠财官共拱临。水入巽官寻贵格，陶朱之富异乎人。

壬水生临丑月，水寓根源，四柱财官七杀太旺，此造本难寻究。盖得己时，水入巽宫，合起金局，盖壬水能生甲乙木也。甲乙木来生丙丁火也，丙丁火来生戊己土也，戊己土来生庚辛金也，庚辛金来生壬癸水也。且四柱纯粹，并无间隔，上下相亲，正作生生不已格看。所以行东南西北俱美，宜邑第一富人也。寿高五福，盖得时上有庚金印星也。

癸卯　甲子　乙巳　癸未

富夫女克制夫克星格

楠曰：乙木逢庚便作夫，伤庚丙火气盈余。火神未上重相见，见火伤庚寿必殂。

乙木生于子月，用巳中庚金为夫星，则夫星得生于巳也。所以富出红楼，原日主不弱，能任夫星。不合遇入丙寅，夫星克制重重，患瘵死也明矣。

辛丑　乙未　戊戌　庚申

贫夭女见夫受制格

楠曰：夫星子宿两星明，最是夸苗实不成。枯木不堪金过克，早行金运寿先倾。

戊生未月，乙木夫星透出，庚金子星透出，俗儒推其夫明子秀，不知乙木被金破之。未中乙木，被丑中辛金破之，夫星受制太过，虽有庚金子星，夫星既制，子安可生乎？大运入酉，乙木损重，自缢死矣。

壬戌　辛亥　甲子　丙寅

贵而早寡金轻火重

楠曰：夫明子秀透天干，运入西方福自完。最恨南方金受制，不堪镜破舞孤鸾。

甲木生亥月，夫子星透天干，日主有根，乐堪任矣。夫何夫星颇弱，运入西方星生旺之地，夫登科甲，官至御史。运入南方，火制辛夫太过，入未夫死而孀居也。丙午火气盈甚，带疾而终验也。

丁巳　戊申　丁巳　乙巳

夭女官轻制重

楠曰：丁逢戊土太重重，壬水重遭克制凶。戊运不宜重见土，阃中早恨失行踪。

丁火，以壬水为夫也。夫何戊土四重，克制太过，虽已有庚金，亦不能生之，大运入戌，又见戊土，一勺之水，岂胜众土之攻乎？患瘫疾而死，盖为丁火身衰，见土泄弱精英也。

丁酉　壬寅　辛巳　丙申

青女命去杀留官格

楠曰：杀星得制独留官，官杀相停两得安。最喜南方官旺地，时师莫作等闲看。

辛金生寅，本畏丁火为杀，得丁壬化之。更畏丙火官星太重，喜有申中壬水，冲去月上丙火，独存时日丙火为夫星。原夫星气弱，喜行甲乙丙丁旺夫之地。夫作廉吏，其贵宜矣。

甲辰　甲戌　癸未　壬戌

孤夭女土重木轻格

楠曰：癸生戌月土重重，甲制干头返有功。大运不宜重见土，再行土运寿年终。

癸水生戌，夫何年月日时俱有土旺，水强进气，亦不能胜众土也。早行壬癸，水滋木旺克土。母夫家富，但四库太多，生子不育。运入未字，土神太重，呕血而死。

丙午　辛丑　甲戌　己巳

贫女命木少金多格

楠曰：甲木逢辛本作夫，庚辛夫旺木神枯。岂宜再入西方运，孤苦贫寒寿早殂。

甲戌日主，四柱官杀太盛。本以官星为夫也，夫星太旺，变为克身之杀也。运入西方，官杀重见，克子夫淫贱，为身不由己，而从人也。运入申运，杀重死矣。世人不知，谬以八败而责其不美，殊不知八字本然不美也。

癸丑　己未　戊辰　庚申

贫夭女命未轻制重

楠曰：戊土分明赖木扶，木星入库两模糊。不堪再入西方运，贫夭应知赋禀枯。

戊土生未，未星入墓，再加丑字冲之，辰中虽亦有乙木，庚申金帖克牛山之木，安得为美乎？运入西方，绿窗贫女，夫出远游，入酉会金，损伤乙木夫星服药而死，宜矣。

庚午　戊寅　己酉　甲子

先富后孤贫夫弱被制格

楠曰：己生寅月正初旬，木嫩逢金太损神。运早北方夫子秀，西方运入受孤贫。

己生寅月，甲木夫星得禄，岂不美乎？夫何生在立春后一二日，甲木柔嫩，年上庚金露出，酉中又有辛金，其木极衰矣。早行丙子乙亥甲运，衰夫得生。旺夫生子，富足金珠。一入西方运，夫星受制，夫子俱死，而孤贫也。

丁巳　丁未　乙未　庚辰

布政妻命火重金轻

楠曰：乙逢庚旺旺夫星，火重伤金理自明。自信柱中夫子秀，重重封赠岂常人。

乙木未月，夫子两星明透。且日主有根，则夫子两星能任矣。运入西方，相夫相子，俱登云路。运入北方，见水破火存夫，享受褒封，其理然也。

偏官格[①]

楠曰：偏官为阳见阳、阴见阴，原非阴阳配合。更得食神伤官，以制去其凶锐，虽先为克我之凶神，今则驯致其凶，而反为我之奴仆也。用偏官，如人之畜奴仆，擒制太过，则为尽法无民，则奴仆力衰，不能为我运动。若擒制之不及，则奴欺主矣。偏官即七杀也，如甲日干，数至第七个字逢庚字，号为七杀，乃克身之刀剑一般，偏官无制曰七杀，故宜制伏，亦畏太过，亦畏不及。凡看命先看七杀，若有七杀，就要将此七杀处置了，方能用得别物。若不能制去其七杀，则杀星能害我性命。譬如人虽有金银田产，无性命，此实为闲物。原书云："有杀须论杀，无杀方论用。"盖先人立有此言，特未分明显说，故使学者心上模糊，但杀是势恶权贵，奸邪小人之象。故用杀得宜，多主显耀宦臣相类，与其媚于奥，不若媚于灶之意也。月上逢官无可用之理，但能管束我之身，安肯为我用也？但或官星衰，则生之，官星太旺，则克之，取此定祸福。吾亦未见用月上官星是贵命，只见用杀星，多富贵人也。子平书俱涵蓄说，隐而不发其真理。

[①] 附弃命从杀格。

故杀者，杀我也，是杀身之对手。官者，管我也，是制身之绳法。此造化之正理，不可知也。

又曰：弃命从杀格，缘日主全无一点生气，四柱纯然有官杀，则不得已而只得从杀也。譬如遇强盗，本身无主，只得舍命从之，就要有财，生起其杀，行财杀运，以生助其杀也。畏见八字有根处，及制杀运犹如从盗，就要助起其盗，若又克害之，则盗放汝乎。又如从盗，又思归父母兄弟之乡，则盗必恶汝。此格出正理，甚有验也。但六阴日干有从之之理，如妇人属阴，亦有从人之道。若六阳日干，见杀多，只或作杀重身轻看，若日主全无气，亦作弃命看，亦畏见根死。

《喜忌篇》云：五行遇月支偏官，岁时中亦宜制伏，类有去官留杀，亦有去杀留官。四柱纯杂有制，定居一品之尊，略见一位正官，官杀混杂反贱。

补曰：四柱纯杂有制，盖言四柱中纯杀无官。有食神制伏得宜，定居一品之尊。上文所谓五行遇月支偏官，岁时中亦宜制伏之谓也。若杀为用神，杂以正官，有伤官克制，或官为用神，杂以七杀，有食神制伏，亦定居一品之尊。上文类有去官留杀，亦有去杀留官之谓也。略见一位正官，官杀混杂反贱，是无制伏，无去留之谓也。或者才改纯杂有制，为纯杀有制误矣。

古纯杂有有制类

岳总领造	癸卯 丁巳 壬寅 甲辰
赵侍郎造	丙午 丙申 甲寅 丁卯
刘八门司造	甲申 乙亥 丙戌 庚寅
周伯蕴右丞相造	戊戌 甲子 丁未 庚戌

近时纯杂有制类

| 毛价川尚书造 | 甲寅 丙子 丁巳 甲辰 |

古杀为用神杂官有制例

| 帖木丞相造 | 戊申 辛酉 乙巳 丙子 |

李御带造　　　戊子　丁丑　丁未　辛亥
黄状元造　　　壬子　甲辰　己卯　壬申
何参政造　　　丙寅　戊戌　壬戌　辛丑

虽不一品，亦合官星七杀交差，却以合杀为贵。

郎中造　　　　丙子　甲午　辛亥　辛卯

虽不富，亦合杀有去留而贵。

古官为用神杂杀有制例

脱脱太师造　　甲寅　己巳　癸酉　丁巳
叶丞相造　　　壬寅　壬寅　己卯　壬申
陈寺丞造　　　乙酉　辛巳　辛未　戊子
古官杀混杂例　癸亥　癸亥　丙午　壬辰

古时偏官杂正官有制例

史卫王弥远造　甲申　丙寅　乙卯　辛巳
右丞相造　　　己亥　癸酉　庚午　丙戌
三宝奴丞相造　庚午　辛巳　甲申　壬申

古时纯偏官有制例

郑尚书造　庚寅　壬午　戊寅　甲寅
朱尚书造　庚辰　丙戌　戊戌　甲寅
范尚书造　辛巳　辛丑　乙卯　丁亥

《格解》又分五行，遇月支偏官，岁时中亦宜制伏为一节。分四柱纯杂有制，定居一品之尊，略见一位正官，官杀混杂反贱为一节。至于中间类有去官留杀，亦有去杀留官二句，乃删之而不用，俱属可疑。

《喜忌篇》云：四柱杀旺、运纯、身旺，为官清贵。

旧注云："此七杀即偏官也。"且如甲忌庚为七杀，而甲生于寅地，乃身旺。其中暗包丙长生，则不畏金为杀，以杀化为偏官，则甲庚各自恃旺之势，而行纯杀之运，乃为极品之贵，此说似牵强。盖身杀或强，而或制伏得宜，固多权贵者，使柱中杀旺身强无制，又行纯杀无制之运。乃为极品之贵，恐不可从。或者又解为身旺杀旺，身杀居长生临官帝旺之乡，乃通月气者是也。运纯谓中和之道，制杀化杀之运是也。清贵者，清高而贵显，绣衣黄门是也。盖四柱中七杀日主俱旺，无食神制杀，运入制伏之地，则为清高而贵显也。此说可从。

《喜忌篇》云：柱中七杀全彰，身旺极贫。

旧注解曰："伤官本禄之七杀，败财本马之七杀，偏官本身之七杀，四柱有之，身旺建禄不为富矣。"此诚确论可从。盖建禄身旺之人，喜见财官，所谓一见财官，自然成福是也。忌见七杀反伤，所谓切忌会杀为凶是也。若柱中有伤官，则官禄之七杀彰矣。有败财，则财马之七杀彰矣。有七杀偏官，则身之七杀彰矣。此所以为全彰，虽见禄身旺，贫不自聊者，故曰："身旺极贫。"或曰此乃纯杀格，怕身弱也。盖言人命四柱中七杀之神全彰者，又身弱者，乃极贫穷夭寿之人也，乃又为身弱极贫无寿。噫！以此解杀重身轻，终身有损可也，以此解非夭即贫，定是身衰遇鬼可也，解此节则凿之甚矣。

《继善篇》云：庚值寅而遇丙，主旺无危。

补曰：庚日值寅，坐休绝之地，而柱中又遇丙，似乎衰而危。然寅中戊土生长，能生庚金，以泄丙火之气，乃绝处逢生，名曰胎元受气，又名小长生。人命逢之，主一生造化，衣禄兴旺而无危，非言日主之旺也。下文云：金逢艮而遇土，号曰还魂。或者以庚寅日为主旺不通，遂以庚值寅而为庚值申，以迎合主旺为日主之旺。非经本义，不可从之。

古歌云：绝处逢生少人知，却去当生命理推。返本还原宜细辩，忽然屯否莫猜疑。

又歌云：或云胎养小长生，人命惟逢自积灵。若也修文应称遂，不然荣运亦光享。

古歌云：偏官如虎怕冲多，运旺身强岂奈何。身弱虎强成祸害，身强制伏贵中和。

补曰：月上偏官，谓阳见阳，阴见阴。如甲生申月，乙生酉月，是也。为人刚暴好杀，触之即怒，性情如虎，最怕三刑六害，或羊刃魁罡相冲，必有凶祸。最喜运皆旺相，身强有制，化为权贵。若身弱杀强，无制之运，则虎加翼者也，其咆哮之威不可御，反为所噬。然偏官固宜制伏，亦贵中和。如一位偏官，制伏有二三，复行制伏之运，反不作福。何以言之？盖尽法无民，可绎思也。

又歌曰：偏官不可例言凶，有制还他衣禄丰。干上食神支又合，儿孙满眼福无穷。

解曰：偏官即克我之神，本为恶宿凶杀。然不可例言凶也，须要制伏。有制化之权要，则衣禄不期丰而自丰。天干有食神，如甲见丙，地支有食神，如卯中乙木合申中庚金之类。则子孙振振，有无穷之福矣。所谓七杀有制亦多儿者也。

又歌曰：偏官有制化为权，英俊文章发少年。岁运若行身旺地，功名大用福双全。

解曰：偏官之格，虽为人凶暴无忌惮。然无制则为七杀，有制则为偏官，即化为权贵，少年稳步青云，早岁题名黄榜，必是文章显赫之人，故曰英俊文章发少年。杀强有制，故曰美矣。若运衰弱，欲其大用也难矣。若岁运又无制，则声名特达遍朝野，所谓从杀多是大富大贵之人。所谓平生为富贵，只因杀重身柔，此等格局，但多夭耳。若运扶身旺，与杀为敌，或七杀透露，食神破局，皆不吉。

又歌曰：五阳坐日全逢杀，弃命相逢命不坚。如见五阴临此地，杀星根败吉难言。

补曰：旧文末句，本谓杀星之根败而无气，身无所从，则祸即至，而为吉难言。或者改根败为临败，非也。又一说，改杀星而为杀强，以根败而为日主之根败亦非也。《格解》谓杀强根败吉难言，但非弃命从杀之意。盖从杀者，正不嫌于杀强根败耳。诚是但未知其根败，非日主之根败。识者详之。

又歌云：土临卯位三合全，不忌当生金水缠。火木旺乡名利显，再逢坤坎祸连绵。

补曰：旧文第二句，原是"不忌当生金水缠"而或者都改为"不见"与末句"再逢"字不相应，仍当作不忌看。盖土临卯位，谓己卯日主，亥卯未三合杀局，谓从杀亦可。当生金水，俱有谓金生水。水生杀，亦不忌。或生火土旺运，杀印相生，功名显达。再行坤坎金水之运，必祸连，盖当生既逢金制，而运又逢之，必祸连绵不已，所谓食神破局反不吉是已。又一说末句旧文，原是福连绵，而或改为祸连绵亦非。盖己卯日主，逢亥卯未三合，是谓杀强身弱，当生金水相缠，水固生杀，而金能制杀。故不忌。及犯行身旺之地，则廊庙之客，金紫之贵，所必至矣，故曰功名大用福双全。

又歌曰：煞星原有制神降，制旺身强贵必昌。若见制神先有损，反将富贵变灾殃。

解曰：煞星者，七杀偏官也。制神者，食神也。使月上逢七杀，而有食神降制得宜。又身居强旺之地，则富贵荣昌必矣。若食神逢枭，则食神先自损矣，不惟失其富贵，且有灾殃。所谓食制杀逢枭，不贫则夭是也。

《玄机赋》云：身强杀浅，杀运无妨。杀重身强，制乡为福。

解曰：身居强旺而杀浅者，强行杀旺无制之运，亦无妨害，所谓原犯鬼轻，制却为非是也。七杀太重而身弱者，虽行制伏得宜之乡，方可发福，所谓一见制伏却为贵是已。

《天玄赋》云：煞星重而行杀旺运，早赴幽冥之客。

补曰：身弱杀重，宜行制伏之运，则为福为寿。而又行杀旺之乡，必至于夭寿而死。故云。

《定真篇》云：七杀无制，逢官禄为祸，而寿元不入。

七杀以有制为贵，若无制伏，又逢正官，且建其官之禄，如甲逢庚无制，又逢辛金官星禄之数，则为官杀混杂。《万金赋》云：官杀混杂当寿夭。

《幽玄赋》云：身太柔杀太重，声名遍野。

身势太柔，略无一点根气，七杀太重，而满盘重重。三合火木旺乡，木生火，火生土，杀印相生，功名著，再逢申坎金水之运，福自连绵。盖当生虽有金水，而制伏尚不及，必再逢金水，方为制伏得宜，当享福于不替也。

丙戌　戊戌　辛未　壬辰　进贤朱廷升尚书

贵命土厚埋金格

楠曰：重重土厚去埋金，官杀那堪泄气深。最喜运行财旺地，声华不日振儒林。

辛未日干，身坐土位，年月日时俱有土旺，正谓金赖土生。土厚而金遭埋没，初行北方庚子辛丑运，金土气盈，塞滞不利。后行东方寅卯甲乙运，破土而生官杀，位登台阁。

庚子 己卯 癸卯 辛酉

严介溪阁老贵命去食存杀格

楠曰：见杀虽当论杀星，杀衰谁养杀精神。不堪卯木为真病，时有辛金去病人。

癸水生卯，己土杀星，天干透出，是以有杀只论杀。善喜杀衰，要嫌地支两重乙木，暗来克杀，作七杀制伏太过，则为重病，盖得辛酉时，冲去卯木为药也。早行南方，衰杀得地，擢登科甲，运入西方金运，制去病神，位登宰相，名显天下，贵而且寿，直入亥运，会起木来损杀，膏肓之疾复作，忽生奇祸而死。

丙子 庚子 丁丑 辛亥

盱江格溪刘翰十六公水重土轻格

楠曰：丁生子月水汪洋，七杀虽多喜内藏。幸得丑中微土制，南方土运发非常。

丁火生于子月，七杀极旺矣。再加年日时中，俱有水气，来克丁火，但水虽多，喜静伏于地支，其凶未逞于天干。若原杀逞天干，主早年夭也。壬寅癸丑甲辰运，虽是东方，亦嫌壬癸水盖头，虽好亦塞晦。大运入巳午未，冲去水神，财发万缗，盖喜土来克水也。入申水得长生，寿至八十余死。

丁丑 壬寅 庚子 乙酉

书坊杨员四公富命制杀太过

楠曰：庚生寅月火神经，壬癸重来制伏明。土木运中人富贵，再行金水祸来并。

庚子日生寅月，年月丁壬作化，生火助杀，用杀明矣。木命三阳之火尚衰，金水寒威犹在，壬癸水透天干，制伏太过，病在此矣。犹喜羊刃存时，丑酉合金得局，身主不弱，又得乙庚存时，化金成旺，早行子丑，丙火气寒，杀衰不能为我运动，故多蹇满。渐行己亥，甲木财神得生，财来生杀，隐隐兴隆。一入戊戌，原壬水为丙火之病神，一见戊土，克去壬水净尽，如鸿毛之遇风，飘然而举。如枯苗之得雨，勃然而兴，财发成缗，书林出色，岂偶然哉！大运入酉，丙火杀神死地，更且财来生水，水来灭杀，法尽无民，其死也非偶然也。

癸巳　己未　庚子　甲申

临川饶舜臣春元贵命制杀太过格

楠曰：庚生未月火虽炎，制杀那堪水火严。甲乙丙丁资杀运，青云得路岂能淹。

此格与李阁老制杀之理颇同，但未月二阴，水方进气，水气比肩更甚。运行东方，财来生杀，七杀得权，云路高登。其理宜也。

丙戌　庚子　丁卯　丙午

吾都王仁王公制杀过富命

楠曰：丁生子月水虽寒，一杀那堪制两般。己土病神宜卯木，东方木运始堪欢。

丁火子月，杀星本旺，那堪一杀而有戌午两土以制之，正谓杀不足，而制有余。赖有日下卯木，破出午中己土，以卯木为福神，东方壬寅癸卯甲乙运，助起木来克土，财发千缗。一入巳午未乡，破败如洗，未运土重，杀暮死矣。

己酉　戊辰　癸酉　丙辰

盱江格溪傅佑十五公富命杀多生印格

楠曰：癸水生辰土气重，土生金印助身荣。不堪丙火为金病，见水名为既济功。

癸日生辰，本为土重水轻也。官杀虽重，盖得己土贪生于酉，戊土自坐辰库，更得辰相合，其土见金不来克身，反去生印，而助身也。遥见时上丙火精欲克酉为病，追后入丙寅运，金绝于寅，倾家荡产，片瓦未留。一入北方，见水去火存印，一发如雷。入戌，火土太重死矣。

庚午　己丑　壬辰　甲辰

抚城过桓文生员土重水轻格

楠曰：壬临丑月水之垣，杀重官多也作愆。制杀喜看时有甲，棘闱之阵几乎先。

壬辰日生丑月，壬水之气有寓焉。但四柱有土，官杀之气盛，水气轻也。喜时上甲木进气制杀，本为登科之命，但不合年上有庚坏甲，故此未遂。运行寅卯壬运，木神生旺，屡战秋闱。大运入辰丙午流年，戊土杀得地，杀旺攻身而死。

甲午　丁丑　壬辰　甲辰

宜黄县住廪牵猪牯贫命杀重身轻

楠曰：壬临丑月杀星多，印破难生受折磨。再看运行财杀地，一生劳碌爱奔波。

壬水虽生丑月，盖因财杀太多，虽丑中有一点辛金，盖缘不曾会局，月有丁火，贴身暗破辛金坏印，作不得杀化印生，只作杀重身轻。运行东方，木神制杀，衣食颇给。再行南方，杀旺运，身虽不死，亦住廪牵猪牯度活，入未杀重而死。

壬辰　丁未　辛丑　甲午

临川刘觉吾贵命火重水轻格

楠曰：辛生未月火乘权，制杀重逢一气全。制杀水轻宜水运，官居枢要掌权衡。

辛金生于未月，伏制犹炎，喜年上丁壬合杀为贵。月中虽有丁火，丑中癸水去之，止用时上一位贵格。然火气旺而水气轻，原虽有壬癸之水，且四柱土重，亦能去水也。所以运入亥位，擢显官，其理然也。

壬辰　丁未　辛丑　壬辰

水重火轻之格

楠曰：两火那堪六水伤，杀星制过害非常。再行水运生难获，死败徒流祸几场。

辛金生未，本是火炎之域，夫何止有二火为杀，六水制之，此为七杀制过，尽法无民，可不畏哉。与前贵造天渊之隔，理则然也。前则有甲午时，多一重木火之气，则火重水轻，所以宜行北方。此则水重火轻，则畏行北方。此命一入亥运，问辽东三万里冲军，壬水年又旺，非命而死也。

甲寅　辛未　辛未　丁酉

临川周半峰火多为病格

楠曰：辛金坐未杀星多，丁火伤辛苦太过。运喜北方能去杀，最宜水火制中和。

辛生未月，丁火过多，运入北方子运，滥知命术，而得冠带，自且不知，吾以水济火炎之理告之，方谙斯理。吾以寅运火旺必死，寅运果死耳。

己未　己巳　庚子　甲申

建宁李默阁老制杀太过贵命火不足格

楠曰：庚金巳月杀虽强，制杀那堪水性狂。衰杀喜行寅卯运，北方重见水难当。

庚生巳月，杀性本然旺矣。夫何见水结局克制杀星？虽年支有丁相帮，然又见土多，亦泄弱火之气。此以制杀太过，运行丙寅丁卯乙丑，火木之地，助起杀神，能为我用，此所谓火不足宜补起火也。位登黄阁。运行亥子，水来破杀，死宜矣。

丁酉　丙午　戊寅　丁巳

临川帅谦斋贵命制杀太过格

楠曰：戊寅日下杀星微，己酉那堪太制之。运入东方官杀显，枯苗得雨发生机。

戊土生午，火气为热，运入壬癸去火之炎，再喜培起寅中甲木，其贵然耳。此以旺衰杀为病，去火存杀为去病神也。

乙酉　丁亥　丙午　己丑

先伯瑛四公制杀太过格

楠曰：丙生亥月两帮身，一杀那堪三制神。运入西方生杀地，超腾不作等闲人。

丙火生亥，杀星木可畏也，然有丁火，合去三重己土制之太过。大运入乙酉甲申，破土生杀，发财数千缗。壬癸运美，午未运中制杀太甚，屡遭凶变，入巳丙戌年，六十二岁死矣，重见戊土破壬也。

丁未　己酉　乙巳　丁亥

先兄西庵制杀太过

楠曰：乙木生临酉巳垣，两金制火制相连。不宜见火重攻杀，去火存金是福田。

乙木生酉月，本根轻也，畏金制。夫何金少而火多，制杀太过，尽杀无民？早行丙午，制过杀星，屡屡克子，且财名不遂。大运入辰，坐壬癸之水，去火存金，财源大振，贵产佳儿，福寿两全。寅运见火克金，灾生回禄，入丑杀星入墓，八十三岁而死。

庚辰　甲申　丁未　丙午

宜黄谭二华尚书贵命身强杀浅格

楠曰：丁火生申水气微，杀轻身旺贵何疑。水轻喜入汪洋运，职掌兵权震外夷。

丁生申月，伏火尚有余炎，盖喜年月合成杀局，所谓身强杀浅，万户封候。运行北方，补其水用杀得权，名魁夷帮，岂偶然哉？俗术妄以龙奔天河为誉，不根理之所有，何其谬哉？

乙酉　辛巳　己酉　乙亥

本府杨太爷贵命身强杀浅格

楠曰：己土生临身旺乡，土金清秀大非常。财逢七杀轻为病，滋杀威权显庙廊。

己生巳月，火土本旺，盖辛金清清透出，己土好泄其精，而从金为用神，杀为权柄，盖得时上杀星，宜行杀旺地，及生杀地。所以运转东北，七杀本轻，今得生旺之地于东北，耿耿二运，岂不富且贵乎？止畏辛金制杀太过，则不及耳。

甲午　丁丑　壬辰　甲辰

贫命杀重身轻之格

楠曰：壬临丑月杀星多，印破难生受折磨。再看运行财杀地，一生劳碌受奔波。

壬水虽生丑月，盖因财杀太多，虽丑中有一点辛金，盖缘不曾会局，且有丁火贴身，暗破辛金，则壤印，作不得杀化印生，只作杀重身轻。运行东方木神制杀，衣食颇给。再行南方杀旺运，身虽不死，亦住廪牵猪牯度活，入未杀重而死矣。

丁卯　甲辰　戊午　癸亥

一丐者命杀重无制

楠曰：戊土生辰木旺乡，贴身七杀太刚强。不堪顽杀原无制，只作齐人觅四方。

戊土生辰木之分野，再加亥卯结成木局，且甲木透出天干，又行北方财地，生其七杀，正谓财生七杀赶身衰。运虽有庚辛，亦不能制者何也？

盖缘四柱中原无一点金气，虽逢金亦不能制，根在苗先也，一生为乞丐，亥运杀旺方死。

丙子　甲午　己亥　乙亥

女命贫淫夫星犯重

楠曰：争权官杀亦何多，叠见无星克制过。洛浦风尘真可鄙，只因八字犯淫讹。

己土得禄于子，身主有气，又不能从杀也，而且见三甲作合，贪合忘夫，所合不得其正。再行东方官杀，多夫之地，岂不大肆淫风，而作桑间濮上之女乎，且身旺不旺而弱不弱，还作杀重，贫可知矣。

壬辰　己酉　乙未　辛巳

尚书妻火少金多格

楠曰：乙未那堪叠见金，金多火少病堪寻。去金宜入南方运，宫阃方知有贵人。

乙日生于酉月，巳酉合成金局。木不足而金有余，此谓夫星术旺，宜伤官食之运，以克去其夫而得夫，所以贵而有子也。正谓金有余，行火运以去其金子也。同生富贵，夫子全美也。

丙申　癸巳　己亥　乙亥

女贵命金有余财不足格

楠曰：己临亥日坐夫宫，申巳刑冲作病神。运入东方夫旺地，岂同闺阁等闲人。

己土生临巳月，庚金得禄得生，两重亥中夫星，克去明矣。惟有时上一点杀星为夫也。夫星孤秀，所以行东方旺夫之地，夫为参政，五子俱非常人，子星得禄故也。

庚寅　甲申　戊辰　丁巳

克损七夫金有余财不足之格

楠曰：金神克木不存夫，叠叠刑冲夫不如。行运不宜金再见，不堪重睹镜鸾孤。

戊土用年上寅中甲木为夫，申宫庚金破之，用日上寅木为夫，巳上庚金破之，用月上甲木为夫，年上庚金破之，徒见夫而无夫也。一入辛巳庚运，三年而两嫁之，五年而三嫁者有之，损七夫矣。

辛巳　乙未　乙酉　壬午

逸叟妻命火重而金颇轻

楠曰：乙木生临伏火炎，金衰颇以火为嫌。丙丁运上多灾病，金水重逢乐自然。

乙木生临六月中旬，火气炎蒸，虽有多金，然金气自消矣，但喜坐下夫星得禄，虽火旺而不能伤夫也。凡女命坐下见夫星者当美。初行丙丁二字，辛金被制，生子不育，而且多灾。戊己庚金之运，助比夫星，生子而身颇安也。

乙卯　癸未　辛未　甲午

旺兴夫子命火重水轻格

楠曰：辛金坐未火炎阳，金水三阴入旺乡。最慨四柱多火气，喜行金水福荣昌。

辛金生未，三阴将进之时，夫子二星，俱已受气。但四柱火金尤盛，但得火俱伏藏，天干动火制之有力。早行丙戌，助夫攻身，屡损子星。运入北方，火炎水制，助子兴家，五福俱全，入寅七十五死，兄嫂长三孀人也。

庚午　甲申　戊申　戊午

贫夭命制夫太过格

楠曰：戊土生申金气多，夫星克制太如何。不宜早入刑冲运，寿夭应知受折磨。

戊生申月，金气重重，不宜月上见有申水。夫星无根，此乃极贫格。夫残疾无子，盖为夫星金制太过，庚运死。

丙戌　丁酉　乙巳　戊寅

贫命制夫太过

楠曰：乙木逢金夫本荣，不堪太重制夫星。北方运美南方否，此理分明岂徇情。

乙木生临酉月，坐下夫星得禄，本为好也。不堪重重见火，伤损夫星，再行南方午未运中，夫逃子窜，身几不振，盖为火多制金也。癸巳壬辰两运，衣食满给，夫子如故，盖喜壬癸水破火而存金也。

辛丑　辛丑　乙亥　丙戌

先贫后富金多火少

楠曰：乙木逢金火损伤，时逢丙火制相当。直看老景南方运，夫子兴隆大异常。

乙木生丑，木气本枯，再加五杀攻之，身益衰矣。赖有丙火进气，制杀福神，早行壬癸且破丙，颇受艰辛，一入南方，丙午丁未克杀之地，五福俱全，入申杀旺方死。

甲戌　辛未　乙丑　乙酉

先贫后富金多火少

楠曰：乙木生临未月提，木衰金旺理堪知。直须火运将金克，定主兴夫并旺儿。

乙木生未，虽有甲乙之木三重，夫何木气退而金气进，更且火气轻而不能制金，所以见夫星多而身衰者，返为戕身之贼也。运行己巳戊辰，财又生杀，贫苦克夫，一入丁卯，火制杀星，再醮助夫，丙寅旺杀得制，安享优游，子孙并秀。

戊申　甲子　乙丑　乙酉

娼贱命杀多无制格

楠曰：乙木金多制太过，再行金运失中和。娼淫浊乱污中垢，受制于人楚挞多。

乙木生子，木气无根，水木漂泛，四柱重重金气，所以金多无夫，岂不为娼妓乎？原金多再行金旺之地，七杀攻身，受制于人，多遭捶楚，入庚破甲，死无根也。

丙子　壬辰　庚子　庚辰

贱婢夫轻制过

楠曰：夫星衰弱制重重，火少那堪水气冲。再入北方夫气绝，一生婢妾走西东。

不合丙火无根，夫星透出，壬水重重克之，不宜运入北方，水气益盈，夫气日益。虽金水轻清，只作伶俐贱婢，理本然也。

丙子　戊戌　壬午　戊申

尚书夫人水进气夫透天干格

楠曰：壬水生临九月秋，水神进气涌寒流。子午结局源深远，紫诰荣封两国忧。

壬水生临五阴之候，水气盈矣。两重戊土杀星，各坐生库之地，其杀各有位矣。更得下通水局，任杀为夫。南方杀旺之地。相夫贵格，更兼旺子，子从夫出故也。

癸巳　己未　己亥　己巳

富夭女命制过夫星

楠曰：己生未月木为夫，两巳来冲木气无。再入西方金旺地，金多克木寿应殂。

己生未月，本用甲乙木为夫也，夫何六月木衰，再加两巳中庚金克之，其夫盖衰矣。便八字纯粹，生于富家，不宜运入庚申，再加庚金得禄，夫星之气绝无，未嫁而死宜矣。观此八字虽好，而行运不及，正谓源清而流浊也。

辛亥　庚子　戊戌　己未

状元妻衰夫行夫旺运格

楠曰：戊土临乾木得生，喜逢水旺木芽明。夫衰最喜夫生运，定作人间女状元。

戊戌土实自坐财乡，更得年上甲木夫星得生，而喜木衰，有庚辛天干之金，暗来损木，则为有病，方为贵命也。大运一入壬寅，衰夫得禄，相夫而登廷试第一，岂不宜乎。又且生子，而作方伯，盖贵子亦从贵夫生也。入巳庚金损破夫星而死。

时上一位贵格

楠曰：时上一位格，盖取时上一点杀星。若日干生旺，时上有杀，则用之为时上一位贵。若身旺杀衰，喜杀旺运，富贵多子，盖杀乃子星也，身旺能任其子也，若日干弱，时上杀旺，怕行杀旺及财运，正谓财生七杀赶身衰，则主贫贱无子。杀能克身，不能生子，正谓时逢七杀本无儿。若时上有杀，亦要先安置杀星，或制去之，或合去之，方可用月上用神。如不曾克制此杀，即当把时上杀为用神，月上虽有印星财星，亦不能用。故格局推详，以杀为重。前人立言，说不分明。

补曰：时上偏官，即时上一位贵格也。如阳见阳干，阴见阴干，相克是也。透出为妙，只许一位，四柱不许再见。若年月日又有，则为辛苦劳碌之命也。要本身自旺如甲寅，自生如甲子之类，又要制伏，有制则为偏官，无制则为七杀。又要制伏得中和，一位七杀，却有两三位制伏，是为太过。虽有学问，不荣仕路，乃是贫寒一老儒。故《喜忌篇》云："偏官时遇，制伏太过，乃是贫儒。"四柱制伏多，要行七杀旺运，或三合得地，可发。若原无制伏，要行制伏之运，可发。如遇杀旺，无以制之，则祸生矣。时偏官为人性，重刚执不屈，傲物自高，胆气雄豪。月偏官亦然。

又补曰：食神制杀，化鬼为官，因宜权贵。所谓食居先，杀居后，功名两全是也。羊刃合杀，变凶为吉，亦能权贵，所谓甲以乙妹妻庚，凶为吉兆是也。

又补曰：食神制杀，不宜逢枭则祸，故曰食神制杀逢枭，不贫则夭，羊刃合杀，不宜财多，财多必咎，故曰，财生杀党，夭折童年。

又曰：食神固能制杀，而伤官亦能制杀，但伤官不如食神之力。夫羊刃固能合杀，而伤官亦能合杀，但伤官不如羊刃之势显。阳日伤官能制杀，而不能合杀，如甲日见丁为伤官，能制庚金之杀，而不能合庚是也。阴日伤官能合杀，而自克制杀，如乙日见丙为伤官，能合辛金之杀，自能制辛是也。

又曰：杀一也，而驯服为用有二，制与化是也。制杀者，食神也，所谓服之以力也。化杀者，印绶也。所谓服之以德也。与其制之以力，不若化之以德，故《通明赋》云："制杀不如化杀高。"制化不可并立，有制不必有化，有化不必有制。倘若化神弱，制神强，施恩有不足之怨。化神旺，制神衰，临事无禁制之能。

古歌云：时上偏官一位强，本身健旺富非常。年月并无官财杀，独于时位最相当。

又曰：时上一位贵，藏在支中是。日主要刚强，利名方有气。

补曰：此言时支偏官，如甲逢申时，乙逢酉时之类，乃藏在支中者也，日主强旺，名利必振，惟忌身弱，而力不能胜也。

又曰：时上偏官喜刃冲，身强制伏禄丰隆。正官若也来相混，身弱财生主困穷。

补曰：时上偏官，如甲日见庚干，乙日见辛干之类，不怕刑冲羊刃故也。《继善篇》云："时上官喜刃喜冲，"日主生旺，年月有食神制伏，所谓食居先，杀居后，功名两全，爵禄丰厚，不喜正官来混。有兄不显其弟，加以身势衰弱，财生杀党，必主贫寒困苦，所为不遂。

又曰：时上偏官一位强，日辰自强贵非常。有财有印多财禄，注定天生作栋梁。

补曰：时上偏官，只喜一位，四柱中不要再见。日主自旺，如甲寅乙卯，或生于寅卯日之类，则身杀两强，富贵过人，有财则时杀有根，有印则化杀生身，财马官禄，自然兴旺。

又曰：时逢七杀是偏官，有制身强好命看。制过喜逢杀旺运，三方得地发何难。

补曰：时逢七杀，乃是时上偏官格。身旺有制，如有一位杀，则有一位制，乃有贵人。文章振发，当作好命看。若有两三位制伏，则为制伏太过，逢杀旺三合，得地之运，其发达也，勃然不可遇。苟制伏太过。而又不能行杀旺之运，虽文过李杜，终不能显。

又曰：元理制伏运须见，不怕刑冲多杀攒。若是身衰惟杀旺，定如此命是贫寒。

补曰：偏官有制伏，不宜运再见。若当生原无制伏者，喜行制伏运，月上偏官，怕刑冲多杀之攒。时上偏官，不怕三刑六害羊刃冲破，多杀攒聚，惟喜身强杀浅。若是杀重身轻，终身有损，纵不夭寿，定是贫寒。

又曰：时逢七杀本无儿，此理人当仔细推。岁月时中知有制，定知有子贵而奇。

补曰：时上偏官建禄，主克子。若岁月中有食神制伏，或刃合，不惟有子，而且贵。故曰：时上偏官有制，晚子英奇。

《四言独步》云：时杀无根，杀旺取贵。时杀多根，杀旺不利。

补曰：且如庚用丙为杀，生于寅，旺于巳午，库于戌，乃杀之根也。《格解》以为根，亦是。若时干虚露，既无根气，又无财生，运行杀旺，富贵可得，如三合得地，既多要根气，又有财生，再行杀旺之乡，反不利，而贫苦者多矣。

乙丑　乙酉　辛巳　甲午

东乡徐少初贵命金火相停金重火轻格

楠曰：辛金坐酉旺成行，火炼秋金大异常。金旺火轻宜火运，少年早折桂枝香。

辛生酉月，喜得巳酉丑合成金局，喜得时上一点火神得禄，时上一位贵也。明矣。大抵金气全局，金气还胜，所以行午运，甲午流年，中乡试，联登黄甲。有乙未年生人，少了一点金，午字运不好，所以金宜旺也。

丁亥　壬子　辛巳　丁酉

临川舒尚书贵命金白水清水制太过格

楠曰：辛生子月水金清，留杀冲官格局明。金冷水轻重畏水，宜行火运展经轮。

去留舒配，用格明矣。年上七杀，壬水去之。日上正官，亥中壬水去之。惟存时上丁火，作时上一位贵格。但十一月之火，风寒之候，火气衰弱为病，畏金水之乡，宜丙丁戊己之运，真贵人也。盖丙丁能助起衰杀也，戊己能制壬癸水也。

附官杀去留杂格

《喜忌篇》云：类有去官留杀，亦有去杀留官。

补曰：此乃五行遇月支偏官节中两句。《格解》不明，摘附于此，全已论在偏官格下。《三车一览》论官杀去留之说，亦附于此，为后学龟鉴，则得矣。其论曰：盖四柱中，官杀混杂交差，有可去官留杀者，即以偏官论。有可去杀留官者，即以正官论。凡看去官留杀，去杀留官者，要看四柱中官杀孰轻孰重，天干透出者易去，月支所藏者难去，须得四柱去官杀之物众而有力，方才去得。去官杀之物，伤官食神是已。

《喜忌篇》云：神杀相绊，轻重较量。

《继善篇》云：岁月时中，大怕官杀混杂。

《易鉴》云：天地人元分五音，阴阳妙决审其真。去留舒配须参透，祸福中间理自明。

《万金赋》云：官星怕行七杀运，七杀犹畏官星临。官杀混杂当寿夭，去官留杀仔细寻。留官去杀莫逢杀，留杀去官莫逢官。官杀受伤人必夭，更宜财格定前程。

《三车》云：合官星不为贵，合七杀不为凶。何欤？曰：经言合官星，柱中闲神合去官星，所以不为贵。合杀是柱中闲神，合去七杀，所以不为凶。又曰：大抵凶神有物合法，则反凶为吉。吉神有物合去，则反吉为凶。凶神：七杀、羊刃、劫财、败财、偏印、枭神、伤官之神是也。吉凶神杀，又看格局，喜何神，忌何神，不可执一而论。

《集说》云：贪合忘杀，贪合忘官。如六癸日生人，干头透露己字，乃是癸家七杀。如再透甲字，乃是己家合神，则合去己字，不为杀矣，此谓贪合忘杀，阴日以伤官而合也。又如六壬日生人，干头出己字为官星，如见甲字透出，乃是己家合神，合去己字，不为官星，此谓贪合忘官。阳日以食神而合也。

又云：壬水相逢阳土时，心怀仇怒起争非。忽然癸水来相救，合住凶顽不见威。

此即贪合忘杀之例也，盖以羊刃而合杀。

补曰：阳水时逢戊土之类，性情如虎，急躁如风，其心常怀不平之气，偏争好斗，忽逢癸水之妹，合戊土之杀，则杀顽之气自消，而威暴不施。如无癸妹来合以救之，则刚暴不已，不免为屠儿狱剑之徒，何尝有恻隐心也哉。

又曰：壬逢己土欲为官，蓦被青阳起讼端。引诱合将真贵去，致令受挫万千般。

此贪合忘官之例也，盖亦以食神而合官。

补曰：青阳谓甲木也，真贵谓己土之官也。盖言壬水以己土为官贵，怕伤怕合，苟被甲木合官星而伤之，则贪合忘官。将见忠信变而为忿争，而讼狱之端起，真贵去而为下贱，而万般之辱受矣，所谓合官星不为贵是也。

又曰：官杀相连只论杀，官杀各分为混杂。食神重犯作伤官，叠见官星只论杀。露杀藏官只杀论，露官藏杀只论官。身强遇此多清贵，身弱重重祸百端。

补曰：年干官星，月干有杀，或年干杀星，而月干有官，是谓相连，只以杀论。或年上为官，时上为杀，年上为杀，时上为官，是谓各分，乃为混杂。食神重犯，如甲见二丙，或三合为伤官，叠见官星，如甲见二辛，或地支重见，只以杀论。杀在干，官在支，是谓露杀藏官。乃以杀言，官在干，杀在支，是谓露官藏杀。只以官论，身势强健，则力能胜此官杀，多为清贵之言，若身弱无气，官杀重逢，则祸咎之来，是特一端已也。

神峰通考命理正宗卷二

月支正财格[①]

楠曰：正财者，何也？财为养吾性命之物，人见之未尝不欲。若身主有气，则能任之，若金宝，若田产，皆我之物也。身弱则不能任，如盗贼偷人财物，事发则为害命之物也。书云："逢财喜杀而遇杀，十有九贵。"理虽是甚是，而不显言。若用财之人，日干旺，比肩兄弟多，则此比劫，又分夺我之财也。则喜官杀以去其比劫，存起其财星。若身弱财多，再见官杀来克身，则自己性命，且不可保，安得享其财乎？其财星衰弱身主旺，则喜食神伤官以生起其财神。若身主弱，财星多，则喜兄弟比劫以分之，父母印运以助之。凡用偏财者，多主富贵，用正财者多不及。盖阴克阴，阳克阳，财神有气，用时日偏财尤美。此乃试验之多，故知用偏财者为上格，亦有财神亲功，若有比肩间隔，不纯和，亦不美，此系五行之正理。

弃命从财格，此则不论阴阳日主皆从也。财乃吾妻，身主无力，不能任其财也，只得舍命而从之。如人自己无主，只得入赘于妻家，就要生起财星，而亦畏身入旺乡，及印生之地，即同弃命从杀而论，理出于正。

《继善篇》云：一世安然，财命有气。

补曰：此段亦有二说：或曰财命有气，是财星身命俱是气；或曰纯言财星居生旺有气之地，经文多是命字连财说，今人亦云，世人好财命是也。后说牵强。考之《捷联玄妙块》云："官乃扶身之本，财为养命之源。"则命为身命也，明矣。况旧注亦分财命为二，但辞不明快，所以启浅见者之疑。前说发经文之所未发，明顺可以从。如财旺有气，而身弱

[①] 附弃命从财格。

者，决不能享安乐之，况一世乎。故上篇云："财多身旺，则多称意。"又古歌云："财多身健方为贵，若是身衰祸便临。"由此观之，则财命当为二也，益明矣。

《古鹧鸪天》云：正财有气喜强，阳取阴财阴取阳，身弱财旺番成祸，身强财旺利名长。只愁官鬼怕空亡，印绶相生荣贵昌。休囚少年不如意，老临旺运好风光。

补曰：假令甲生午月，午中己土，为甲木之正财，而丁火生之。乙生巳月，巳中戊土，为乙木之正财，而丙火生之，是正财有气也。甲寅乙卯日坐禄，甲子乙亥日坐印，而柱中生扶日主，是谓身强，正财有气者最喜也。甲生午月，丙生酉月，戊生子月，庚生卯月，壬生午月，阴支为阳干之正财也。乙生巳月，丁生申月，己生亥月，辛生寅月，癸生巳月，取阳支为阴干之正财也。如身居休囚死败，天元羸弱，柱中支干重重，三合财多，非徒无益，则反生杀生灾，所谓只怕日干元自弱，财多生杀赶身衰是也。如身居临官地旺，或柱中生扶，而财三合太旺，则富贵利名，声誉显著，所谓财多身旺，则多称意是也。愁官鬼，盖官鬼乃盗财之气，克我之身，本为可虑，正财多盗气，本身自柔之谓也。怕空亡，乃六甲空亡，甲子旬中以戌亥为空亡之类。财落空亡，必贫窘不聚财，为可畏。空亡为害最愁人，堆金积玉也须贫之谓也。印绶相生荣贵昌，盖言财多身弱，或带官鬼，有印绶相生，自然富贵荣昌。《独步》云："先财后印，反成其福。"《通明赋》云："财逢印助，相如乘驷马之车。"此之谓也。休囚少年二句，盖言四柱既财多身弱，而大运又行财官旺地，财官旺则身体因而愈弱矣，虽强年经休囚之地，亦不如意，不惟不发福，亦且祸患百出。或末年复临父母之乡，或三合助扶我旺，则勃然而兴，而富贵荣显也。如身财两停，或身旺财轻，则喜财官旺运，忌身旺比劫之乡，宜轻重较量。亦有身弱全克根气，满局财杀，弃命从之者，复行财官旺乡，大发者有之，不可以遽以身弱财多断之。

《四言独步》云：阴火酉月，弃命就财。北行入格，南走为灾。

举此一段，以例十干从财者之断。

楠曰：丁火长生于酉，偏财得位，柱中三合，财多略无根气，则为弃命就财格。运行壬癸亥子之方为北行，多富贵双全，行丙丁巳午之气为南走，火有根气助扶身旺，与财为敌，不能从财，反为祸咎。所谓会逢根气，命招不情是也。观此行入格一句，则从财忌杀，又不可拘泥。

辛巳　丁酉　丙寅　己酉

吾郡李志富公富命身旺任财

楠曰：丙生酉月火神微，财旺如嫌火气亏。火少金多宜火地，陶朱倚赖富堪期。

丙火虽死于酉，得火禄于巳，丙火得生于寅，又喜丁火阳刃透天干相扶也。但金气还胜，火气还轻，喜运行南方，以补其火，所以财发数千万缗。有丙子日干者，只作财多身弱，虽行南方亦贫也，盖原无寅宫火也。

戊寅　乙丑　丙申　庚寅

盖云南一省富命身旺用财格

楠曰：丙火生提向二阳，喜临财库更身强。丙丁身旺逢财者，号曰真金火倍常。

虽不是丙火夏生金叠叠，富有千钟，凡丙丁旺见金者，但可以此理论之，独有丙丁见金，为天地之真财，日干旺者，十有九富。此造喜年时丙火得生，又有乙木贴身，则为身旺。且二阳进气，又喜庚金透出，财神明白，岂不富盖一省乎，若丙生寅月，返多作弱，丑用火返旺也。凡寅巳午未月，火返嫌弱，喜火旺，亥子丑亥月返怕火旺，此则正理之外见也。甲乙生寅卯辰，丙丁生巳午未，庚辛生申酉戌，壬癸生亥子丑，俱要身旺。略喜一二点克神，克多者多贫夭，此理外之见，试之屡中。

丙寅　甲午　丁酉　乙巳

新坪吴楚四公富命火长夏天金叠叠格

楠曰：丁生五月火虽炎，火旺金多富自然。金少火多斯有病，运行金水发轰天。

丁火禄旺于午，年月比肩火神太旺，所以祖财轻也。盖得巳酉结成金财局，身旺用财，丙丁火旺见庚辛，乃天地之真财。凡丙丁日旺，见有金财者，十有九富。但要丙丁极旺，凡丙丁弱者，返否，屡试屡效。但用庚辛金财星见子运者，多死，盖因金死于子也。此造大运入酉财轻，喜行财旺之运，一发轰天，一入子运问死刑，富则依然也。

甲辰　丙子　己未　戊辰

临川傅忠所贵命土重木轻格

楠曰：日主干强七杀轻，财来资杀养精神。杀藏官露真为贵，年少高登虎榜人。

己未日干，身坐木库，再加年时，重重见土，然己土虽生弱月，土多亦能化弱为旺矣，身旺则能用财，喜财结局，且成财库。然戊己土多来损财神为病，又得四柱有甲乙之木，暗来破戊己为药也。但子月之木枯，喜运行东方，旺助衰木之气，以破己土也，早年科第宜矣。若原木旺，则畏东方矣。此见原木轻，而喜旺运也。

丁卯　乙巳　丙寅　丁酉

夫人贵命火长夏天金叠叠格

楠曰：丙火身强财亦强，旺夫更喜入财乡。财神结局原丰厚，子秀夫荣大异常。

丙火身旺逢财者，非特男人富贵，女命逢之，亦主子贵夫荣。盖得己酉真财结局，原财颇轻，西方补起神，夫为太守，金珠满局，岂不宜乎？

壬辰　戊申　癸卯　丙辰

参政妻财旺生官格

楠曰：生申戊土透夫星，财旺生夫格本明。运入南方夫旺地，相夫相子步云程。

癸水合成火局，身主不柔，夫星气轻，正谓有病方为贵也。行南方财运旺矣，夫子贵显，岂偶然哉？

辛酉　庚子　戊子　癸亥

富女命夫轻行夫旺运格

楠曰：戊临子日坐财星，时上夫星格局明。最喜运行夫旺地，相兴夫子有声名。

戊子日主，财星太多也。若旺弱看，则为财旺身弱，本为不美，不知女命只看夫星为主，亥中甲木，夫星极衰，再加库辛金损甲，运入东方，助夫生子发达。但身主弱，虽一生发财，而身常有疾病也。故财官太旺，日主太弱，父母家极贫，夫家极兴，入巳庚金克去夫星而死矣。

时上偏财格①

楠曰：时上偏财格，盖以日干有气，能任其财也。如甲寅日见戊辰时也，天干透出财神，斯格方真。若又岁月有财相杂，则格不纯。盖喜身旺任财，食神之运以生其财，嫌官杀运，克倒日干，则不能任其财。盖身太旺比肩多，又喜官杀运制去其比肩，放起其财神，不可执泥。但用偏财，日旺多富贵，盖阴克阴，阳克阳，财神亲切有气也。用正财未见其美，偏财乃横财，身旺多有施舍豪气，多得横来财也，理出于正。

古歌云：偏财本是众人财，最忌支中比劫来。身强财旺皆为福，若带官星更妙哉。②

补曰：偏财谓阳见阳财，阴见阴财，如甲见戊，乙见己之类。然偏财乃众人之财，非义不当得之财也。惟忌干支比肩劫财分夺，则不全。所谓姊妹兄弟分夺去，功名不遂祸患随生是也。不有官星，祸患百出，故曰："若带官星更妙哉。"但恐身势无力，财弱无根。故曰："身强财旺皆为福。"何者？盖身旺自能胜财，财旺自能生官矣。

又古歌云：时上偏财一位佳，不逢冲破享荣华。败财劫刃还无遇，富贵双全比石家。

补曰：时上偏财者，如庚日见甲干，或寅支，辛日见乙干，或卯支之类。只要一位贵，不要多，而三处不要再见财。却怕年月日冲破，如寅冲申，酉冲卯是已。如不逢，自享荣华富贵矣。柱中及运，若见败财，如辛见庚及申见劫财羊刃，如庚见辛及酉之类，必伤妻耗财，破家不足而已。苟干支无遇，则富而有财，贵而有权，可比石崇矣。

补曰：正财偏财，皆喜身旺，皆忌印绶倒食，身弱比肩劫财，但偏财喜官星，而正财忌官星，故：《集说》云：正财偏财二格，喜忌大同。惟有喜官星，不喜官星之小异耳。及偏财为人有清高，而多主慷慨，不甚吝财，盖财能利己，亦能招谤。虽喜官星，亦当较量身之强弱，运之盛衰而

---

① 附月偏财格。
② 此月支偏财。

言。如运行旺相，福禄俱臻，行官乡便可发禄。若财盛而身弱，运到官乡，既被财之盗气，又见官之克身，不惟不发禄，亦妨患咎。如四柱中先带官星，便作好命看。若四柱兄弟背出，纵入官乡，发禄必少。正财为人诚信，作事俭约，处事聪明，惟是悭吝，虽正财不喜见官，恐盗财之气。然四柱财多身旺比劫重重，亦喜见官杀制伏比劫，故曰逢财看杀，见官尤妙。藏财露官。当作贵推，亦不可泥于喜见官之说也。

己酉　丙子　壬寅　乙巳

希文自造时月偏财类聚之格

楠曰：壬水生逢子月天，偏财类聚喜周全。壬申再转南方运，火土重逢福禄坚。

予修净土人也，亦不事此术，为继家君之志，而编此书。予命正合书云："素食慈心，印绶遂逢于德。"信矣：凡壬水喜财官，生子月为建刃，建刃若行财官运，为人必白手兴家。但二木伤官杀，有二金以当之，八字已中正无多，故主不贵，喜时日偏财，类聚亲切。凡用偏财者多慷慨，身旺肯施舍而不吝。故古歌云："偏财身旺是英豪，羊刃无侵禄位高。结织有情多慷慨"云云，然哉是言也，所恶者刃，故不免重婚耳。所宜者官杀，官杀旺比劫方衰。行癸运罹父母灾，遭妻子变，故曰：身旺比劫重，损财又伤妻是也。酉运一入，火土俱败，不遂宜矣。若壬运比癸不同，一旦运至南方，利壬而不利癸，申运水土得长生，或遂贻燕之谋。辛未、庚午、己巳，行官印之乡，可望妥安。辰运水土入墓，不免西归矣，但无奈时逢七杀，更兼寅巳相刑，妻子遭丧，惟喜贴身甲木制之，故曰：时上偏官有制。晚子英奇，理或然也。但命至微妙，宣父难言之。予据先人成说，更稽先人遗训，故浪揣摩以为后鉴云。

庚寅	乙酉	甲子	戊辰	李廉使之命
癸亥	乙卯	乙未	壬午	张府尹之命
己未	壬申	丙申	庚寅	曾参政之命
戊子	辛酉	戊申	壬子	陈尚书之命
甲午	丁丑	己未	癸酉	鲁知府之命
壬午	壬寅	庚子	戊子	那司令之命
乙酉	乙卯	辛卯	辛卯	高侍郎之命

丁亥　戊申　壬申　丙午　侯知阁之命
庚午　戊子　癸卯　丁巳　刘中书之命
癸卯　戊午　丁丑　癸丑　王少师之命

伤官食神格

楠曰：伤官、食神，一阴一阳之谓伤官，阴见阴，阳见阳之谓食神。皆盗我血气之物也。子平书论伤官食神之理，书虽甚多，但所言皆不亲切。何以为之伤官也？盖人之身，以官星为管我之官，如府县官之类也。出入动作，皆要循守规矩，不敢妄为。今则伤官者，则是伤杀其官，不服官管，如弑杀上官之类，则为强贼化外之民。如此格者，就要不见官星，如再见官星，就如打府县官者，又再去府县官，则官肯放汝乎？今书止云："伤官见官。为祸百端。"而不直言其理。

又曰：伤官伤尽最为奇，尤恐伤多反不宜。此虽正理，犹《志通玄》云："伤官之格，四柱并不见官星，本然入格，但太纯而无病。"事见下文病药说。虽然日干有气，若四柱重重伤官，盗尽我身之气，如人屡屡服大黄、补硝诸般通药，则身由此而泄，伤其元气，则将何药以救之。如此之弱，则用附子之温药，方能救其性命。若八字重叠伤官、食神，日主原又衰弱，急须行印运以破其伤官，行财运以资其日主，此是有病之命，得药救之，亦多富贵。又如日主生旺，比肩太多，财神衰弱，盖伤官以财为用神也。则又喜见官星，以制其比劫，存起其财星也。何又喜见官，前后进退之言也。缘我本身兄弟太多，官星但来制我兄弟，存起我财星，此官星为我之福，不来祸我也。故书云："木火见官官要旺，金木伤官喜见官。"前人虚立此言，反滋人惑，不彻底讲明进退之说，岂不泥耶。何也？盖木火伤官格，假如甲乙木生正月，见火为假伤官，其火乃虚火，其焰未炽，且木气朴坚，虽见火而木之真性不焚。再若木旺，则喜庚金旺相之官星，以克制其木也。则金木有面名之用，则木火见官官要旺，其理然也。若甲乙木生临巳午月，炎火盗甲乙木之气，则谓之真伤官也。原又泄木精英太多，再加庚辛官杀，制其日主，此则木火伤官，亦畏见官也。若日主旺，伤官多，见官杀反为我之权杀，亦多富贵。金水伤官喜见官何也？若庚辛日主，生于子月，或亥丑月，重重水气，泄弱庚辛金之气，则谓金寒水冷，则喜丙丁火官星，以煖其金气也。若水气不多，金气不旺，亦畏官星也。又云："土金官去反成官。"宜去官星也，其说近理。"惟有水木伤官格，财官两见始为欢。"此则见财宜也，见官则不宜也。下此官字，反致惑人。

然伤官之格，有真伤官，有假伤官。如真伤官者，甲乙日干生于巳午未月，真火为伤官用事，盖甲乙日被火焚其精英，若火多而木性失，则喜北方水运，以破其伤官，扶起其木气，如止一二点火，亦畏印以破之，故曰：破了伤官损寿元，如甲乙木生正二月，见火为假伤官。其火气尚未炽烈，则用此虚火为用神，正谓木能生火木荣昌，木火通明佐庙廊。又曰假伤官行伤官运发，若行南方火运。动其虚火，且木气坚朴，又得火以泄其精英，金主富贵。若行北方运，破其虚火，正谓：假伤官行运必死，真伤官行伤官运必灭。如甲乙木生于巳未月，伤官泄气太重，再行寅午戌火运，泄木精英太甚，安得不死乎？书云："木作飞灰，男儿寿夭。"

然伤官格人多傲气者何乎也？子平之言，未言其理。盖人用官，为管我之官。我则不畏其官而伤之，是肯放我为非，岂不是好傲僭者乎，又多聪明者何也？盖日主之气破，泄其精英，是其英华发于外也，故多聪明，若日干旺，精英喜泄，则为卿为相。若日干弱，泄气太多著，多为迂谬寒儒。盖其所泄精英，亦不为好精英也。若男以官星为子，见伤官以破之，多主克子，其理易晓。若见财暗生子星，则又有子也，食神格亦多类此。若见二三点，则混为伤官看，若单见一点食神，为食神生财格，亦要日干旺，食神生其财星，最忌偏印为枭神夺食。若食神多则不畏也，一则与真伤官同，不畏印运也。若止一点，再如食神气弱，又柱中有官杀，原赖此食神制杀，今被此枭印破去食神，不能来制杀，则反来克身，多主寿夭贫寒。伤官格多畏入墓运，故言其祸甚烈，亦不推明立说之意。盖伤官格，乃伤杀官长之人，将如此等之人提入牢狱，必多苦楚，此说亦不甚近理也。但原真伤官太多，泄气太过者，行伤官墓地，又添一点伤官。愈泄精神，多死，亦非入墓之害也。又或假伤官气轻，日干旺，喜伤官泄其精神，再行伤官墓地，又添一点伤官以泄其精英，入墓运返多富贵，亦不可以入墓为说也，但当以伤官轻重假论之，其理甚是。①

补曰：伤官者，我生彼之谓也。阳见阴，如甲生午月，戊生酉月之类；阴见阳，如乙生巳月，己生申月之类。亦名盗气，喜身旺，喜印绶，喜财星，喜伤官，忌身弱，忌无财，忌官星，岁运同。如甲生午月，干头又见丁火重重，柱中有官星显露，岁运又见，是谓身弱逢官，伤之不尽，其祸不可胜言。故曰："伤官见官，为祸百端，"有财有印乃解。若伤官伤尽，四柱不留一点官星，又行身旺及印运，却为贵也。故《定真篇》云："伤官见印绶，贵不可言。"如四柱虽伤尽官星，身虽旺，若人无一点财气，只为贫薄之命。故《元理赋》云："伤官无财可恃，虽巧必贫"须见财为妙，是财能生官也。伤官七杀，甚于伤身七杀，其验如神。年带伤官，父母不全；月带伤官，兄弟不完；时带伤官，子息凶顽；日带伤官，妻妾不免。伤官原有官星，运行去官主发福，伤官用印不忌官杀，去财方发。伤官用财，见比有祸，行伤官运方发。若四柱伤官无财，又遇比劫，乃行奸弄巧，克妻伤子之命。元犯伤官多，不宜复行伤官，须要见官则发，故曰：伤官无官，再见寒滞。运入官乡，局中反贵。若伤官轻，只一位者，宜行伤官运，宜轻重较量，不可执一而论。

又曰：伤官之格，主人才高气傲，常以为天下之人不如己，多词悔人，众人多恶之，而贵人亦惮之。故《古歌》云："伤官其志傲王侯，好胜刚中强出头。"

又曰：伤官固不喜官星相见，若金人水伤官，水人木伤官，木人火伤官，不大忌见官星。故《古歌》云："火土伤官宜伤尽，金水伤官喜见官。木火伤官官要旺，土金官去反成官。惟有木水伤官格，财官两见反为欢。"

又曰：男重伤官固克嗣，然伤官有财亦多儿。亦曰：伤官有财，死宫有子，伤官无财，子宫有死。女犯伤官固刑夫，然财印俱旺亦荣夫。故曰：女命伤官，格中大忌。财旺印生，夫荣子贵。

《金不换》云：伤官四柱见官，到老无儿。

又曰：伤官人务尽，忽见官星则凶。伤官见官，妙入财印乃解。

《纂要》云：凡伤官行旺相吉，死墓皆凶。阳顺阴逆，以用神而推。

---

① 从"楠曰"至此原为一段，点样中根据文义的差别，分为四段，以利读者习研。

且如用属甲,甲长生亥地,沐浴子,冠带丑。临官寅,帝旺卯,衰辰,病巳,死午,墓未,绝申,胎酉,养戌是也。

补曰:凡伤官格,行旺相吉者,是言四柱伤官轻,而运行旺相临官帝旺之地,则吉而福荣。死墓皆凶者,是言四柱伤官既重,而行墓死运,皆凶而祸败。如甲生午月,乙生巳月,柱中有寅午戌字,又行戌运,寅午戌三合伤官,谓之入墓,必祸是也。阳顺阴逆。以用神而推者,是言阳伤官为用神,运顺行,其祸死者多矣。阴伤官为用神,运逆行其祸小,未必死也。故《醉醒子气象篇》云:"入库伤官,阴生阳死。"夫伤官轻而行旺相固吉,如年上伤官,柱中重重三合太旺,又无财,虽再行旺之地,泄气愈甚反凶。故古歌云:"年上伤官最可嫌,重怕伤官可嫌不可蠲。"又古歌云:"伤官伤尽最为奇,犹恐伤多反不宜。此格百中千变化。消息须要用心机。"又古歌云:"戊己生时气不全,月时两处是伤官。必当头面有亏损,脓血之疮苦少年。"观三歌,柱内伤官既重,不可行旺相也明矣。《纂要》是言轻者当行旺相也。当轻重较量,不可执一。夫柱内伤官重,而行墓死固皆凶。然正气伤官,虽柱中轻,亦不可入墓死之运。故古赋云:"伤官食神并身旺,遇库兴灾有祸殃。虽然当有阴阳辨,如前所言甚精详。"又格解以下二格,与此格合解,亦非尽伤官。以月令生我者言,正倒禄,非以日主暗冲者言,"内有"二字泛指四柱非指伤官也。《食神格补》曰:"食神者,我生彼之谓也。"阳见阳干,阴见阴干,如甲日见丙,乙日见丁之例。丙禄在巳,甲人食丙,又见巳字,丁禄在午,乙人食丁,又见午字,是谓天厨食神。而食神有气,要日干自旺,则贵而有禄,富而有寿。故曰食神有气胜才官,先要强他旺本干。最忌枭神夺食,比肩分食。又不喜见官星,并刑冲,喜才星相生,独一位见之,则为食神。盖重逢见之,则为伤官,反为不美,令人少子,有克难存。若食神纯粹,主人财厚食丰,度量宽洪,肌体肥大,优游自足,有子息,有寿考。又忌行食神死绝运,并偏印枭神运,主生灾咎不利,惟偏财能制救。故《洪范》云:"偏财能益寿延年,"以其能制枭也。又曰:"食神明朗寿元长,继母逢之不可当。若无宠妾来救助,恰如秋草遇秋霜。"古歌云:"食神生旺喜生财,日主刚强福禄来,身弱食多反为害,或逢枭神主凶灾。"又曰:"食神生旺无刑克,全逢此格胜财官。更得运行生旺地,少年折桂拜金銮。"

伤官十论

甲木伤官寅午全，火明木秀利名坚。
运行最怕财官旺，见戌行来阻寿元。
乙木伤官火最强，运逢官杀转为良。
只怕水多伤不尽，终身名利有乖张。
丙火伤官燥土重，运行财旺福兴隆。
如逢水运遭伤灭，世态纷纷总是空。
丁火伤官火又柔，生人骄傲有机谋。
运逢印绶连官杀，唾手成家孰与俦。
戊日伤官最怕金，柱中格畏木来侵。
金衰不喜行财运，土既消磨金又沉。
己日伤官金最旺，弱金柔土喜财乡。
运逢官杀终身祸，名利兴衷不久长。
庚日伤官喜见官，运逢官杀贵无端。
正是顽金逢火炼，少年折桂上金銮。
辛日伤官申子辰，伤官伤尽喜财星。
东南顺运滔滔好，背禄行来仔细寻。
壬水伤官怕木浮，见官见杀返为仇，
再行财旺生官地，财禄无亏得到头。
癸水伤官怕见官，最嫌戊己透天干。
再行财旺生官地，世事劳形祸百端。

丁丑　庚戌　乙巳　壬午

金鸡陈秀二公富命木火伤官庚金为病

楠曰：乙生戌月木神轻，用火伤官作用神。金水两般为我病，南方火运长精神。

乙木生临戌月，本金刚而木柔也。若以旺弱而推，人命行南方，似泄气矣。盖旺弱论命，乃愚术不精妙理。大抵当以有病而论，十有九验。故八字有病者，宜行去病之运。人多富贵，此造顶喜戌中有一点火星，透出天干，再喜戌午合成火局，作木火假伤官看，喜月上有一点庚金为官星，为我之病神也。何以言之？盖伤官以官星为病。书云："有病方为贵"，早年己酉、戊申，病神得禄，推其不美。一入南方丙午、丁未，去庚金病神，所谓：格中如去病，财禄两相随，兴家创业，则富宜矣。乙甲运中，虽不及丙丁火，去庚金为亲切，盖亦喜甲乙以生丙丁也。所以老益精神，只畏壬癸运来破火，放起庚字，恐生不得禄。但子星不足者，盖因日主火气失中和也。若以杂气财官论之，全非妙理也。

己巳　辛未　乙亥　丁丑

营山吴静三公庚辛金为病神丙丁火为福神

楠曰：乙木生临未月提，伤官木火是真机。辛金透出为真病，丁丙交来是福基。

乙木生于未月，透出丁火，作真伤官。见辛金巳丑，七杀为病。行丁卯、丙寅，克去辛金，为去病之神。多子生财，盖日干有气，能任子也。一入丑运，三合起杀星，官讼宜也。

己巳　癸酉　戊辰　丙辰

临川饶惠徽廿六公富命土金伤官用印

楠曰：戊临酉月泄精英，丙火生身用印明。癸水劫来伤丙火，南方土运发非轻。

戊土死于酉，泄土精华英，盖得巳宫丙火，透出天干。伤官身弱者，用印明矣。月上癸水克印为病神，更得年上己土，克去癸水，运行南方。己巳、戊辰，克去病神，富盖临邑，大运入卯，伤官复行官运而死矣。然其大富。因八字纯粹，喜有官星病神，行过辛未、庚午，俱去病之神也。又喜戊己，又去壬癸水之病，两病俱去，其富宜矣。

甲戌　庚午　乙亥　丁丑

逸叟自命真伤官格庚金官星为病

楠曰：乙木生居火土旬，时干透露火为真。庚金月上为真病，壬癸伤丁便可嗔。

乙木生午，透也丁，用火为伤官。奈何庚金贴身制我身，而不能用丙丁火也。所以青云志弗克就，只为此一点庚金羁绊。再行壬癸，伤损所透丁火，愈不能制去官星，故多蹇滞。后来颇遂者行甲乙丙丁，盖因能去庚金也。然又只畏壬癸天干之水，盖因丁火露出，火少故也。不畏地支之水。盖为地支火多，有土去水耳。

乙酉　己丑　庚子　壬午

逸叟弟真伤官用劫

楠曰：庚生丑月气寒凝，气弱能亲劫有情。最畏丙丁能破劫，西方金旺颇精神。

庚生丑月，透出壬水，作金水伤官。金水寒而喜丁火，为暖金之物。然被子水冲之，不用丁火亦明矣。喜年月酉金，类聚一处，庚金见此用劫为用神。早行丙戊丁运，破去劫神多疾，一入酉申，比劫得地，身旺逐矣。

戊午　己未　丙戌　己亥

叔祖仲器公火土伤官用印格

楠曰：戊土重重泄火精，身衰用印理分明。早年最畏财伤印，火运来资印有情。

丙火生未月，火虽有气，然四柱土多，泄火精英，变旺为弱。赖有甲乙木神结局，身弱用印明矣。早行西方，金能克印不利，入戌见土损子。运入北方，水资印气，兴创可验。入寅艮土晦火，七十四岁死矣。

戊子　乙卯　丁巳　丁未

阁老贵命假伤官格

楠曰：火气重重产四阳，再行木旺火难当。柱中透土成真格，保土存财入庙廊。

丁巳日生于四阳之月，火气方炽，再加卯未结成木局以生之，则火气愈炎。其精好泄，喜年干透巳未之土，则火见土而泄其真精焉，秀气则在土矣。但戊己土到卯月极衰，而又有乙卯结局之木，以破其土，则土为用神，畏木为克土之病也。所以土少木多，其病甚重。早行戊午、己未，土衰亦宜行土运。一入庚申、辛酉，上下皆金，克木净尽，去尽病根，位入台阁。入亥木气得生，病神复作方死。世术或以杀印论，或以拱禄格论，俱无一毫应验。

庚子　己丑　壬寅　辛亥

盱江夏良胜吏部郎中水木假伤官

楠曰：丑月初旬水有余，日时类聚木神奇。木衰最喜东方运，一到金乡便不宜。

壬水日主，生于十二月，初旬水气犹旺，再加年上庚子，俱是水乡，时上金水气旺，壬水旺甚，多好泄也。女人血气旺盛，多好淫亵也。壬水望见寅亥进气之木，壬则泄其精英，在寅亥木上矣。所贵者，四柱有庚辛金，暗来损木，类牛山之木也。木神受病甚重，大运入卯，再逢丁卯流年，衰木得局，如枯苗之得雨，勃然而兴，中江西解元。壬辰癸运，水滋枯木，擢北方吏部，又选司郎中，名显天下。大运入己巳，有庚金刑克寅亥衰木，王荣奏本，戍辽东铁鼎卫而死也。盖因亥寅再会二字相联，木神有气，两点食神，遂作假伤官格，正谓假伤官运行伤官运发也。如甲木散乱，原非类聚，亦不作此格，先术人妄取官印，俱断丁卯年卯运克损官星必死，殊无••应验。大凡看格，不拘月令，只看动静，归秀气在何处，十有八九验也。

甲午　丙寅　乙丑　癸未

旴江张思布政贵命木火通明之格

楠曰：乙木生寅喜气深，通明木火耀光明。日时癸水名为病，虚火南方出翰林。

乙丑日，生寅月上旬，木不嫩而火亦不衰也。年月透火通明，时上木火神有气，盖得丑中微有癸水，透出时上，暗来克火，作癸水为病也。所以运行戊己，去病存火，再行南方，衰火辉耀，位擢方伯，若原无水，再行南方，亦恐泄木之气。此则原水破火，所以火轻也，所以南行，补起火来，贵木宜也。运入壬申，破损用神，虚火死矣。此亦假伤官行伤官运多荣显，假伤官行印运必死。

壬子　丙午　乙亥　丁亥

旴江姚弘十公制过伤官之格

楠曰：乙生离位火虽炎，壬水重重制伏嫌。水重火轻宜见土，北方水运实难痊。

乙木生临午月，虽两丁火分野之所，本来火土真伤官，本然不深畏水，何期壬癸水太多了，水多了则能灭火之光矣。早行戊运，去水存火，生财。大运入申，壬水得生之地，破火，患足破形几死，幸而有戊盖头，己酉庚戌，带疾处富。一入亥运，壬水得源而死，正谓破了伤官损寿元。

丁酉　丙午　丁丑　辛亥

福建裴应章尚书取建禄之格

楠曰：丁火炎炎日主强，最宜财库坐下藏。酉丑金局多坐杀，西方运里姓名扬。

丁丑日主，看月干会火局，支会金局。财能生官，乃贵藏在支中有气，丙辛合贵气，合日干财能生杀，利名显达，喜行西方财路，而万里飞腾，姓自香，功名显，寿无疆，位重权高振皇邦。双亲先逝，鸳鸯分飞，孔怀四位，晚生三凤，子女团圆，福寿双全之造也。

丙寅　庚子　壬子　辛亥

书林杨环五公富贵假伤官格

楠曰：壬水重重气有余，岁时有木吐南枝。木衰贵有庚辛病，运到东方大有余。

壬子日干，生临亥十一月，天干又有庚辛，贴助身强。壬水贵精，秀气从何而泄？盖喜寅亥两木，望一陌而生，两木类聚有情。壬水见木，而泄其真精，秀气分明在木矣。木衰为病，又有庚辛浮金，遥欲克木，但庚辛动金，亦不能克地支之静木也。一入东方寅卯辰乙之运，衰木得此，殆犹枯木之逢春也，则富贵不丰且厚乎。运入巳中，有庚金损木，推其不利，入午未辰之地，午中巳土，又且损刃，则死之理，亦可知矣。

乙巳　癸未　戊子　癸丑

盱江枧溪胡锡三公富命假伤官格

楠曰：戊临未月土尤强，最喜金成巳丑方。土厚见金多秀气，日嫌戕运火来戕。

戊土生未，极为土旺也。然辰戌丑未四土之神，然辰土带木气克之，戌丑之土带金气泄之，此戊土虽旺而不旺。故戊临此三位全，多作稼穑格，不失中和。若未月土带火气也，见火以生之，所以土为极旺也。若土临此未月，见四柱土重，多作火炎土燥，不可作稼穑看。但临此月之土，见金结局者，不贵即富也。书云："土逢季位见金多"终为贵论。若此造早年行午运尚否，火伤金也。一行辛巳、庚辰二运，衰金得此，财发数千万缗。一入寅运，甲辰年，虾蟆瘟死，家无瞧类，盖为火克衰金也。

乙巳　丁亥　壬午　庚戌

盱江羽旺变为弱格

楠曰：壬临亥月水难当，财杀重重返受殃。水旺亦宜微见土，若教土重祸难当。

壬水难生亥月，本为水旺也。但四柱火土重重，年上巳冲亥禄，早年出家，丙戌运极贫，火土厚也，乙酉甲申癸运，金水有气，原作伤官好傲，颇作威福，衣体又能安身。一入未运，火土太旺损金，丁酉年五月，火旺月死矣。凡甲乙生寅卯辰月多金，丙丁生巳午未月多水，庚辛生申酉戌月多火，壬癸生亥子丑月多土者，非贫即夭。但喜二点克神，克多者，俱不美，至验也。此子平之外见，屡试屡中也。

己酉　丙寅　甲子　乙丑

盱江刘庆二道人木衰金旺格

楠曰：甲木生寅木尚微，初旬木嫩畏金欺。虽然有火怕金去，水运那堪火又危。

甲木生于寅月，初旬木火初生之际。术士推其木向春生，木火通明有贵。夫何木嫩不胜金制，且酉丑合成金局，初行北方水资木气，衣食颇佳。一入西方金旺之运，守茅庵度日，且手足疯瘫，酉运而死，若只一点金尚可也。吾都何标四公，是乙亥时也，享余荫行西方酉运亦死。

己巳　丙寅　甲寅　乙亥

盱江刘翰十一公金木相停格

楠曰：甲生寅月术犹轻，木嫩金轻得两停。运入西方金便胜，中和气失少安宁。

甲木生寅，四柱木金，俗看则似木多金少也。殊不知正月气寒，木神柔脆，木不胜金，甲子、癸亥、壬戌运，滋木，财发千缗。西方申酉戌蹇滞，申死矣。

辛卯　辛丑　丁卯　癸卯

盱江夏岱二公印制食神太过

楠曰：丁生丑月土神微，卯木三重克过之。喜有三金来克木，一番病过一番医。

丁生丑月，此命极极难寻用神，盖丑中有一己土也，得有三点乙木贴身克之，此则用己土为用神，乙木为病也，明矣。盖得三点辛金，又来克木也，一病一医，得寿考康宁者此也。一生只得酉运五年，极美之运。盖酉字冲去卯中乙木之病也，运入东方木旺，八十有余方死。

乙卯　己丑　丁亥　壬寅

抚城李元六公土轻木重之格

楠曰：丁生丑月土神明，火土伤官格自成。只畏木多来克土，再行木运祸非轻。

丁生丑月，己土透出，乃作伤官，用土明矣。初行丙戌，火来生土，财意颇遂。大运入乙，木来克土，破了伤官而死。盖因原有乙卯之木贴身，又有寅亥二木为助，所以再见乙运，正谓运会原有所害之神，安得不死乎？

壬辰　辛亥　甲戌　丙寅

临川吴开六公富命假伤官格

楠曰：甲木虽衰亦有根，丙寅时透火神妍。火虚有焰成真格，金水因知作病源。

甲木得生于亥辰年，木气托根，甲木寅时得禄。四柱木俱得气，又有壬水滋之，甲木则变弱成强，望见时上丙火，精光透出贴身，则甲木情思向丙火为用神也。则以壬火为破丙之病，辛金为破格之病，早行壬子、癸丑，甚是平常，破坏丙火用神。望见东南，有木生火，有土克水，有火克金，病神净尽，一发冲天，至庚申金水破格而死也。

丁丑　辛亥　壬子　癸卯

休杭叶畅二贫命假伤官嫌印

楠曰：壬临亥月水汪洋，木透天干作假伤。不合丑中金气在，西方金运极难当。

壬水生亥，虽有月上虚财，被时上癸水劫之，虽有木为伤官，十月之木，根枯叶落。原有丑中辛金损木，一入西方酉运，会起金来损木。病患疯瘫，手足并行为丐，而又聪明者，伤官泄气故也。

丙子　丁酉　壬申　辛亥

陈都爷贵命时上假食神水清金白之格

楠曰：金水清清两字奇，时归日禄理相随。分明木火为真秀，黄阁魁名间世稀。

壬生酉月，金水两字双清，金水之气有余，木火两字不足。金虽有余也，而喜天干丙丁，遥来损金也。喜无地支午火，实去破印，所以印得全美也，壬癸水气虽有余，喜亥中甲木，泄其精英也。其贵如此，盖喜丙丁火，暗销庚金，而存起亥上食神也。所以八月木气凋零，其病甚重，所以病重者，多大贵也。运入东方，补起水火二字，位登黄阁也，宜矣。此乃天地至清之命，所以为天下至贵人也。

甲戌 辛未 己酉 己巳

吾都何廿八公假伤官富命金轻火重格

楠曰：己临未月土炎蒸，见火生身益壮神。土旺喜金宜泄气，养金喜水定超群。

己土生临未月，火土炎蒸，其己土炎气旺盛，更且有火气生之，其土望见己酉两全为聚，透也酉金，己土则泄秀气在金上去。以丙丁火为损金之神。壬申癸酉运美，入戌论灾，一入北方用水去火，财富。一入寅运，会成火局，破金而死。

戊申 己未 戊午 辛酉

抚城周怀鲁科贵命土重见金格

楠曰：戊临未月土重重，燥土尤嫌火气烘。时岁喜看金吐秀，运行西北志凌云。

戊日未月，为火炎土燥之格。盖得辛酉时，金神透出，岁支申宫有水破火，此以火为病，水为福也。大运入壬，盖得壬来克火，放出辛金，折桂蟾宫，理自然也。后行北方水运尤美。凡戊己土旺，见金多者，极聪明秀气，至清至贵之命也。

癸卯 甲寅 丙午 戊戌

临川袁应龙春元贵命假伤官土轻木重

楠曰：丙火生寅火局全，火生戊土泄精元，不堪衰土重逢木，早步蟾宫损少年。

丙行日主，结成火局，其火旺矣。原寅中有戊土，午中有己土，又时上透出己土，其丙火身旺，见此土而好泄其精也。作火土假伤官格。然喜有甲乙木，贴身为破伤官之病，正谓有病方为贵格。脱辛逢癸酉流年，克去甲木病神，所以早擢秋闱，甲戌年入亥运，原有甲木，得生于亥，正谓破伤官损寿元而死矣。盖正月戊己，带木之土也，而土神极衰，最畏旺木克之，入亥运甲木得生，其死也明矣，若天假之以年，若行庚戌运，庚金克去甲木贵不可言也。凡日干旺者，见有食神伤官。虽在日时，亦只作伤官看，何也？凡日干旺，精气满蓄，见有通泄血气之处，则秀气从之，不可泥执子平，只以月令上用神。如日主衰弱见印星及阳刃，身弱则亲印绶阳刃也，身旺则自亲食神伤官也。如用食神伤官，只要食伤类聚一处有情，不宜间隔，如前夏良胜命用木类是也。如此造，多不晓作用土，只以官印。若用官印，如卯亥运不顽强也。此则用衰土，见木克之明矣。

丙寅　壬辰　甲辰　丁卯

吾都傅后庵公木火假伤官木全寅卯辰互看

楠曰：甲木重重旺气深，木来用火透春林。柱中最喜壬为病，火土重逢异等伦。

甲木生辰，禀全寅卯辰东方之秀气，喜年时丙丁虚火透出。作木火假伤官，透出壬水，为破火之病神，运行南方，衰火得地为美，虽申酉生水破火，亦喜有丙丁盖头。戊己运，土能破水，放起用神，老益精神，福寿两全，只畏北方水破用神也。

丙申　癸巳　辛卯　壬辰

吾父启完公假伤官用劫

楠曰：辛金生巳水重重，刑破官星水有功。申巳两庚来作用，运行申酉乐雍容。

辛生巳月，本用丙火，夫何贴身有申，破丙明矣。年干丙火，本为虚官可用，时有壬水破之，由是舍丙而从水也。以水为虚伤官，年月两庚，类聚有情，正作金水伤官用劫也。行申酉比劫得生，安享其乐。入戊己破去假伤官，动多侮吝，入亥生财，大运入子，六十九，庚金劫神死地而死矣。

丁未　壬寅　乙丑　丁亥

予兄希禹木火伤官官不足格

楠曰：阴木生寅进气时，又兼三印叠资之。财官之运重重喜，水火逢来实可悲。

乙木生寅月，进气之木，更通三印资身，无奈比劫重重争财，而财不足也。四火制杀太过，早行北方不佳，喜庚辛金盖头，破劫存财星，己运财旺生官，有威震比劫之意。行亥运，壬水资比劫，争财不已，又合丙子年，火制金而水资木，书云："木火伤官官要旺。"用神受困，患麻症而死矣。

戊寅　己未　丙戌　乙未

贵女命作真伤官用印格

楠曰：火逢稼穑泄精神，更喜柱中印绶亲。衰印最宜重见印，褒封两国岂常人。

丙火生未，四柱土气重重，泄弱丙火之气，正作火土伤官，身弱由自亲印绶也。原印星衰弱，运行印旺之乡。受夫子两朝封赠。大运入丑，辛金破乙死矣。

辛丑　丙申　己丑　庚午

逸叟母命金多用火

楠曰：己土生申金气重，金多用火返成功。北方见水身多疾，日禄归时寿福崇。

己土生申，金气重重，伤官盗气多者，用印而不用财也。运入庚子、辛丑、壬字泄气破印。患目而灾病连连。运入东方寅卯，木生火旺，而病稍痊。然柱中真火，而又生吾兄弟三人者，何也？盖得丙丁二人。克去伤官，存土精英，而能旺夫旺子也。八十七岁，辰运合水破印，亲寿方终矣。用印深验，论用财非深知命理也。吾母一生，夫子衣禄，赖有此丙丁二火，苟无此二火，则孤矣。

丙寅　甲午　甲戌　辛未

极贫淫贱夫星轻而制夫旺星

楠曰：甲生午月火炎炎，克制夫星本太嫌。运再东方生火气，孤贫淫妒不堪言。

甲生午月，伤辛金官星，夫星俱临败绝之地。火气益炎，辛金夫星之气益弱。且行东方，木生火炽，夫既受伤，而子胚胎损矣。一生孤贫，桑间濮上之耻可闻乎，正谓无子也。壬辰癸巳运，衣食颇饶，盖得壬癸水破火存夫。入寅夫绝，木作灰飞绝矣。

己丑　己巳　丁丑　己酉

孤贫女命土有余木火不足格

楠曰：丁逢己土食神多，泄损精神定奈何。信是孤贫应有数，子多无子岂差讹。

丁火生巳，本为火之分野，殊不知四柱食神伤官太多，泄弱丁火精英，则是母胎虚耗，子无托生之所，正谓子多无子。若得东方甲乙运，有木克去子星，存养丁火精神，庶无尚可生子。此造何期运入西方，全无木气，财神太重，财多身弱，一生孤若贫寒无子。入戌再加一土，愈泄精神，死矣。

丙子　辛丑　己卯　庚午

孤寡木少金多之格

楠曰：坐下夫星木气微，不堪金旺木无依。西方运入金多见，独守孤灯只自知。

己土生丑，透出庚辛不宜，乃夫受制太过。己亥运，夫星得生，颇遂室家之愿。一入西方，克夫孀居到老，一子不肖，宜矣。

印绶格

楠曰：正印偏印格者，如父母生身之义也，盖日主得其资助。书云："印绶生月利官运，畏入才乡，盖财乃破印之气也。"此亦书之死路，非通变之道也。然四柱印星太旺，日主有气，印叠生身，如人元气本旺，再服补药，生可存乎？此则必用见财以破印也。四柱财少，必须运上财神为吉。又若日主根轻，印星又弱，最畏财星，谓之贪财损印，宜也。又有真印假印，如丙日生人，生临亥月，或用亥月甲木作假印也。十月木气，根枯叶落，则此衰木，宜行东方木旺之地，以辅助其根气，则如枯苗得雨，勃然而兴，畏巳酉丑运，冲克其木，尤畏行西方庚申辛酉，天干地支俱全，损伤尤甚。若天干得壬癸甲乙丙丁盖头，虽祸亦浅，又若丙丁日主，生临寅卯多根之地，谓之真印也。若印多不畏财星，若日主轻，如只有一二点印，亦畏财也。大抵木不能胜金，谓之印绶被伤。倘若荣华不久，真假印辩，不可不究。财、官、印、杀、食神、伤官，此六乃日干月令所出。正格外有阳刃格，此系日月相通。出此之外，或虚邀财官，或刑合财官，或暗拱财官，或冲摇财官，亦几近理。说见下文。

《继善篇》云：官刑不犯，印绶天德同宫。

补曰：一说谓不犯官府刑宪，盖因印绶天德，年月日时支同一宫分。固通格解，谓但四柱中俱有，乃同一命宫分，不必同一支。如甲寅、丙寅、丙寅、丁酉，是天德在丁，月德在丙，印绶在寅。如庚申、庚辰、庚子、壬午，是天德月德俱在壬，印绶在辰，谓天德与印绶同一命宫是已尤通。严陵命书谓天月二德星在日上为的，他处见不当作德论大局。

古歌云：月逢印绶喜官星，运入官乡福必清。死绝运临身不利，后行财运百无成。

补曰：甲乙在亥子月生，丙子在寅卯月生，戊己在巳午月生，壬癸在申酉月生，庚辛在辰戌丑未月生，或在巳午月生，皆是月逢印绶也。若四柱中元有官星，乃是官印相生，方为贵人，诚印绶格所最喜者也。若行官乡运，则发福几清厚。行死绝运，轻则灾疾损伤，重则死亡孝服。若行财乡，贪财坏印，其祸百端。

又曰：重重生气若无官，常作清高技艺看。官杀不来无爵禄，总为技艺也孤寒。

补曰：月生日干年时俱有印绶，是谓重重生气也，有官方作贵推。若无官杀，非技艺之流，则庸常之辈。总为清高之艺，亦不免孤若寒微而已。所谓印绶旺而子息稀是已。

又曰：印授干头重见比，如行运助必伤身。莫言此格无奇妙，运入财乡福禄真。

补曰：印绶生月，干头重重，一见印绶之比肩，又行印旺之运，必伤身。所谓木赖水生，水盛则木漂，木逢壬癸水漂流，日主无根柱度秋是已。印旺遇财乃发，须入财乡运，乃能发福发禄，如水盛木漂，必须行财运，以土制木，则木植其根为福，所谓岁运若行财旺也，反凶为吉遇王侯是也。《格解》所谓印绶畏入财乡之句，不可拘泥是也。

又曰：印绶官星旺气纯，伤官多遇转精神。如行死绝并财地，无救反为泉下人。

补曰：印逢官星，如值所喜，则为旺气纯也。伤官多遇，值如所忌，则不免转而有精神也。旧文原是如此，而或者改旺气为运气，改伤官为偏官，以转精神为有精神则非也。

又曰：印星偏者是枭神，柱内最喜见财星。身旺遇之方是福，身衰枭旺更无情。

补曰：印星偏者，如甲生亥月，乙生子月之类。无食则为偏印，有食则为枭神。柱中见偏财并正财则吉，故曰偏印遇财乃发，又曰偏印遇财乃发，又曰偏财能益寿延年，身旺遇之吉。若身弱逢枭旺，则为祸矣。所谓枭神兴，而早年夭折是也。

《络绎赋》云：印临子位，受子之荣。枭居祖位，破祖之基。

补曰：或曰枭居祖位，破祖之基，甚应验。观《六亲论》云："日时杀刃逢枭，半道妻儿离散"。可见《格解》谓枭居祖位破祖之基，再详。

《玉匣赋》云：华盖与文星共会，尉迟为五伯良臣。

补曰：文星谓印绶也。故《通明篇》云："印绶文华也"，非文昌之文。

《寸金签》云：印绶不喜见临官，帝旺逢之亦不欢。八字逢财无所用，行财不利却无端。

补曰：临官是日干行临官之地，印逢则病，故曰不喜见临官帝旺。是日干行帝旺之地，印逢则死，故曰逢之亦不欢。八字中最忌见财星，喜见官星，如运行财旺之乡，则贪财坏印，为祸百端。所谓如行死绝财旺地，无救返为泉下人。

《万金赋》云：第一限逢印绶乡，运行生旺必荣昌。官乡会合迁官职，死绝当关是祸殃。

《渊源歌》云：有印无财是福媒，喜逢官位怕临财。主人囊括文章秀，一举丹墀面帝来。

《元理赋》云：水泛木浮者活木。

补曰：此言水泛木浮格也。盖甲木生于亥，则无咎。乙木死于亥，水泛木浮，恐无聚作。

又曰：水盛则漂木无定，若行土运方为荣。

补曰：上文论阴木，此论阳木。盖言甲木归于子，水败之乡，柱中水印太盛，失土止者。人命得之，主漂荡无定，风花好酒，无成之造。遇土运止水，发福为荣。

又曰：贪食乖疑，命用枭神因有病。

补曰：如日坐枭神，或干支枭印重，运逢食神，必主贫乏生病，更带刑冲，作灾不测。故《奥旨赋》云："岁月时中有偏印，吉凶未萌。大运岁君遇寿星，灾殃立至。"

又曰：命用枭神，富家营办。

《四言独步》云：六甲坐甲，三重见子。远至北方。须防横死。

又曰：天干二丙，地支全寅，更加生印，死见凶临。

又曰：壬癸多金，生气酉申。土旺则贵，水旺则贫。

又曰：癸日申提，卯寅岁时。年杀月劫，林下孤凄。

己亥　乙亥　丁丑　丁亥

临川黄良三公富命水重土轻

楠曰：水气重重在地支，木漂水泛欲何依。最宜土运来克水，财帛金珠乐有余。

乙木生亥，重重水气以漂之，早行癸酉壬申，木多见水不利，一入辛未、庚午、己巳、戊辰四运，土止水流，财发万缗，正谓印绶若多，财要见也。

丁亥　辛亥　乙亥　丁亥

盱江刘三三公水多漂木之格

楠曰：乙生亥月水重重，杀印分明祖业丰。戊己运中虽发福，再行水运寿年终。

乙木生亥，水气重重，但喜纯粹，水原未尽头。盖得祖财丰富，己酉戊运，财名颇振，酉地杀轻得禄也。原杀星见水，多泄去精神，杀弱入酉，杀星得禄，生子甚多。一入申运，壬水太旺，水来泛木死矣。

壬寅　辛亥　丁巳　辛亥

盱江刘瑛千九公富命衰印畏财格

楠曰：丁火生临亥月乾，木神类聚喜相连。柱中最怕金为病，运入东方福禄全。

丁火生于亥月，火神衰弱，喜年干透出壬水，丁壬化木于亥，更得寅亥木神类聚，用神无疑矣。盖得巳宫有庚来损木，则金为病明矣。运行甲寅乙卯丙辰丁运，枯木逢春，又喜火破庚金存木，富享优游。入巳强寇毁庐，丧子奇祸，盖嫌巳中金来克木也。午未木死阻寿。

乙丑　辛巳　己巳　庚午

丰城孙世佑布政贵命旺变为弱用印格

楠曰：己土虽然坐旺乡，重重金气损精阳。旺中变弱来亲印，杀运应知佐庙廊。

己土虽生巳月，本为火生之域。夫何金气重重？己土见金泄其精气，赖有三重火气，大抵土好暖而畏寒，则己土亲火为印绶。运行己卯、戊寅，杀星太旺，故曰印轻者赖官杀以生之，所以位至方伯。丁丙运火轻，犹宜补起火来。大运入子，见财而破印，财乃妻也，因妻而致祸也。盖原无水止有火土，则东方云美，北方水运不美，此则土虚而好火，畏水伤火，子运死也明矣。

壬戌　壬寅　丁卯　戊申

崇仁方武十凌迟死贪财坏印

楠曰：丁火生寅木气柔，财来冲印便成忧。再行财运灾难免，直待凌迟死便休。

丁火日干，生于立春后二三日，其火极寒矣，其木极嫩矣。正为木嫩火衰，不合年月两点壬水，再来温火湿木，时上申宫庚金，冲出嫩木。且有戌字透出，年支戌土透出，月上真土，作正火土伤官用印，不合衰印受伤。一入巳运，庚金得生于巳，坏了衰印，因杀死乐安东坑陈人三十余命，武十为首，问凌迟。剐罪而殂。盖透出伤官，身衰用印，印星受伤，故犯此极刑。

乙亥　癸未　丁卯　甲辰

抚城过桓九公木旺无金之格

楠曰：丁生未月火扬威，见木重生火不知。大喜庚辛来损木，再行木运本非宜。

丁火生临未月，火神犹旺，再见木多，返助其炎威也。初行辛巳庚运，木多见金而克之，行财颇逐。但四柱原无一点金气，财神无根，生财而不充大运。行寅卯，原本旺再行木旺地，杀为子星，行寅卯泄子之气。财为妻，行寅助起比劫以伤劫妻。到此辟妻离子，呻吟不利，岂非命该如是乎？

辛卯　辛卯　戊寅　壬子

与夫子命去官留杀同印

楠曰：去官留杀理分明，主弱分明用印星。运入南方夫子旺，逢申破印祸来并。

年上两重乙未夫星，天干两辛去之，独用寅中甲丙两字。早行壬癸运，叠叠损儿，盖为壬癸伤印也。入巳丙火得禄，生子旺夫，南方火旺，财享安福。脱甲患疾而死，壬水破印也。伯母瑛四孺人命。

乙卯　戊寅　丙戌　乙未

富女命无夫星入格

楠曰：丙火生寅土透天，无夫入格福连绵。身衰宜入南方运，用印分明岂偶然。

丙火生寅，盖寅中艮土，戊未又有土，月上戊土透出，寅月火虚，土泄精英太过，正作火土伤官用印。盖伤官衰者用印，原喜柱中不见夫星。原若有夫行南方运，必主孤贫，此则原无夫星，则不论夫也，所以南方运，助夫生子而富。又作火虚有焰，一入申运，见金破木死矣。

阳刃格[①]

楠曰：阳刃格，六阳日干谓之阳刃理也，六阴日干不谓之刃。但用刃之说，未究其理，则冥然不知也。书云：阳刃无冲可极品。盖甲日生临卯月，甲见卯中乙木，如兄见弟，则能分我之祖财，夺我之祖业，再加岁日时中木又有气，何用乙木之刃再助我乎？如是则不用刃也，而以刃为病也，则用庚金七杀。合去其刃，虽酉中官星冲去其刃，亦不畏也。又或甲生卯日，岁月时中，叠叠财官七杀，则日干虽旺，则变为弱，此则甲刃为用神。若行酉运，冲去刃星，犹如人衰弱无力，全赖弟来扶持，今被酉金杀死我弟也，则我何靠乎？则主有极凶杀伤蛇虎之祸矣。若如此等，必须要印绶之运，生起我刃星。比肩运，以助起其刃星。又曰煞无刃不显，刃

[①] 附比劫、建禄格。

无杀不威。盖日主旺，得七杀以合去其刃星。然杀乃威武之人，刃乃威武之器，刃煞停均，多作兵刑显宦，若日主弱赖刃为助，见官煞多，制去其刃，多主盗贼小人矣，然阳刃格，与建禄格颇同。但见禄不言刃者，盖月令俱同一体纯和也。又若阳刃倒戈，必作无头之鬼，理甚有验。如丙日干，四柱太旺，又露出丁火贴身，其刃锋愈炽，其死则身首安得不异处乎？如夏柱州之命甚验，说见人命见验类。

建禄格者，日主得主禄之地，非官禄也。书云：月令建禄，多无祖屋；而不显言其理。人用财为马，官为禄，假如甲日生寅月，甲以辛为官，己土为财，财官到寅为死绝地。人则以财为祖业，靠官为福神，祖业福神都无了，此格多无祖业者甚验矣。原甲日生寅，然寅上乃甲木之舍，财官空倒，又安有祖屋乎！年上若见此禄，亦主祖业飘零。带此建格，多主刑妻，与阳刃格同。如甲日见寅，寅中有甲木来克妻也。若四柱有根气太旺，则不用建禄格，要官杀克制其禄，要财星以为身旺之何托。若或岁月时中，财杀太多，即旺变为弱也。宜印运以生其福神，宜动运以助起禄也。又曰：一见财官，自然发福。盖身旺，原庐舍内无财官，则无祖业，若运行财官，则身旺能任其财，岂不白手成家乎？

补曰：夫阳刃者，在天为紫暗星，专行诛戮。在地为阳刃杀，禄前一位是也。喜偏官七杀制伏，则阳刃起于边戍，发富发贵，为将为相者多矣。故《千里马》曰："羊刃偏官有制，应职掌于兵权。"又曰：羊刃入官杀，威镇边疆。故《三车一览》云：羊劫重逢正印，廉颇有百计之谋。又要诀云："阳刃倘同生气，阃内推权，忌反伏吟"。经云："伏吟反吟，涕泣零零。"何谓伏吟？如甲以卯为刃，庚以酉为刃，岁运与元命相对，卯见卯，酉见酉是也。遇之必凶，即所谓岁运并临，灾殃立至也。何谓反吟？盖冲击之谓也。如酉冲卯刃，卯冲酉刃是也。遇之即咎，即羊刃冲合岁君，勃然祸至之谓也，忌三合岁君，如流年见亥未，而卯刃三合，流年见巳丑，而酉刃三合，如流年见戌，而卯六合，流年见辰，而酉六合，其人当年祸必速至，即羊刃合岁君，勃然祸至之谓也。忌魁罡刑害，全无官印，福神相助则为祸，有官印福神相助则为福，化为权贵。何谓羊刃？甲丙戊庚壬五阳干有刃，乙丁己辛癸五阴干无刃，如命中有刃，不可便言凶，大率与七煞相似。凡有刃者，多有富贵人，最喜身旺坐禄，合杀有制，杀刃两全，非常之命。

《三车一览》云：羊刃有三，有劫财羊刃，甲见乙是也，不利于财官格。有护禄羊刃，甲见卯是也，大利于归禄格。斯言诚为确论。

若乙见丙，谓倒禄羊刃，则非也。盖乙见丙，名为背禄伤官，诚大利于去官留杀格。名为背禄羊刃，甚牵强解。亦谓乙见丙之说，恐不通，诚是。

又曰：劫财诸格，大忌财官尤甚，虽然亦有用时。

《喜忌篇》云：日干无气，时逢羊刃不为凶。《继善篇》云：君子格中，也犯七杀羊刃。又曰：甲以乙妹妻庚，凶为吉兆。观此又不可执一而论也。

《洪范》云：羊刃善夺资财化鬼。又曰：身弱财丰，喜羊刃史弟为助。

《撮要》云：羊刃怕冲宜合迎。《易鉴》云：羊刃重重必克妻，《寸金法》劫财伤父亦伤妻。

《万金赋》云：劫若重逢人夭寿。

《元理赋》云：杀刃双显均停，位至王候。杀刃重而无制，身为胥吏。又曰：男多羊刃必重婚。又曰：羊刃不喜刑冲。

《万尚书赋》云：官星带刃，掌万将之威权。又曰：伤官有刃，将相公侯。又曰：印刃相随，官高极品。又曰：杀刃休囚，禄薄之士，又云：煞制刃兴，主掌满营之兵卒。若是用神轻浅，决为吏卒卑官。又曰：刃辅伤官，际一日风云之会。

古歌云：羊刃七杀怕逢官，刑冲破害祸非常。大怕财旺居三合，截发断指主残伤。

又曰：春木夏火逢时旺，秋金冬水一般同。不宜羊刃天干透，运至重逢定有凶。

又曰：劫财羊刃不堪侵，不带官星一世贫。甲乙互逢皆仿此，纵多财帛化为尘。

又曰：伤官不忌劫相逢，七杀偏官理亦同。若是无官不忌劫，身强遇比劫嫌重。

又曰：劫财羊刃两头居，外面光华内本虚。官杀两头俱不出，少年夭折漫嗟吁。

又曰：甲子丁卯非为刃，乙酉庚申理亦同。合起人元财马旺，中年显达富豪翁。

又曰：日刃归时身要旺，正财大运忌遭冲。且如戊日午为刃，子丑财乡立见凶。财运无冲还不忌，官星制刃便得尊荣。月中有印印斯通，运到官乡贵亦同。柱若财多嫌杀运，无财杀运喜兴隆。

《醉醒子气象篇》云：权刃复行权刃，刃药亡身。本注云：权杀也，刃兵也。身旺用此二端，乃兵刑首出之人也。杀旺喜行制乡，刃旺喜行杀地，若原杀旺复行杀旺之乡，立业建功处，不免死于刀剑之下。刃多再行羊刃之地，进禄得财处，必然终于药石之间，数使然也。

又曰：帮身羊刃，喜合嫌冲。

本注曰：刃乃才身之物，大怕身旺逢之，得一重杀与刃相合，化为权星。若见官与刃冲战，乃成恶杀。用者当审其轻重，好恶何如。

又曰：羊刃临于五鬼，定须重犯徙流。

本注：如壬申生人，五鬼在子。癸酉生人，五鬼在丑。丙寅生人，五鬼在午。丁卯生人，五鬼在未。或者三合之次。

一行禅师《命书》云：羊刃重重又见禄，福贵饶金玉，斯可谓吉论。

《理愚歌》云：倒悬之刃又同行，形体不免填沟壑。

本注曰：倒乃倒戈杀，悬乃悬针杀。凡倒戈杀，只犯戊字与戌字，皆曰倒戈。悬针杀者，干以甲字与辛字，支以卯字午字与申字，如此者谓之悬针杀也。

《其截歌》云：羊刃更兼倒戈，必作刎颈之鬼。

经云：运逢羊刃，财物耗散。

论日刃 旧注云：日刃有戊午、丙午、壬子三日，与阳刃同法，忌刑冲破害会合，爱七杀，要行官乡，便是贵命。若四柱中一来会合，必主奇祸。其人主眼大须强，性刚果毅，无恻隐惠慈之心，有刻剥不恤之意，三刑魁罡全，发迹于疆场。如或无情，或临财旺，则主其祸。或有救神，如刑害俱全，类皆得地，贵不可胜言。独羊刃以时言之，四柱中不要入财乡，怕冲阳刃。如戊日刃在午，忌行子正财运；壬刃在子，忌行午正财运；庚刃在酉，忌行卯正财运；甲刃在卯，行巳午并辰戌丑未财运不妨，忌酉运；丙日刃在午，行申酉庚辛财运不妨，忌子运。

论比劫 夫比劫者，阳见阳，阴见阴，阴见阴为比。如甲见甲，乙见乙之类。五阳见五阴，如甲见乙，是兄见弟，为劫财，主克妻害子。五阴见五阳，如乙见甲，是弟见兄，主破耗防小人，主克妻。盖财者心之所欲，方令兄弟见之，多有争竞，如夷齐能几人。

《六亲捷要论》云：分禄须伤主馈人，比肩重叠损严亲。

补曰：财多身弱，喜比劫财扶则为福。故曰男逢羊刃，身弱遇之为奇，财轻身强忌比劫夺。则为祸也。故曰羊刃多而妻宫有损。

歌曰：甲乙相见必妨妻，败财克父定无疑。

《金不换》云：身旺比劫重，损财又伤妻。比劫遇枭食，妻遭产里危。

《六亲论》云：月中归禄无财官，父丧他乡。又曰：日逢刃，时逢劫，妻妾产亡。又曰：日时背马分财无救助，妻儿离散。

《撮要》云：比肩要逢七杀制。

建禄格 《喜忌篇》云：月令虽逢建禄，切忌会煞为凶。①

旧注：以会杀，为暗会七杀为凶兆。如甲日用酉月，为官星正气，若年时子辰，则会起申中庚金为七杀，乃甲之寇贼，故为凶，固是。然官禄之禄，用令字，虽与逢字建字牵强。况子辰暗会，合申杀。尤牵强不可从。

或曰会煞，谓坐见七煞。年时天干显露，地支隐藏。无制伏者是也。似胜旧注。亦与令字，虽逢字建字未受，亦不可从。故或者又作月令建禄，此诚是，但无注解。愚补之曰：建禄者，月令十干禄是也，非官禄之禄。如甲乙禄在寅卯，丙戊禄在巳，丁己禄在午，庚禄申，辛禄酉，壬禄癸，亥禄子是也。会杀者，天干既见杀，地支会合杀旺之谓也。如甲禄在寅忌庚杀，乙禄在卯忌辛杀，并会杀旺无制伏者是也。凡月令建禄，禄随旺行为禄，亦不宜过旺。喜见财官，并天干透露，故曰建禄生提月，财官喜透天，不宜身在旺，惟喜茂财源。又曰：月令建禄，多无祖屋。一见官财，自然成福。最忌天干带七杀返伤福，并支内会七杀，太过无制伏，则禄衰弱，反为凶祸，故曰乙木生居卯，庚辛干上逢。火旺人发福，杀地寿

---

① 《格解》述前二说俟知察之。此诚宜以传疑不犯一智之病，但不悟十建禄一说，又附注正官格亦非。

元终。又曰：春木无金不是奇，金多尤恐返遭危。柱中取得中和气，福寿康宁百事宜。又曰：月令建禄，会杀为凶可也。又加之以虽逢切忌之辞何也？盖建禄则身旺，有比肩扶助。宜乎不怕杀。然杀如猛虎，有制伏则贵，若无制会杀旺，不问身强弱，必凶，况建禄格，只喜财官，最不喜干带杀而支会旺，故曰：月令虽逢建禄，切忌会杀为凶。则虽逢字切忌字，方有着落，令字建字愈明白不牵强。故愚取此说，又为之解，以破前二说，又《观洞玄经》云："甲以寅禄，庚壬本非驾。"又曰：禄可以兴腾，有时乎无用。"则虽逢切忌之辞，有轻重斟酌益明矣。

喜见财官例

庚子　戊子　癸丑　庚申　　古韩侍郎造
壬申　丙午　己亥　庚午　　赵丞相之造

古见杀有制例

辛丑　庚寅　甲辰　乙亥　　贺丞相之造

木旺春令，日干生旺，干头官杀相连，只论杀，运行丙戌丁亥，制杀乡，宜为大贵也。况甲乙与庚辛金各成配偶。所以不忌杀也。

古会杀为凶例

辛丑　辛卯　乙丑　庚辰　　施洪富命之格

乙禄在卯，干头俱透露庚辛，喜行戌亥二运，木火旺位，制伏之乡发福。入酉运丑酉会杀旺，死于非命。

壬寅　丁未　丙寅　壬辰
夏阁老贵命火有余水不足格

楠曰：丙火炎光炽若炊，宜行杀运济江湖。庚辛壬癸登黄阁，印比重重寿必殂。

丙寅日主，岁月日上，火气炎甚，得年时壬水透出，正谓水火有既济之功，但四柱中火土之气还胜，金水之气还轻也，所以运到壬子癸丑，干支皆水，盖为水气不足，以补其水也，所以运登黄阁，为天下之首相也。其贵盖在月于丁火，透出阳刃，合去壬杀，正谓刃杀相帮，威权万里。一入甲寅运，助起火气，则又火有余而水不足也。盖因丁火阳刃透也，正谓阳刃倒戈，必作无头之鬼，甲运死宜矣。

壬寅　丁未　丙申　壬辰

吾都吴高一水有余贫命不足之格

楠曰：丙丁未月火虽炎，水气重侵又不然。火气若衰宜木运，再行水运祸连绵。

丙火虽旺，不合夏至后二阴之际，水气进气，更加丙临申位，三合火局，水有余而火不足也。且在丙火下旬，金水进气，火气将衰。若夏阁老生在丙火上旬，火神正旺。此命再行壬子癸丑，岂不杀重身轻乎。初行西方，尚作塞滞守儒，再行北方，作乞丐宜矣。①

庚午　辛巳　丙申　壬辰

吾都何冰一火少金水多

楠曰：丙火虽生得禄乡，不堪财杀重茫茫。变强成弱多贫夭，再入财乡寿岂长。

丙火虽得禄于巳，不合四柱金水之气胜，早行午未运，火旺助身，衣食颇给，一入申运，财杀太多，带疾而死，有乙未时生人，火气颇旺，入西方颇可，此是吾都詹奖五命也。

专禄格

《纂要》云：此格甲寅乙卯庚申辛酉是也。柱中忌官杀，不宜刑冲破害，岁运亦同。

《元理赋》云：八专日支同类，杀运杀年多凶，正此之谓此。

壬辰　庚戌　辛酉　辛卯

金溪徐龙冈命专禄格以官杀为病格

---

① 此命本不当编入此例，但与夏推州之造只差一字，故同编，以便比例故也。视者详之。

楠曰：辛酉分明专禄格，戌中有火喜神冲。杀星原是柱中病，去杀方知禄位荣。

辛酉专禄，见戌有丁，为损禄之病神，辰字去之，所以有病者贵。癸丑运癸丑年，丑刑戌火去病尽矣。联登黄甲，其贵宜矣，只畏丙丁两字损禄。

杂气财官印绶格①

楠曰：杂气财官者，盖辰戌丑未四字，乃天地不正之气，为天地四个牢狱之所，又为天地四个收藏之库。如丙丁日生辰月，若天干透出戊己多，则作杂气火土伤官格；如透出乙木多，则作杂气印绶格；如透出癸水多，方作杂气财官格；如戊日生戌月，身弱透丁火多，作杂气印绶格，透辛金作杂气伤官格。又曰：杂气财官喜见冲。惟日干旺，用杂气财官者，喜见之，原财藏天地之库中，牢密坚固。如戊日生辰月，癸乙为财官，钱在库中，十分牢固，若无戌时锁匙，岂能开之，冲开财库，福兴隆然也。若不用财官，则不可把冲开作论。当以中和偏枯看，或嫌其冲为害神，再冲出来，其害愈甚。如丙日生辰月，露出乙木印星，再看又有乙木体贴作印绶格。柱中原略有金气，原印星衰也，若再行戌运，戌中辛金，冲破我辰中乙木，此原是贪财坏印看，岂可杂气财官喜见冲论乎？又如丙丁日生戌月，透出戊土多，作杂气伤官格看，原日干丙丁属火，到九月授衣之月，火气寒凉，见土多泄弱火之精，喜东方木运，克去其伤官，不来泄我，喜木运又来资我则吉。若到辰运，再冲出戌中戊土来，愈泄弱我精神，安得不死，此亦不可作杂气财官喜见冲也。惟身旺有财官，方喜冲开，早年发达。此格与伤官甚难看，此格要露库中何物也来，方可定用神。书之中概以冲开为美，岂不谬也。

古歌云：杂气财官印月官，天干透露始为丰。财多官旺宜冲破，切忌干支压伏重。

补曰：财者，养命之源；官者，扶身之本；印绶者，资身之基也。此

---

① 附时墓格。

三者藏蓄于辰戌丑未之月，乃四隅之气，非天地东西南北之正气，故曰杂气财官印绶格。此格喜透露，喜刑冲破害，或用财官而财官透，或用印绶而印绶透，透财则富，透官则贵，透印则吉，享万物之现成，故曰始为丰。若财官印闭锢于库中，不冲不刑，则少年不发库中人，所以宜冲破也。若支干则遇比劫之压伏，官遇食伤之压伏，印绶遇财星之压伏，而且太多，则欲其富贵，而享见成之福也，难矣，故曰切忌干支压伏重。

又曰：辰戌丑未为四季，印绶财官居杂气。干头透出格为真，只论财多为尊贵。

补曰：辰有乙戊癸，乃水土之墓库，为春季；戌中有辛戊丁，乃火之墓库，为秋季；丑中有癸巳辛，乃金之墓库，为冬季；未中有丁己乙，乃为木之墓库，为夏季。此四季中，所藏印绶财官，皆天地不正之气，故曰居杂气。须看格中透出，何字为福。大概杂气格，透出贵气固为妙，亦以财多为尊贵，所谓无官见财，亦能生官，多为及第之命是已。

又曰：杂气从来自不纯，天干透出始为真，身强财旺生官禄，运见冲刑聚宝珍。

补曰：辰戌丑未，居于四隅，虽非东西南北纯然之正气，然天元透露，方为真格。身强，如庚申辛酉之类。财旺，如未木行东方，戌火行南方，辰水行北方，丑金行西方，生旺之地，则自有青紫之贵，而发官发禄矣。四柱无有冲刑，而运逢之，则珍宝自聚，所谓仓库丰盈金满屋是已。

又曰：五行四季月支逢，印绶干头再显荣。四柱相生喜官杀，更饶财产有峥嵘。

补曰：甲乙生于丑月，丙丁生于辰月，戊己生于戌未月，庚金生于辰戌月，壬癸生于戌月，皆月支逢季月也，有印绶藏库，喜干头显露，又要柱中官杀相生，财星有气，则财生官，官生印，印生身。身克财则荣贵，所谓印赖杀生，官因财旺是已。或曰：此以杂气绶言，有官禄，不惟贵显，更资财产业饶盛，亦不要见财亦通。

又曰：月令提纲不可冲，十冲九命返为凶。惟有财官逢墓库，运行到此返成功。

补曰：财官遇于提月，最不可冲，冲则十有九凶。惟财官居库，不冲不发，须行冲运方能发福。

又曰：生旺须逢墓库绝，墓库必来生旺发。生加生旺过非宜，墓库逢休终不发。

补曰：生加生旺过非宜，此申上文生财须逢墓库绝而言也，非有别意。墓库逢休终不发，对上文墓库必来生旺发言也，非有别意。如柱中财官印生旺，不宜入财官印墓地，故曰：旺官旺印与旺财，入墓有祸。如日干生旺，不宜入日干库地，故曰身旺入库必兴灾。墓库必来生旺发，如财官居墓库，必来财官生旺之地发财发官。如身主墓库，必来身主生财之地可以发身。又主加生旺过非宜，如身居生旺，加以财官生旺之运，则太过有咎，则太过必祸。所谓遇生地之相逢，宜退身而避位，生地相逢，壮年不禄是已。墓库逢休终不发，如财官居墓库之地，又逢财官休败之运，何以发财发官；如身主居墓库之地，又逢身主休败之云，何以发身。

《三车》云：财官杂气格，透出财者富，透出官者贵，透出印绶者享父母田产宅舍财帛之富，有文书宣敕荫庇之贵。如无透出，冲刑少许则发，身旺为妙，不宜身弱、冲刑太过。《景鉴》云："杂气财官身旺，有冲而发，若太过反受孤贫。"孤贫者，身弱闭库财浩荡，两处刑冲是也。

《集说》云：库财者蓄藏之谓，辰戌丑未是也。如月令透出者，或岁时透出者，亦不要一点官星，可用此格。甲见辰土库在辰为财库，须四柱天元透出戊己为妙。大抵四柱中，有财气多者，无不入贵格。无官见财亦能生官，多入及第之命。但不要闭藏于库中，须要刑冲破害，以开其局钥，方能发福。

又曰：夫库官者，蓄藏之谓也，以辰戌丑未四季月令得之是也，但不知库中所透何物，用月干透出者妙。或岁时透出亦得，却要刑冲破害身旺，方可透出七杀。不怕刑冲破害，尤喜制伏之地，又要有合，方可为贵。如无制伏，又无合，本身又弱，必为害也。如丙子日见辰时为库官，必难发于少年，辰属水库。但不要天干伤官，如伤官主宰号晚成。行运亦不要行伤官之地，喜官星之乡，喜身旺官旺，喜冲喜露，天干财印忌闭。

又曰：如丙丁生人，以辰库官，水土库于辰故也。须年月日时中有木，或亥卯未并寅为清。如无木，则土夺丙丁之官，则浊卑而不清，亦不荣显。《洪范》云："时逢乙木与南墓。虽富而不仁，丙遇阴金而北墓，纵贫而有德。"

补曰：南墓谓未库也，北墓谓丑库也，阴金，谓辛金丙火之正财也。

又曰：辰戌丑未全备乃财库，富贵之尊。

又曰：财星入墓，正主刑冲必定刑妻。

又曰：冠带互逢，定是风声之丑。

补曰：辰戌丑未互换，犯之故曰互逢，定主风声不美，此以女命言。男命遇之，大富贵，终主克父母。

又曰：四柱有鬼之墓，乃夫已入黄泉，岁运无星绝之乡，定主鸳配分飞异路。

《集说》曰：八字之中，甲以辛为夫，遇丑是金鬼之库。若重见辛，必主夫已死入黄泉也。流年大运入官鬼绝败之地，定主夫妇死别之兆。

又曰：财星入墓，少许刑冲必发。

《四言独步》云：月生四季，日坐庚金。何愁主弱，旺地成名。

又曰：壬日戌提，癸干未月。运喜东方，逢克则绝。前或改为逢冲则绝。

又曰：戊己丑月，比肩不忌。叠金入格，忌逢午戌。

又曰：曲直丑月，比肩带印多金，壬癸丑日，土厚多金。

补曰：曲直谓甲乙木生丑月。多金则贵，印能化杀敌也。壬癸生丑月，土厚则贵。以其金库生申故也。

古歌云：财官遇在库中藏，不露光芒福不昌。若得库门开透露，定教官贵不寻常。

《继善篇》云：纳粟奏名，财库居正旺之地。[①]

补曰：此段有二说，一说财库居生旺，如金人生于未月，是谓财库。要日干居于自生自旺乡，方能长财发福。此说可从。《格解》谓：但解本文未顺，非也。盖取用凭于生月，取四季之月，为杂气财库，或杂气时，本有以日坐库，如辛未日，而取格者也。况杂气喜身旺，谓日干取于生地，如甲子日居子自旺，如甲寅之类，生于辰月为财库。

旧注：谓须要一物开之，如戌冲开辰库是也。又成戊己土透露，于年月时干，不可见比劫压于干上。经曰："少年难发库中人。只怕有物压之，

[①] 此段《格解》附正财下误矣，今正定。

故曰纳粟奏名。"此说诚顺而有理，何谓不顺！

一说此言世之人纳粟奏名者，乃是身临财库。居于月令生旺之守。假令金以木为财，库于未，辛未日生人，是身临财库，若生于冬月，谓之财库居生地，若生于有春月，谓之财库居旺地，故曰：财库居生旺之地。此说亦似牵强。盖杂气喜身旺，如身居休囚之地。天元羸弱，何以胜此生旺之财？所谓财多身弱，正为富室贫人，岂能纳粟奏名乎？财库固要生旺，须要身居生旺，可以当之。此说不如前说，亦当参者。如身居生旺，财库亦生旺更妙，可外身而专言财库生旺乎？

《鹧鸪天》云：杂气财官仔细推，乾坤四季吐光辉。身强财旺生官位，运至中年挂紫衣。官星显达利名齐，轻裘肥马凤凰池。英雄若得开财库，五花官诰拜丹墀。

又曰：印绶生身禀气清，辰戌丑未月中生。四柱无财当显达，遇印升加福寿增。官旺之运定享通，龙楼凤阁也驰名。无滞早年登甲第，一声霹雳振家声。

《玄机赋》云：旺官旺印与旺财，入墓有祸。伤官食神并身旺，遇库兴灾。

补曰：官轻印财轻，入墓无妨。如四柱财官，三合太旺，则天元羸弱，又入墓运三合，则官旺克身，财旺生杀，则羸弱太过必祸。如上柱印绶太旺，重重三合，又入墓运三合，则生气太过必祸。所谓：木盛水漂，土多金埋是已。柱内伤官食神经，遇库无灾，若伤官食神三合太旺，又遇墓合，则绝气愈甚必灾，此以身弱之极而言。已注论伤官格内。身弱遇库无灾，惟四柱比劫三合，则身旺已无倚劫，又遇库则身愈旺，无制必灾，此以身旺之极而言。故曰：生旺虽逢墓库绝，生加生旺过非宜。又曰：中和为福，偏党为灾。

金神格

楠曰：甲日金神格，取癸酉、乙丑、己巳三个时。书曰："甲日金神，偏宜火制。"又曰："金神遇火贵无疑，金火灾殃定有之，"此格多生大贵。但论之未明显。但甲日四柱气旺，金神又或有一二点者，遇火制之极贵。此即同时上偏官格一样看。若金神气轻，柱中有火制之太过，大畏火乡太制其金神，又喜金水以助其金神出。

乙日金神，乙丑、己巳、癸酉三时也，主多贵。己日见巳酉丑金，己见金而泄其气也，即时上假伤官也。何以言之？书云："己日金神，偏嫌火制。"若己日干精英涵蓄太过，望见此三时，金清而且秀，己土贪生而泄其秀气也。若原滞火金神气衰，最畏火而伤之。喜金运以助金神，喜水运破火，存起金神，多主富贵。若己日干原衰，金神犯重，己土见金而太泄也，则又宜火运，以破金而存己土也。

旧赋云：夫金神者，只有三时乙丑、己巳、癸酉是也，是乃破败之神。要柱有火局制伏，运入火乡为胜。如术中带羊刃七杀，真贵人也。若四柱中有火局，及运行火乡，便为贵命。若无制伏，则宽猛不济。柱中怕见木及水乡运，则为祸矣。亦要月令通金局，或有金气方论。

古歌云：金神巳酉丑之时，杀刃中来真贵人。运气最宜逢火局，水乡相见祸临身。

又曰：性多狠暴才明敏，遇木相生立困穷。制伏运行运火局，超迁贵显富无穷。

丁亥　癸丑　己未　癸酉

金溪高谷南少卿己日金神土金假伤官

楠曰：日干己未坐金神，土厚金轻理自真。运转西方金旺地，金轻岂作等闲人。

己未日主，生于丑月，两土气厚，凡身旺多好泄也。见酉丑结成金局，用金为假伤官。又为己日金神，盖喜有甲乙木之官杀，为伤官格之病，所以运行西方金运破木，其贵宜矣。

神峰通考命理正宗卷三

飞天禄马格①

楠曰：飞天禄马格，盖取禄为官，财为马。盖只有庚子日，见子字多，冲出午中丁火为官星，冲出己土为印星，则庚日得官印矣。盖欲子多，则能冲出，亦畏有丑字，则栏路道，不能冲出。畏午字丁字己字则破格。壬日干喜子多，暗冲出午中丁火为财星，己土为官星，则壬日有财官矣，亦喜子多，则能冲出财官，畏见丑栏之，午破之。又癸亥日，又见亥时，柱中本无官星也。用亥字倒冲出巳中丙火为正财，戊土为正官，畏子字栏住路不能冲，及巳运破其格。盖亦喜亥多，方能冲出，又丁巳日干，本无官星，喜巳多，暗冲出亥中壬水为官，要巳多方能冲，畏午字拦之，亥字破格。此数格，俱以日干月时无官，俱要巳多，暗冲其官星出来。此数格自非造化自然之理，故作聪明，以取其理。但庚子、壬子、癸亥三个日子，子亥多者，多见富贵。若见子多似水金泄气，似要有火暖之。若金水气太寒，失中和之道，亦不可以飞天论之。丙午日，午字多，暗冲子中癸水为官，理亦同前。此格俱系本然无官星，但以类聚故，又多冲之，以取其官。此理似无而又有，似非而仅有是也。

《喜忌篇》云：内有正倒禄飞，忌官星亦嫌羁绊。

楠曰：内有者，盖言四柱中有庚子、壬子、辛亥、癸亥四日，为正飞天禄马格，固忌官星填实，亦忌合神羁绊。有丙午、丁巳二日，为倒飞天禄马，固忌官星填实，亦忌合神羁绊。如庚子日，要柱中有子字多，虚冲午中丁字出，为庚日之官星。柱中有寅字戌字或未字，但得二字合午为妙，不要四柱中有丑字羁绊，则子字贪合不能冲午中之禄。若柱中有子午

① 附倒冲禄马格。

字填实，或丑字绊住，则不贵也。丙巳字为七煞偏官，则减分数，岁运亦须忌之。如古蔡妃造。

己未 丙子 庚子 丙子 以三子暗冲午，而未合也。如壬子日，要柱中有子字多，虚冲午中己字出，壬日得官星。柱中有壬戌未，得一字可合为妙。亦不要四柱中有丑字绊住，则子字不能去冲午中之禄。若四柱中有巳字。午字填实。或丑字绊住，则不贵也。戊己字淡七煞偏官，则减分数，岁运亦须忌之，如古横行正使浩造。

壬子 壬子 壬子 壬寅
壬子 壬子 壬子 丙午 亦三子暗冲午财官出，则以三子冲填实为祸。

《鹧鸪天》云：禄马飞天识者希，庚壬二日报君知。暗逢丁字为官禄，寅戌来合换紫衣。擎象简，佩金鱼，凌烟阁上姓名题。虚合官星财禄厚，金榜标名到凤池。

古歌云：庚寅二日重逢子，虚冲禄马号飞天。如行金水多清贵，运转南方数有遭。

如辛癸二日生亥，柱中亥字多，冲出巳中丙火戊土为官星。柱中要有申酉丑字，但得一字合起为贵。若柱中有戊巳丙三字则坏。此格有戌字，则亥不能去冲，岁运亦忌。运重太岁轻，再见巳字填实。则为祸矣。

楠曰：旧经传甚明。但辛癸日，多逢亥字冲巳，若四柱中有戌字，则亥不能去冲。何也？盖亥见戌为天罗，主一生蹇滞凶害，所以不能去冲。与他羁绊不同，或者疑旧文戌字，谓恐作寅字，非也。如：

古梁丞相造　　**丁未 癸卯 癸亥 癸丑** 亥冲丑合
古曹郎中造　　**壬申 辛亥 癸亥 壬子** 亥冲申合

《鹧鸪天》云：飞天禄马贵非常，辛癸都来二日强。无庚丙戌生官禄，逢合冲官近圣王。利禄俱显姓名扬，酉丑一位最高强。运逢巳午凶灾起，岁岁年年受祸殃。

庚子 甲申 庚子 甲申
高功韶尚书飞天禄马格
楠曰：庚申日主子申重，午内财官暗喜冲。金水两干无剥杂，邦家万世有奇功。

庚生申月，下通申子之气，水盛则能动午中丁己作财官。再行水方，重重水气冲之，如喜身主有气，飞天禄马格真也。

倒冲禄马格

旧赋云：丙午日，柱中用午字多，冲出子宫癸水为官星，不论带合。若柱中有未字绊住，则午不能去冲，柱中大忌见子字则祸也。如丁巳日，柱中用巳字多，冲出亥中壬水为官星，柱中忌见壬亥字，不美也，不论合。若四柱中有辰字，则巳不能去冲，岁君大运亦同，运重岁君轻。

楠曰：旧经文明白。但丁日巳字多冲亥，若四柱中有辰字，则巳不能去冲。何也？盖巳见辰为地网，主多生寒滞凶害，所以不能去冲，与他羁绊不同。而或有疑旧文辰字，当作申字，亦非也。

《易散》云：丙丁离巽动江湖，岁运无官入仕途。厚利荣名还有利，定教荣贵感皇都。

又曰：丙午丁巳名倒刑，若无辰未绊相宜。不逢壬癸来填实，富贵双全大出奇。

《继善篇》云：得佐圣君，贵在冲官逢合。此正倒禄飞之谓也。

子遥巳格

楠曰：子遥巳，取甲子日甲子时，盖取子中癸水，遥运巳中戊土，戊土动丙火。丙火合辛金，甲木得辛金为官星也。忌四柱天干有庚金七煞绊住甲字，辛字官星破格，及有午字冲子，不能动也。当以摇动之摇字，但此遥远作合，理亦通也。月令有正格可用为是，无正格以此取用。此理近是而非，屡试亦有验。畏西方申酉戌巳酉丑运，填实了官星也。

《喜忌篇》云甲子日再遇子时，畏庚辛申酉丑午。

或曰：此格旧传以甲子日见甲子时，其子遥合巳宫戊土，来动丙，又去合酉中辛金为官星，要行身旺乡，如月令通木，方论岁运。及四柱中忌有庚辛申酉字为官杀填实，又忌丑字绊住，午字冲子，不能去遥，并未有喜官运之说，而《格解》喜官运何也？余曰：此格固不可见正官星，若生春月，又坐印重重，并生冬月，印愈旺矣。无官则身旺无极，岁运遇见官星，多有资财昌盛，功名显达，大富贵者，余尝验之矣。故曰：木旺得金，方成栋梁，官印两全，乃是贵人。此等格局，亦当通变，不可执一，以为不可见官星，《格解》此说极是。经曰："通变以为神"，是也。观古歌云："甲子重逢甲子时，休言生旺不相宜。月生日主根元壮，运入官乡反得奇。"则《格解》非无稽也，可见矣。或者不悟此歌，改月生日主根元壮而为无根壮，又改运入官乡反得奇而为反不奇，俱非。只以生春月冬月，干支水木太多者论，要轻重较量。如生伤官食神印绶财官之月，只以六格断之，不可作子遥。不然则差之毫厘，谬之千里。

　　己亥　乙亥　甲子　甲子　　古钱丞相造

　　自十六七后，就行金乡酉申运，并运干庚辛金四十年不断，官至宰相，则生月多印绶，当行官运也明矣。

　　丙寅　壬辰　甲子　甲子　　古赵知府造

　　三十旬内，行申酉官乡运，功名显达，官至知府，则生春身旺之月，喜行官旺也明矣。岂可以为子遥巳为皆不可见官星填实哉。

　　《鹧鸪天》云：甲临子位日时全，遥作蟾宫折桂仙。癸水子中遥巳动，丙戊相合用禄权。财滚滚，福绵绵，白衣脱去紫罗穿。庚辛申酉丑午绝，富贵荣华四十年。

丑遥巳格

　　楠曰：丑遥巳格，取癸丑日，丑字多遥合巳中戊土为官星。要丑字多，又辛丑日，亦遥合巳中丙火为官星。畏有巳字填实，畏有寅字绊了丑，不能遥，理亦同前。辛癸日多逢丑地，不喜官星。岁时逢子巳二宫，虚名虚利。

　　或曰：此格旧传以辛丑、癸丑二日用丑多为主，以癸辛动巳中丙火戊土为官星。喜申酉二字，但得一字合起为妙。若四柱中原有子字绊住，巳字填实，不能去遥，岁运亦同，原无官星，方用此格。未有喜官运之说，而《格解》谓喜官运，何也？余曰：此格固不可见官星，然四柱身极旺，亦喜官乡，运与子遥同断。故古歌云："辛日癸日多逢丑，名为遥巳合官星。莫言不喜官星旺，谁信官来返有成。"又观古歌云："诸般贵气虽合格，六格大纲难去得。更看向背运辰行，不可一途而取格。"子遥、丑遥二格身太旺，喜向官运，益明矣。

《鹧鸪天》云：癸辛二日丑宫中，遥合巳上得官星。申酉合巳功名显，富贵荣华万事通。丙丁破，戊己冲，重茵列鼎反恩荣。年时有子终为绊，如无此字位三公。

补曰：丙丁破，是言辛日大运遇丙丁官杀也。戊己冲，是言癸日大运遇戊己官杀也，重茵列鼎反恩荣，正《格解》所谓喜官运也。

壬骑龙背格

格言：壬骑龙背格，取壬辰日辰字多，则能冲出戌中丁火为财星，要辰字寅字多，寅多则能合戌，然以骑龙为吉，非根正理，但美名以取动人听信。取辰字多冲戌，理亦颇有，不可专以此论祸福。八字中无别正格，方以此参看。

《喜忌篇》云：阳水叠逢辰位，是壬骑龙背之乡。

古赋云：此格以壬辰日为主，四柱见辰字多者贵。寅字多者富。壬日坐辰土，以丁为财，以己为官，以辰冲戌中丁戊，壬辰日得财官。而寅午戌三合，以壬日坐寅，却要年月时上，多聚辰字，方可为贵。若壬辰日有，年月时上皆有寅字。只为富命，以寅午戌为财得地。若年月时皆辰字，则冲出财官所以名扬四海，威振八方，而大贵也。

古歌云：壬骑龙背怕官居，重叠逢辰贵有余。设若寅多辰字少，须应豪富比陶朱。

《鹧鸪天》云：壬骑龙背喜非常，寅子多分福命祥。辰字若多官印重，韬略英雄佐圣王。荣封紫诰绶金章，澄清四海镇边疆。先贤立就穷天理，肃整威仪压四方。

井栏叉格

楠曰：井栏叉格，盖取庚子、庚申、庚辰三日，要申子辰全，冲动午戌财官，为庚日之财官也。畏有寅午戌字，则破坏此格矣。

庚日时逢润下，忌壬癸巳午之方，时遇子申，其福减半。旧注曰："此论井栏叉格。"盖言六庚日生人，地支得申子辰全，乃谓全逢润下。盖庚用丁为官，而子冲午，庚用未为财，而申冲寅。戌中戊土为庚之印，而辰冲之，以申子辰三字来冲寅午戌，为财官印绶。四柱中须用申子辰全为贵，不必三个庚子，若有三庚尤妙。只要庚日生庚年日时，或戊子、戊辰不妨，但得支申子辰全也。喜行东方财地，北方伤官，南方火地不为贵，此乃壬癸巳午之方，而此格最忌者也。若是时遇丙子，则是时上偏官。若时是申时，则是归禄格，其福减半，则福气不全，虚名薄利而已。

补曰：忌壬癸巳午之方，谓忌北方伤官，南方官运云。旧注甚明。或改忌壬癸巳午之方，为忌壬癸之方何也？传云："中和为福，偏党为灾。"格中申子辰，会伤官之旺，若再遇北方壬癸运，则伤官泄气太过必祸。正所谓四柱若三合伤官之杀，及运行伤官，其祸不可言也。

《鹧鸪天》云：庚日全逢申子辰，井栏叉格合官星。相逢三格多官印，巳午未临受苦辛。壬癸破，丙丁冲，柱运无逢得显名。不作蓬莱三岛客，也须金殿玉阶行。①

又观吾邑王封君造　　癸卯　庚申　庚子　庚辰

合此井栏叉格，官成名立，敕封御史。至壬子运，癸亥岁，干支俱伤官太过不禄，则经文所谓忌壬癸者益信。

六乙鼠贵格

楠曰：六乙鼠贵，只取乙亥、乙未日见丙子时。盖子来动巳，然巳与申合起庚金，为乙木之官星。见庚辛则破乙，不能取用。若乙丑、乙酉、乙巳日，坐下官星破格不取。乙卯日则刑破子，亦不取，见午字则冲破子不取。有正格只论正格，无正格方论此论。近理之所无也。

《喜忌篇》云：阴木独遇子时，为六乙鼠贵格。

《三车一览》云：此言六乙鼠贵格。阴木者，乙木也。独遇子时者，

---

① 观壬癸破之句，则考经文所谓忌壬癸者可见。

用鼠不用猴也，贵即天乙贵人也，乙生人以子申为贵人。盖言六乙日，独遇丙子时，值天乙贵人，为六乙鼠贵之格。申时则官星业露，所以不取也。

旧注曰：此论大怕午字冲之，丙子时子字之多为妙，鼠之聚贵也。或四柱中有庚字辛字申字酉字丑字，内则庚辛金则减分数，岁君大运亦然。如月内有官星。不用此格。若四柱元无官星，方用此格。

《古歌》乙巳鼠贵格：阴木天干丙子时，乙巳运贵实为奇。无冲官杀方为美，少年准疑拜丹墀。

又曰：乙木天然时丙子，无官冲害方为此。管教一举占鳌头，播名四海振今古。

又云六乙鼠贵格：乙日须逢丙子时，如无午破贵尤奇。四柱忌逢申酉丑，若无官杀拜丹墀。

又曰：阴木逢阳要子多，名为鼠贵贵嵯峨。柱中只怕南离位，困苦伤残怎奈何。

《鹧鸪天》云：六乙时逢丙子中，官高位显福兴隆。午字显露非为贵，克破用神定主凶。防酉丑，忌庚辛，伤官四柱合为丰。柱无官杀荣华显，玉殿金阶有路通。

补曰：此格忌官杀冲刑破害，丑为官库，所以并忌。夫有丑绊子之说，而或以为忌丑绊子非也。此子字为六乙天乙贵人，喜合不喜冲，非若遥巳禄飞之子字，而丑为羁绊也。

六阴朝阳格

楠曰：六阴朝阳格，盖取六辛日，四柱无官杀方取。辛以丙火为官，盖取辛日戊子时，子能动巳。巳能动丙火，作辛日官星，只取辛亥、辛丑、辛酉三日。若辛巳日，有丙火为破格。辛卯日则卯破子，则不能合巳。辛未日则见未中丁火为七煞，破辛金。亦畏巳字破格，午字冲子，不能动巳。只喜财运，畏官杀运破格也。有别格则用别格，理不出于自然也。

古歌云：辛逢戊子号朝阳，运喜西方禄位昌。丑午丙丁无出现，腰金衣紫入朝堂。

补曰：丑午丙丁无出现一句，盖言丙丁不可填实，午字不可冲子，以照经文诚是，外经文并传不可见丑字绊字则非也。盖丑为金库，乃身旺地，亦朝阳格所喜者也。观古造，西王大尉命，辛丑日戊子时，富贵之极，则丑不能绊子也，明矣。如子遥合巳格，用子巳遥合，怕丑绊住，不能遥。飞天禄马格，用子字暗冲，怕丑绊住不能冲，此朝阳格，子字乃实字不用合，不用冲，何畏于丑哉？

《继善篇》云：阴若朝阳，切忌丙丁离位。

补曰：此离位谓南方巳午之位，与丙丁相照也。《格解》离位，谓巳午未，加以未字非也。未乃财神本库，又印绶旺地，故举《继善篇》朝阳生于季月，可称印绶，观古造王郡主命：

己未　辛未　辛未　戊子　有三未字，贵为王侯，则未字不忌也，明矣。

《秘诀》云：辛日子时，忌行火地，西北行来则吉，东南一去忧凶。

补曰：《格解》云，"西北行来，北字恐误"非也。盖西北谓水运行辛亥，辛谓西，亥谓北，故曰西北。况纳音属金，朝阳喜金旺之地，大运行庚子辛丑，庚辛为西，子丑为北，故曰西北。况纳音属土，朝阳喜印旺之乡，此所以曰西北行来则吉也。《格解》疑北字恐误，是泥于北方水乡大忌之说，不知《秘诀》西北，以纳音言也。东南一去忧凶，谓大运行乙巳，乙谓东，巳谓南，故曰东南。况纳音属火，朝阳最忌火之乡，此所以曰东南一去忧凶也。不然，东方财气火乡，何以曰忧凶也？

古歌曰：辛日单单逢戊子，六阳贵格喜朝阳。丙丁巳午休填实，岁运轮逢一例详。

补曰：星士多以辛日单单为日宜单，不可再见辛字，非也。盖言单单见戊子，不可再见子字也。子乃一阳初生，再见子字，非单单也。故曰文六阴尽处一阳生。《格解》未及，故附补之。

戊辰　辛酉　辛酉　戊子　古张知院造

戊辰　辛酉　辛丑　戊子　古西王大尉造

观此二贵格，可见单言辛者，非也。

《鹧鸪天》云：戊子时逢六日辛，朝阳动丙合官星。庚辛若遇堪为喜，紫绶金章拜圣君。寅卯贵，丙丁贫，北方运至定伤身。中和纯粹为官贵，定作三台八位臣。

刑合格

楠曰：刑合格者，取癸亥、癸卯、癸酉日，见甲寅时，原四柱无官杀，方可用。盖取寅时，则寅能刑巳，则刑出巳中戊土作官星，则戊与癸相合也，故曰刑合格。若癸巳日，则有戊土破格，癸未、癸丑日，坐下有七杀破格，又畏有巳字，亦破格。有申字则申来冲破了寅，则寅不能刑出巳也，理出人为。

《喜忌篇》云：六癸日时，若逢寅位，岁月怕戊己二方。

旧注曰：此论刑合格。以六癸日为主星，用戊土为正气官星。喜逢甲寅时，用刑巳中戊土，癸日得官星，如庚寅刑不成。惟甲寅时，是行运与飞天禄马同。若四柱有戊字己字，又怕庚寅伤甲字，刑坏了。忌申字则减分数，岁君大运亦忌。

古歌云：癸日生人时甲寅，最忌四柱带官星。若无戊己庚申巳，壮岁荣华达帝京。

补曰：癸日生人，即六癸日。时甲寅，即时若逢寅位也。惟此为刑合格。最嫌四柱带官星，盖言用寅暗刑巳中戊土，为癸日之官星，怕四柱中带戊并巳填实，言官星，则杀亦在其中。故下文云，若无戊土之官，己土之杀，并巳字填实，及庚金克甲，申字冲寅，可谓此格之纯。则早年发达，登庸朝宁矣。①

又曰：阴水寅时格正清，又愁庚克不能刑。运行若不填蛇地，方得清高有利名。

又曰：癸日生人得甲寅，此名刑合格为真。若无戊己庚申字，便是腰金带玉人。

又曰：癸日寅时刑合格，入此格时须显赫。官星七杀莫相逢，庚申巳字为灾厄。

《鹧鸪天》云：但求癸日甲寅时，刑出官星贵可知。寅申冲出多灾祸，

---

① 点校者按：宁 zhù 音佇。勿与简化"宁"字相混。

若见庚金便主悲。逢戊己，遇刑冲，一生名利必然无。年时日月无刑害，须还马上锦衣荣。

补曰：旧注谓寅暗刑巳中戊土为癸日之官星，怕见庚克寅中甲木，申字冲寅，刑不起官星。未有怕见亥字午戌字为羁绊，而或者乃创为亥字午戌字为羁绊，则非也。观古潘节使造：

  乙未 癸未 癸亥 甲寅 则亥不绊寅也，明矣。

  甲戌 甲戌 癸酉 甲寅 古陈侍郎之造。则午戌不能绊寅也，明矣。非若遥巳禄马之忌绊神也。

合禄格

楠曰：合禄格者，盖取六戊日，逢庚申时，原四柱无官印，方取此格。盖取时上庚，合起乙木为戊土星也。只畏甲木克戊，制了本身。又畏丙字破了庚字，不能合乙。又畏寅字冲破了申字，又畏卯字见了官星。书云：庚申时逢戊日，名食神干旺之乡，岁月犯甲丙卯寅，此乃遇而不遇，缘此格只作时上食神格。若岁月无官杀，此格亦出正理，只要不伤破庚申两字，亦多有验。一拱贵格，盖只取甲寅一个日主，见甲子时，何为贵？盖取甲日取辛金官为贵，盖拱丑中辛金官贵也，盖取子寅两字为佳，丑字在中间走不得耳。又取日时两甲夹住丑中辛金，只畏庚字来破甲，则不能拱。又畏申字破寅字，则亦不能拱丑。亦畏午字，冲破子字，亦不能拱丑。又畏庚辛申酉己丑破格。此格颇验，但须要得中和，太旺太弱亦不取。原此格盖丑中辛金为贵，又取甲日见丑，为天乙贵人之义也。

《格解》云：秋冬生者为妙。

《喜忌篇》云：庚申时逢戊日，名食神干旺之方，岁月犯甲丙卯寅，此乃遇而不遇。

补曰：此段旧注谓专旺食神格，而或者又谓合神格，亦通。盖合禄格，原系戊日庚申时，癸日庚申时，二日食神合禄，喜忌本同。

旧赋云：此格六戊日生者，以庚申时，虚合卯中乙木为官星贵气。若四柱中丙甲为杀，卯为官，丙为枭。庚寅冲申，及巳字刑申，则坏了贵气，此乃遇而不遇。若生秋冬之月，身财两旺，又不犯官杀刑冲破害及枭，则富贵非轻，故曰纯粹，主大贵，填实减大半。

古歌云：申时戊时食神奇，最喜秋冬福有余。丙甲卯寅来克破，遇而不遇主孤贫。

六癸日为主，喜逢庚申时合巳中戊土，癸日得官星。若四柱中有戌字并巳字，刑坏子申时，或丙字，及伤庚申时，则减分数，岁君大运亦然。又曰四柱中原无官星，方用此格。

壬午　己酉　戊午　庚申　史春坊之命
壬申　辛亥　戊寅　庚申　郑知府之命
丙申　庚子　戊申　庚申　吴知县之命
癸酉　乙丑　癸丑　庚申　和同知之命

曲直仁寿格

楠曰：曲直位寿格者，如甲日干，地支寅卯辰俱全，便得东方仁寿之气，故又曰仁寿。此格屡验。大畏庚申辛酉字，冲破东方秀气，虽贵亦夭；八字清纯。吾见此格，亦不畏其寅卯辰字太多，及不畏壬癸生木之类，只怕申酉庚辛破格也。只要寅卯辰三字全，方作此格。若有申酉一字破之不吉。

《格解》云：此格日干甲乙木，地支要寅卯辰，或亥卯未全，无半分庚辛之气，行运喜东北方，用此怕西方运，更怕刑冲。

李部兵造　甲寅　丁卯　乙未　丙子

诗曰：甲乙生人寅卯辰，又名仁寿两堪评。亥卯未全嫌白帝，若逢坎位必身荣。

《碧渊赋》云：亥卯未逢于甲乙，富贵无疑。又曰：木全寅卯辰之方，功名自有。

壬寅　癸卯　甲子　戊辰
临川机桥丘普一公木全类相

楠曰：甲木生临寅卯辰，木全类相喜全仁。时逢财库为休倚，南逢生财大异人。

甲木生卯，木神纯粹，地支禀全东方，一片秀气。又喜有财透出身旺，用时上偏财，极好施舍恤孤，其格明矣。有一甲申日干者反贫，盖为有申金，能破东方秀气，不知者反以此为美，盖不知有此格也。入申运死，破木明矣。

稼穑格

楠曰：稼穑格者，盖取戊己日干，见辰戌丑未，及巳午未字多，若四柱无官杀，则用此格。但丑辰戌月，四柱纯土无木克者，多从此格。运喜南方火土之地，及行西方金制木之运，多富贵。见木运克破稼穑必死，其妙载在见验稼穑类。戊己日生未月太旺，则不入此格。但辰戌丑月土弱，方作此格。

《格解》云：此格日干戊己，地支要辰戌丑未全，无木克制，有水为用，方成此格。运喜西南，忌东北。

张真人造　戊戌　己未　戊辰　癸丑

诗曰：戊己生居四季中，戌辰丑未要全逢。喜逢财地嫌官杀，运到东方定有凶。

一说东方官运，北方财运，俱忌，故曰嫌之。东北更怕刑冲。

《碧渊赋》云：戊己局全四季，荣冠诸曹。

壬午　癸丑　己丑　戊辰

抚城张华二公富命土全稼穑

楠曰：己临丑月土重重，寒土堪全稼穑功。有木微微来作病，运行金地主财丰。

己土生临十二月，日坐土恒，四柱纯土，且土气寒，堪作土全稼穑。赖辰时微有水气，暗来损土，岂不为病乎？早行东方甲寅、乙卯二运，提出辰中乙木，来克稼穑之土，深为不利。运到丙辰、丁巳、戊午、己未，衰土喜见生扶，财发数十万缗。再行庚申、辛酉、壬戌，克尽辰中乙木病神，富盖一郡。行亥会木局方死，老寿五福，本自然也。有一命：壬午、癸丑、己丑、己巳，盖缘巳丑合成金局，只作伤官，不作稼穑，且贫而患耳聋疾，只作庸医，盖为伤官行财衰运也。

炎上格

楠曰：炎上格，丙丁生寅卯月，得寅午戌全，则为火虚有焰，畏水破格，亦畏火气太炎，则火不虚矣。畏金水破火破木。此格略验。

《格解》云：且如丙丁二日见寅午戌全，或巳午未全亦是。忌水乡金地，喜行东方运怕冲，要身旺，岁运同。

张太保造　乙未　辛巳　丙午　甲午

诗曰：夏火炎天焰焰高，无水方知是显豪。运行木地方成器，一举峥嵘夺锦袍。

《碧渊赋》云：寅午戌遇于丙丁，荣华有日。又曰火临巳午未之域，显达之人。

润下格

《格解》云：且如壬癸日，要申子辰全，或亥子丑全是也。忌辰戌丑未官乡。喜西方运，不宜东南，怕冲克，岁运同。

诗曰：天干壬癸喜冬临，更值申辰会局成。或是全归亥子丑，等闲平步上表云。

万宗仁造　庚子　庚辰　壬申　辛亥

《碧渊赋》云：壬癸格得申子辰，福优财足。又曰：水归亥子丑之源，荣华之客。

从革格

《格解》云：且如庚辛日，见巳酉丑全，或申酉戌全者是也。忌南方运，若庚辛旺运则吉也。

诗曰：金居从革贵人钦，造化清高福禄深。四柱火来相混杂，空门艺术漫经纶。

《碧渊赋》云：庚辛局全巳酉丑，位重权高。又曰：金备申酉戌之地，富贵无亏。

楠曰：从革格，谓庚辛日干，见申酉戌全，或巳酉丑全。此多禄杂，原非纯粹可观，与壬癸润下格理同。此二格吾见多矣，未尝有富贵者。但当以别理推之，止有曲直稼穑二格，多富贵。火全巳午未格，亦见其美。由是尊其所正，而辟其所谬也。

年时上官星格

楠曰：年时上官星格者，盖虚官用之多贵，喜财以生之，或年上日支下亦用，但月上正官，世无可用之理，其理载下文人命见验时上官星类。原官星虚，尤畏伤官克之。时上财库格，如壬癸日见戌时，如癸日或又作时上财官格，盖喜虚财，旺乡富贵。

《纂要》歌曰：年上官星为岁德，喜逢财印旺身宫。不逢七杀居官位，富贵荣华比石崇。

辛酉　丁酉　癸卯　壬戌
临川会元山御史贵命时上财库官星格

楠曰：癸临酉月本无为。秀气财官喜在时。时上虚官真可用，必能平步上云梯。

癸水生酉，偏印本非用神，盖得戌时财官之库，然酉月火土极衰，喜财官轻而病也。又得卯中乙木暗来损土，其病重而甚明也。病重名大贵，喜年上有酉金，能破去卯木也。书云："格中如去病，财禄两相随。"所以运行癸巳，会起金来，破去卯中乙木病神，联登科甲，御史权尊，宜矣。运入寅卯，木来乘旺，克我虚官，隐而不仕，其知几乎？凡月上正官，无可用之理，时上虚官，则有可用之理矣。

乙巳　乙酉　庚午　丁亥
大源杨洪六公富命金火相停时上官星之格

楠曰：庚金身旺透官星，金气微轻木火盈。辛巳庚辰金运补，当年财富颇驰名。

庚金酉月，虽曰极旺，然金亦喜旺，不宜火太过，制其精锐也。只喜巳中有金合局，所以金得乘旺也。然有三火三木，似木火气过盈，金气颇不足，行辛巳、庚辰、戊己运，兴财富。有乙亥年人，只多了一亥字，则为金不足，木火过多，一生贫苦。吾都王象一命也。

丁丑　己酉　庚申　辛巳

金溪黄希宪贵命年上虚官格

楠曰：金顽遇火贵无疑，火少金多理最宜。官弱最宜官旺地，少年平步上云梯。

庚生酉月，金水旺矣。巳中虽有丙火七杀，申宫壬水去之，止留年上一点虚官，有可用之理，然官弱最宜官旺运，所以贵也。若金衰行南方亦不贵。说在前。

从化格

楠曰：从化格者，书云："得化得从，显达功名之客。"但六阴日主，身弱多作从化，多主富贵。如乙日干见庚辰时，地支或全巳酉丑，或见辰戌丑未四字多，亦作乙庚化金看，行西方富贵无疑。一见丙丁运，破金却死。说见下文见验，从化格类。六阳日干，不能从化也。

《格解》云：十干化合论、渊海十段锦当参考。

赋云：古人论造，先论从化，从化不成，方论财官。财官无取，方论格局。若从化成局，则富贵备矣。

甲己化土从木，乙庚化金从火，戊癸化火从水，丁壬化木从火，丙辛化水从火。

论化之格，化之真者，名公巨卿，化之假者，孤儿异性。逢龙即化，飞龙在天，利见大人。

宋萧丞相造　癸巳　丁巳　癸酉　戊午

此乃戊癸化火之格，又戊癸化火，生于十月不得令。又一命癸亥、癸亥、癸亥、戊午，贫乏之命。

古富贵造　甲戌　丁卯　壬寅　甲辰

此乃丁壬化木之象，得令，又寅卯辰全。

方状元造　辛亥　辛丑　丙子　己亥

此乃丙辛化水之相。

宋章丞相造　丙戌　庚寅　辛巳　甲午

此乃丙辛从火，妻从夫化。

张主事造　己未　丙寅　丁巳　壬寅

此乃丁壬化木之相。

李知府造　丁酉　丙午　丁巳　壬寅

此乃丁壬从火，夫从妻化。

又一贱命　甲子　丁卯　壬申　乙巳

丁壬化木，二月得令。惜乎巳申有金，化木不成，支元刑坏。

《四言独步》云：十干化神，有影无形。无中生有，祸福难凭。

此言化合不可专凭也。

《元理赋》云："不化不从，淹留仕路之人。得化得从，显达功名之士。化成禄旺者生，化成禄绝者死。"此言化合当参考也。

补曰：盖化成造化，要行木局，禄旺则发。如丁壬化木，月令喜寅，或行东南方运则发。余仿此例。化成造化，最怕行禄马衰绝之乡，如戊癸化火行水乡，丁壬化木行金乡，轻则罢职，重则丧生。

辛亥　癸巳　戊午　丙辰

临川陆江副使命化火畏水

楠曰：戊逢癸化火神高，巳午根通火局牢。亥巳本来为我病，东方木火显英豪。

戊午生巳月，干通火局，喜癸水贴身，戊从癸化，用火有情。又喜丙辰时，有火透也，用火无疑。更得亥中有壬，微来破火，病在此矣，此为火不足之象也。运行东方，联登黄甲至副使。盖得杀旺，暗生丙火也。原虽有杀，被庚克之，杀印病衷为病病，所以东方杀犯，两显其贵。此乃大运入子，冲破午中丁火而死，破格破印明矣。若柱中无水火多，则北方不畏，因原带水也。

丁巳　癸丑　乙酉　庚辰

盱江傅弼王公富命乙庚化金之格

楠曰：乙木生逢金局全，乙逢庚化透天元。西方金运夸豪富，见火伤金寿不坚。

乙木无根，生丑月合成金局。且时上庚金透出，乙木舍命从庚。大运喜入西方纯金之地，财富甲乡，一入甲木暗损金气，退悔退财。一入丙运，丙火克庚，伤损金神，死矣。虽无金局，若有辰戌丑多生金，亦入此格。

夹丘拱财格

楠曰：夹丘拱财格，但癸酉日癸亥时、甲寅日甲子时，作此格。癸酉日夹戌中丁火戊土为财官，地支有酉亥二字，夹住戌，不能走出也。如甲寅夹丑中财官，有子寅二字夹住丑字，不能走出。若冲刑日时，则不能夹也。亦要地支字多，方夹得牢固。余日干作不得此格。

《格解》引诗曰：己卯相逢己巳时。黑鸡得遇水猪奇。金马木猴相见后，夹丘财库福相随。

旧注云：己卯日己巳时，夹辰字水库为财。癸酉日癸亥时，夹戌中火库为财。庚午日甲申时，夹未中木库为财。拱禄相似，不要填实虚位，怕冲月时，或冲日干七杀。

补曰：财怕空亡，戌亥为甲子旬中空亡。癸酉系甲子旬中日辰，难拱空亡之财库。前既论其不可以拱贵，此岂能拱财乎？或曰：拱禄为拱天乙贵人。然辰戌名为边鄙恶弱之地，天乙不临，谓之拱贵人，愈见其妄矣。庚午日甲申时，此拱财支拱而干相克，亦牵强。故《渊源》诗歌，原无此拱。[1]

丙辰　辛卯　癸酉　癸亥　张尚书之命
庚戌　戊子　癸酉　癸亥　金丞相之命
甲子　癸酉　癸酉　癸亥　柳总管之命

岁德扶杀格

楠曰：岁德抚杀格者，如四柱日主旺健，见年岁上杀星透出，或多假此杀，以作威权。四柱八个字，以年上官杀为一年之令，其杀比日时不

---

[1] 拱日墓丙午丙申未中乙，壬子壬寅丑中辛，此载《渊源》本。

同。若年上天干地支俱有杀，再加时日有杀，多作杀重身轻，宜行制杀运。如年上杀轻，亦宜杀旺之地。轻重不同，斟酌在人也。

补曰：先以岁德扶杀言之。《渊海》注曰"且如甲日见庚年"是也。正如年为君位，日为臣位，臣得君权。又如年为祖，日为己身，年杀有制，则上祖曾为要职也。

《纂要》歌曰：年上偏官为岁杀，食神印绶福兴隆。不会官星财旺地，雁塔题名有路通。

古歌曰：岁德壬来见戊年，财旺身强禄自然。更得运来财旺地，文章聪慧更忠贤。

问扶杀格，《格解》所收诗歌，喜柱运财旺生杀。《纂要》所载喜食神印绶制杀。化杀格同，而辞意不同何也？盖身强杀无根，喜财旺生杀，不宜言制，故曰元犯鬼轻，制却为非。身弱杀有根，喜食印制化，不宜财生，故曰：杀旺有制却为贵本。二者各有攸宜，论者当轻重较量。说诗者，贵以意逆志。

又补岁德扶财格

《渊海》注曰：且如甲人见戊己年是也。若财命有气，则主其人得上祖物业，身弱者不近祖也。故曰：年上财官生于富贵之家，须要身旺，可以当之。

专财格

《纂要》云：如甲日见己巳时，乃专财格，最喜见财官旺乡，发福发贵，不宜见比肩分夺。故歌曰：日时秀气最难寻，甲日巳时福众临。惟怕从肩分夺去，资财成败是非侵。此即时马格，名异而理同。

如庚辛日生寅卯时，壬癸日生巳午时，丙丁日生申酉时，戊己日生亥子时，皆专财格。《格解》所收古歌，与《纂要》辞异而旨同，但所收旧注解牵强不可从。

日德格

旧赋曰：日德有五日，甲寅、丙辰、戊辰、庚辰、壬戌是也。其福要多，而忌刑冲破害，恶官星，憎财旺，加临会合，惧空亡而见魁罡，此数者乃格之大忌也。喜行身旺运发福，大抵日德，主人性格慈善，日德若多，福禄丰厚，运行身旺，大是奇绝。若有财官加临，别寻他格，正能免非横之灾。若旺气已衰，来克魁罡，其死必矣。或未发福，连至魁罡，如生祸患。一般于此，必能再发。

古歌云：丙辰切忌见壬辰，壬戌提防戊戌临。日坐庚辰畏庚戌，甲寅还且虑庚辰。

补曰：此言四柱及行运，不要见魁罡恶宿也。丙辰日主，忌见庚辰魁罡也。

又曰：日德有杀喜身强，不喜财星官旺乡。为性温柔更慈善，一生福寿喜非常。

旧注曰：此格忌刑冲破害，亦不要见官，会合空亡之地。喜行身旺，发福矣，如甲午、壬申、壬戌、壬寅，若四柱中有财官，当以别格论之，若行魁罡运大忌。

楠曰：日德格有五，甲寅、戊辰、丙辰、庚辰、壬戌日也。何以见其为德也？不考原委，不询来历，误以日德名之，此不是子平中谬说乎？

日贵格

古歌曰：金遇猪鸡癸兔蛇，刑冲破害漫咨嗟。才临会合方为贵，昼夜分之始乃佳。

旧注曰：天乙贵人，甲戊兼牛羊之类。止有四日，丁酉、丁亥、癸巳、癸卯日，最怕刑冲破害，及空亡魁罡。运若行三合运可发，如岁运冲破害，则贵人生怒，反成其祸。经云：崇为宝也。日生宜日贵，癸卯、癸巳，夜生宜夜贵，丁酉、丁亥，方始为贵。

《鹧鸪天》云：丁亥无冲癸卯星，丁酉癸巳定丰盈。贵人会合官星显，马列门排富寿增。财满库，禀盈庭，清名标写得升腾。为人正直无私曲，禀性忠良如秤平。

楠断曰：日贵格，如甲戊兼牛羊，乙巳鼠猴乡之类也。焉有斯理？虽曰天乙贵人，日主临此贵人之上，或作日贵，命其休咎。然贵人之说，名有数端，原取名之不据理出，即与丑日生小儿，诸多关杀，妄谬之说同。虽曰日主临之，不论财官印星，独以贵人为主，甚为虚诞。且原六诸多贵人之说，只是飘空而立，不根理出，岂可信乎？六乙鼠贵格，亦同此例，谬说无疑也。

魁罡格

古歌云：壬辰庚戌庚辰日，戊戌魁罡四坐神。日上加临重柱内，运行身旺作文臣。聪明果断慈祥少，刑杀财官大可嗔。一位魁罡居日上，冲多定是小人身。刑则频频穷彻骨，财官旺运祸来侵。魁罡四日最为贤，叠叠重逢掌大权。身旺运行乘旺运，财官旺处祸连绵。

旧注曰：此四柱中，叠叠逢之。如甲寅年戊辰月庚辰日庚辰时，当掌大权之命也。若四柱只有一位，叠叠冲之，则多值刑害，困穷而已。运行日主旺，发福百端，行财官之运，其祸立至矣。

楠断曰：魁罡格，取壬辰、庚戌、庚辰、戊戌，临四墓之地，取其为魁罡，能掌大权。并不以取交论，何以临比墓之上就能掌握威权？此亦子平书之大谬也。

六壬趋艮格

《纂要》云：此格以六壬生寅时，并寅字多者，又谓之合禄格。壬禄在亥，寅与亥合，柱中不宜见刑冲破害，乃可掌大权也。运行申则坏寅字，则降官失职，亦能生灾害窃盗之事。亦不要见亥字，故曰六壬趋艮，逢亥月者贫。

古造如　壬寅　壬寅　壬寅　壬寅　方为大贵

古歌云：壬喜逢寅庚喜辰，云龙风虎越精神。支干重叠无冲破，知是清朝食禄人。

又曰：壬日寅时火贵格，此为趋艮福非常。大怕刑站并克破，岁运相逢有祸殃。

楠断曰：六壬趋艮，谓用寅中甲木，能合己土，为壬之官，谓用寅中丙火，能合辛金，为壬之印。俱是无中生有之说，吾恐谬也。大抵与前拱禄飞天禄马之说，相为表里。此说尤非，故以谬名之也。

六甲趋乾格

《星命统宗》云：且如六甲日主，柱中要亥字多，乃为天门之位，为北极之垣，甲木赖之长生，人以甲日生亥字多者，自然富贵矣，亦忌巳字冲之，又忌寅字，亦可作合禄。

新安伯造　戊辰　癸亥　甲子　乙亥

补曰：观此造有戊己，则此格不忌财也。可见古歌有"岁运若逢财旺处，官灾患难处来寻"之说，何也？盖天干甲字多，忌见财，天干透印绶，会印局不忌财，故曰：六甲趋乾，透印绶为佳。财星叠见，位列名卿。又曰："岁运逢官财旺处，官星申子共来齐。"要看忌喜何如，故曰忌喜能分，祸福自见。

楠断曰：六甲趋乾，谓亥上乃天之门户，甲日生人临此，谓之趋乾。假如别日干生临亥上，何以不谓之趋乾也？然天门亦只好此六甲日主来趋也，然天体至圆，本无门户可入，然乾乃西北之界，类天门之户，岂可论入之祸福乎？此说是子平之大谬也。

勾陈得位格

《统宗》云：且如戊己日生，值亥卯未木局为官，申子辰水局为财是也，正是戊寅、戊子、戊申、己卯、己未、己亥日主是也。忌刑冲杀旺，则反生灾矣。岁运同。

丁都督造　丁亥　丁未　己卯　戊辰

古歌云：勾陈得位会财官，无冲无破命必端。申子北方东卯木，管教一举拜金銮。

玄武当权格

《统宗》云：且台壬癸二日生，值寅午戌火局为财，辰戌丑未为官，壬寅、壬午、壬戌、癸巳、癸丑、癸未日是也。忌冲破身弱。岁运同。

李都司造　丙戌　壬午　壬寅　辛亥

古歌云：玄武当权妙入神，日干壬癸坐财星。官星若也居门户，无破当为大用人。

楠断曰：勾陈得位，以戊己为勾陈，其理一也。得位谓其临财官之地，若戊己身主不柔，则能任财官也，则谓之勾陈得位也，宜矣。若戊己气弱，临其财官太旺之地，或为财多身弱，或为杀重身轻，若以勾陈得位为美，岂不谬乎！玄武当权，与此相同，故予并辟之。

财官双美格

《千金鉴沙条妙经》云：六壬生居午位中，先要根源见水通。亥命未宫休带杀，生平何处不春风。

补曰：此本为壬生临午位，号曰禄马同乡。而《格解》辑入正官类，非也。又改经文休带杀，为休见克，是以亥卯未，为克官之煞，则凿矣。此煞乃干头戊土之七杀，怕带之反伤禄杂官也。又云六壬临午，以午中己土为正官，若柱中无亥卯未木局，伤官之神，方为贵推，不知四季喜忌不同。盖壬午日生春生夏者，最忌亥卯未木局，春逆行比肩运犹稍解。生秋者，虽为印绶，能克木远害，不如不见之为妙，在轻重斟酌。生冬亥月，纯喜亥卯未，生子月者次，子形卯，子亥水故也。何者？盖古赋云："壬午、癸巳二日，同一财官双全美也。喜生秋冬，通金水月气，忌生春夏通木火月气，值所喜则大贵，值所忌则反祸。"由此观之，如此二日生亥子月正通水月气，根源见水通之谓也。身临禄旺，喜见财官，主富贵，故曰：冬生则玄武当权，贵为王侯。且禄头是宜带财官，天月二德，故《壶中子》曰："带天月二德则霞帔金冠，忌带七杀枭食。"故司马季主云：

"禄要简而不要烦,且要禄干不带七杀,反伤不带枭食。"又《洞玄经》云:"壬以亥禄,戊寅本非驾。"又《珞琭歌》云:"禄马更有多般说,自衰自死兼败绝。"是壬午、癸巳日生者,以亥为值所喜者也。壬癸以卯为贵人,宜带合,忌带空亡,头上宜带财官,不宜带杀枭。故《醉醒子》子平云:"贵人头上带财官,门充驷马。且贵人以未宫井鬼之合,为家居出入之门三合,况未与午六合有情。"《喜忌篇》云:"四柱干支,喜三合六合之地。"《醉醒子》云:"六合有功,权尊六部,又喜亥为合禄。"故《天乙妙旨》云:"君不见禄马贵人无准托,考究五行之善恶,天元赢弱未为灾,地气坚牢是欢乐。"又《珞琭子》云:"每见贵人食禄,无非禄马同乡。"又《理愚歌》云:"贵人落在空亡里,禄马背违如不值。"是亥卯未乃壬午、癸巳二日所深喜,而不可忌。正所谓惟有水木伤官格,财官两见反为权者也,正所谓有病方为贵,无伤不是奇者也。

吾邑王耕山命　己卯　乙亥　壬午　庚子

万泉董正郎命　甲午　乙亥　癸巳　丁巳

皆生亥月,带天德贵人,头上戴财,一戴官,皆不戴杀刃。但有伤官之神,现今通显,正所谓通水月气,值所喜则大贵也。

如此二日,生春寅卯月,取伤官格,则文秀而不明。生夏未月,官星太旺,天元赢弱。又作亥卯未合局,则泄气愈甚,如病人重负,何以当此财官。又头戴杀刃,凶神会聚,虽曰水木伤官,喜见财官,何益也。虽有贵人,失禄失时失势,何益也,观古造:

己酉　丙寅　癸巳　庚申

此癸水身弱,又在春月,伤官泄气,年干头带杀,常有肠毒之病。

古谢五郎造　乙酉　壬午　壬午　癸卯

年头上带伤官,居禄癸卯,贵人头上带刃箭,天元赢弱,死于囹圄。

又一古造　癸卯　乙卯　癸巳　癸丑

行辛亥运,枭透,并亥合伤官木局,不禄。

戊申　丙辰　壬午　乙巳

吾邑有此造,年头上带杀,十四岁行戊午运,干头又带杀官混杂,遂死。

又一造　庚申　戊寅　癸巳　丙辰

生春寅月，正水木伤官泄气，二岁行己卯运，运干头带杀，而又伤官旺地遂死。此五造正所谓通木火月气，值所忌则反祸之谓也。

如生秋申酉月，则为印绶格。金旺水生，木死不能克土，固然。亦忌伤官，并干头带杀。

吾邑有一造　壬申　己酉　癸巳　癸丑

月干头带杀，四十九岁行甲寅东方伤官运，双目失明，虽秋亦忌伤官也。

又一造　甲申　癸酉　癸巳　甲寅

不带杀，虽巨富，因年时干带伤官，福禄无功名。又壬午、癸巳二日，于亥卯未伤官木局。四季有忌不忌，有喜有不喜，岂可以四季均为见亥卯未非贵推哉？作《沙条经》者，诚邃于理学，欲以发"渊源"之所未发，以破后人之疑，而后人反疑之，误矣。

又如带杀制伏去留，则不在此限，宜轻重较量。弃命从杀，身弱无根，而杀不带透于干者，不在此限。

古丞相命　丙戌　壬辰　壬午　庚戌

地支纯土，七杀太旺，壬水无归，得从其杀。且运行南方火土乡，位至宰相。至丁酉辛巳年，类成金局，扶得身旺，与杀为敌，遂薨。

附《补天乙妙旨》注解曰：

凡人命有禄马贵人，固有富而吉，亦有贫贱而凶，是皆无准托也。何者？盖考究禄马贵人，头上带财官，三合六合，生旺进气，是谓五行之善，善则富贵而吉，头上带杀枭刑冲破害，衰绝无气，是谓五行之恶，恶则贫贱而凶。若壬午、癸巳、癸未，坐财官，柱中隐显太旺，是谓天元羸弱，故曰：官星太旺，无元羸弱之名。财为养命之源，官乃扶身之本，宜享福荣，是未为灾也。夫五行善则地气坚牢，即身旺之谓也。身旺财官为我用，富贵欢乐而有余也。五行恶，则地气不坚牢，不坚牢即身弱之谓也。身弱则不能胜财官，贫贱忧戚而不足也。

拱禄拱贵二格

《喜忌篇》云：拱禄拱贵，填实则凶。

补曰：禄谓临官之禄，贵谓官星之贵，非天乙贵人之贵也。《格解》谓又一说，拱禄是拱财星也，拱贵是拱天乙贵人也，非也。拱禄有五日，五禄中皆无财，何以为之拱财，拱贵有五日虽四日之拱内，亦合看天乙贵人，而甲申日与甲戌时，则拱酉贵，酉乃丙丁贵人，而非甲之贵人也。官星与贵人拱，拱在内更妙，但不可以拱贵牵强为拱天乙贵人也。如癸亥日与癸丑时，癸丑日与癸亥时，皆拱子中癸水为禄；丁巳日与丁未时，则拱午中丁火为禄；己未日与己巳时，则拱午中己土为禄；戊辰日于戊午时，则拱巳中戊土为禄；此五日五时而拱禄格。如甲申日与甲戌时，则拱酉中辛金为官贵；甲寅日与甲子时，则拱丑中辛金为官贵；戊申日与戊午时，则拱未中乙木为官贵；乙未日与乙酉时，则拱申中庚金为官贵；辛丑日与辛卯时，则拱寅中丙火为官贵；此五日五时为拱贵格。此二格纯粹者，大贵。喜身旺印绶伤官食神，忌刑冲了日时拱位，又怕四柱中有伤日干七杀，皆拱不住禄贵。又怕四柱中见禄见贵，谓之填实则凶。盖此二格者，只宜虚拱，如器皿空则能盛物，实则不能容物，所以填实则凶。亦忌禄贵落空。

《鹧鸪天》云：甲寅甲子丑贵乡，戊辰戊午禄中藏。刑冲填实空亡遇，祸患官灭不可当。无官透，如荣昌，青霄在路把名扬。定持权柄三公位，衣紫腰金拜圣王。

问，《三车》既云：喜伤官食神，而古歌又曰："怕伤官在月支"何也？《格解》虽收此二说，而未言其喜忌不同之故。盖有财印则有伤官食神，《景鉴》云："无财印而不喜伤官"，正此谓也。

《格解》云：癸酉日癸亥时，亦拱戌中戊土之贵。注不言及何也？

补曰：斯言失之矣。盖癸酉日，系甲子旬中，甲子旬以戌亥为空亡。既为空亡，则拱不住贵人，所以不取此日时为拱贵也。盖子平所谓拱贵，最忌天中杀，天中杀即空亡，有走贵人之说，则此日时，不可为拱贵也，又何疑？

日禄归时格

《喜忌篇》云：日禄归时没官星，号曰青云得路。

旧注曰：此论归禄格。要四柱中无一点官星，方用此格，号曰青云得路，最要日干生旺，兼行食神伤官之乡，可发福。但归禄有六忌：一则刑冲，二则作合，三则倒食，四则官星，五则日月天元同，六则岁月天元同，犯此六忌，不可一例以为贵矣。若时支有禄，年月支亦有禄，谓之聚福归禄，主大贵。如甲子、丙子、癸丑、壬子，此是张都统命，乃子多为聚福归禄矣。

《四言独步》云：日禄居时，青云得路。月令财官，遇之吉助。

补曰：日禄居时者，盖言甲乙禄在寅卯时，丙丁日禄在巳午时，戊己日亦禄在巳午时，庚辛日禄在申酉时，壬癸日禄在亥子时是也。柱中无一点官星，则发科甲第，仕路亨通，故曰青云得路。如月令有财有官，只以财官论，谓财官双美格可也。遇禄时，则禄助身旺，可以胜此财官，故曰吉助，是言助官，非言财官助禄也。既曰忌见官星，何以曰官助禄？观《三车一览》云："归禄只有七日，如乙日见己卯时，是偏财格，丙日见癸巳时，是官星显露，辛日见丁酉时，是时上偏官格，此三日系归禄格。"可见月令有财有官，只当以财官格论也，则吉助谓禄助财官也明矣。或者不悟，改月令财官而为月令财神以求通，非也。《格解》照旧书财官诚是。

《纂要》云：有禄最怕官星到。

《元理赋》云：日禄归时，见财则清高富贵。

《四言独步》云：庚日申时，透财归禄。名利高强，比肩夺福。

补曰：如庚日甲申时，乃干禄居申，时干透出甲木为财星，非泛言年月二干也。如此则登科第显功名如拾芥，故曰名利高强。如年月干遇庚字为比肩，慢犯岁月同、月日同之忌，必分财减禄，而夺福也。

古歌云：福禄逢财名利全，干头不忌透财源。身强无破平生好，大怕行来遇比肩。

又曰：青云得路禄归时，元命逢之贵且奇。四柱无冲官不至，少年平步上云梯。

又曰：日禄居时格最良，怕官嫌杀喜身强。若见比肩分劫禄，刑冲破害最难当。

又曰：甲坐寅宫见虎乡，禄星遥合主荣昌。运中若见庚辛酉，露出官星起祸殃。

又曰：时归日禄禄兴隆，切忌官星混在中。干头带合支带破，少年独步赛龙钟。

《鹧鸪天》云：甲乙相逢寅卯时，日干归禄福相随。财多旺处声名显，列绝休囚信有期。安社稷，定华夷，青云有路上天梯。登金步玉承恩宠，雁塔题名到凤池。

古赋云：日禄归时，贵重为人所敬。此言女命，须见财方可。

《捷驰千里马》云：女遇伤官归禄，遇之极吉。

四位纯全格

补曰：子午卯酉四位全，虽主男女酒色昏迷，然而男有者尚吉，女终凶，故曰：男犯兴衰，女犯孤独。寅申巳亥全，为四孟格，男命得之，主大富贵，故曰：寅申巳亥，位至三公。女命得之，主心不定，故曰：寅申互见以狂荡，巳亥相朝心不主。辰戌丑未全为四库，男命得之，为九五之尊，故曰：辰戌丑未全，顺行帝王无疑。女命得之多不美，故曰：冠带互逢，定是风声之丑。

《洪范》云：寅申巳亥叠见，有聪明生发之心。子午卯酉重逢，怀酒色荒淫之志。辰戌丑未全备，乃财库富贵之尊。此言男命也。

《渊源》云：寅申巳亥全，孤淫腹便便。子午逢卯酉，定是随人走。辰戌与丑未，妇道之大忌。①

天元一气格

《四言独步》云：天元一气，地物相同。人命得此，位列三公。

旧注解云：且如周益公命，庚辰、庚辰、庚辰、庚辰，乃合此。又有四个己巳，四个戊午，四个乙酉，四个丙申，四个丁未，四个壬寅，四个癸亥，惟有四个辛卯，则贫夭之命，其余皆贵。又有四个甲戌，亦主破家，主人伶俐聪明，若行火乡稍可，终不成大器。

---

① 此言女命也。

天干顺食格，地支拱夹格　两干不杂格　一气生成格

古歌云：富贵天干顺食奇，地支拱夹少人知。两干不杂须还贵，一气生成世上稀。

旧《纂要》注解曰：如脱脱丞相命，壬辰、甲辰、丙戌、戊戌，丙食戊，而辰中戌中戊土，皆为食神。况壬食甲，甲食丙，丙食戊，此为天干顺食格也。如帖木远太师命，甲寅、戊辰、丙午、丙申，寅辰夹卯字，辰午夹巳字，午申夹未字，止为地支夹拱格也。如叶丞相命，庚寅、戊寅、庚寅、戊寅，此谓两干不杂也，如火午赤国命，癸亥、癸亥、癸丑、癸丑，此谓一气生成格也。

补曰：《纂要》日时，原系俱癸丑，而《格解》改为俱癸亥，非也。盖年月同癸亥，日时同癸丑，干支皆北方水乡，秀气不杂，故曰一气生成，若支干同癸亥，则是天元一气矣。二格大同小异，不然，上文既言天元一气，而此岂有复言者哉？

又补曰：考诸《五星指南》两间不杂格，即连珠格，故又谓两间连珠格。观甲子年乙亥月甲子日乙丑时，乃王侍郎造，庚辰、辛巳、庚辰、辛巳可见矣。《独步》云："八字连珠，二神有用"，此之谓也。或改二神有用，为支神有用，非也。

三合聚集格

《指南》旧注曰：或干辰带三位，支神带三位，纳音带三位，皆云三合聚集。假如乙丑年乙酉月丁巳日乙巳时，三个乙，谓之干三合。又如丙寅年庚寅月戊寅日戊午时，三个寅，谓之支三合。又如辛卯年木，庚寅月木，丙戌月土，己亥时木，三个木，谓之纳音三合。盖以一生二，二生三，三生万物，盈数之义也。按此二格，当看四柱用神喜忌何如，值得喜则为福，值所忌则为祸，更看制化用何如。

福德格

《统宗》云：阴土有三，己巳、己丑、己酉是也。四柱中不见丙丁寅午戌者为贵，岁运皆同，若得巳酉丑三合金局全者尤贵。若运行见寅午戌，则降官失财矣，是非不免，忌刑冲破害。

诗曰：阴土逢蛇鸡与牛，名为福德号貔貅。秀气火来侵克破，须教名利一时休。

阴火止有三日，丁巳、丁酉、丁丑是也。四柱见财官旺位为贵，不要见冲。如运行卯位，别无与酉合支干者，当减财降官矣。如辰与酉合，申与巳合是也。

诗曰：阴火相临巳酉丑，生居酉月寿难长。更兼名利多成败，破耗荒淫禄不昌。

阴水有三日，癸巳、癸酉、癸丑是也，即与飞天禄马同。其月生在巳，名为月临风，丑遥巳中戊土为官星，如有巳字填实，故成败多矣。譬如盛物之器，空则容物，实则不能也。

诗曰：癸巳癸酉月临风，名物迟延作事空。名利生成难有望，始知成败苦匆匆。

阴金，辛巳、辛酉、辛丑是也。四柱有丁火旺位，及寅午戌者，平生衣禄贫薄。若巳酉丑三合者妙，若遇丙丁则为官星，岁运亦然。值寅者却为吉，乃天乙贵人也。

诗曰：辛巳鸡牛三位运，合作金局禄贵全。若遇丁火寅午戌，平生衣禄也熬煎。

阴木有三日，乙巳、乙酉、乙丑是也。不宜六月生，在他月皆以另格断之。盖六月建未，乃是木库。乙干属木，下带金旺之地，金能克木故也。以下克上不吉。

诗曰：阴木加临丑酉蛇，生居六月暗咨嗟。为官得禄难长久，纵有文章不足夸。

《渊源》云：八月生人人短寿，后改为六月俱通。参考可也。

神趣八法

类　象

丁卯　甲辰　甲寅　甲子

诗曰：春木支全寅卯辰，格符类象贵非轻。喜行坎地根深固，身强敌杀在庚辛。

夫类象者，乃天地之一类也。如春生或甲乙天干，值地支寅卯辰全，无间断破坏，谓之夺东方一片秀气。只怕引至时上，为死绝之乡，谓之破了秀气，运至死绝，即不吉兆。或得时上，或得年引至生旺，谓之秀气加临，十分吉兆。更妙甲禄在寅，年透火丁，喜身强泄秀气精英于火矣，故曰：火明木秀日主强，定作状元郎。早行东方木运，实病其太强，而未遇凉剂，不遂宜矣。今游坎地，根深蒂固，定作富贵之造，喜庚辛金凉剂盖头，必符我先人盖头之说。身强而杀敌，衣紫及穿绯，木得金裁，庙廊宰辅。姑附此知命者鉴之，以俟后验云。

属　象

夫属象者，乃天干甲乙生，值地支亥卯未全者都是也。

从　象

夫从象者，如甲乙日主无根，遇地支纯金，谓之从金。若四柱纯土，谓之从土。四柱纯水，谓之从水。四柱纯木，谓之从木，只有秀气者吉，无秀气者不吉。或天干再有甲乙字，或有根者不吉，其从木者，须得木旺乃吉，死绝地凶。

化　象

夫化象者，如甲己生人，在辰戌丑未月，天干有一己字合甲字，谓之甲己化土。喜行火旺运，如见甲乙木生旺运化不成，反为不吉。八字中有二甲字，谓之争合。有一乙字，谓之妒合。皆为破格。

照　象

昭象者，如丙日巳午未年月日，遇时上一位卯木，谓之火木相照甚吉，如壬癸日，申子辰全，遇时上有一位金，谓之金水相照，大吉。若年干有照者，亦吉也。

返　象

返象者，所谓值月令用神，引至时上一位为之绝乡，谓之用而不用，皆为返运①。返去太甚，则大不吉。

鬼　象

鬼象者，乃秋生甲乙日，地支纯金，谓之鬼象。要行鬼生旺之运则吉，怕见至死绝乡，又得身旺则不吉。

伏　象

伏象者，乃寅午戌三合全，又值五月生，逢壬日而天干无丁字，壬水又无根，乃取午中之丁火，合壬水而伏之，所谓伏象。运至水火之地皆吉，只愁水旺之乡不利也。

---

① 有本"运"作"象"，应是。

论大运

夫大运者，就月上起。譬之树苗，树之见苗则名。月之用神，则知其格，故谓交运。如同接木然，论命有根苗花实者，正合此意，岂不宜哉。或甲乙得寅卯运，名曰劫财败财，主克父及克妻、破财争斗之事。行丙丁巳午运，名曰伤官，主克子女，讼事囚系。庚辛申酉七杀官乡，主得名发越，太过则灾病恶疾。行壬癸亥子，乃生气印绶运，主吉庆增产。辰戌丑未戊己财运，主名皆通。此乃死法譬喻，须随格局喜忌推之，其验如神，不宜与太岁相克，若岁冲运不吉，运冲岁则甚不利，岁运相生者吉，宜细推，无不应验。

论太岁

太岁，乃年中天子，甚不可犯之，若犯之则凶，日犯岁君，灾殃必重，五行有救，其年反必为财，如甲日见戊土太岁是也。克重者死，甲乙生寅卯亥未日时，犯克岁君，决死无疑。有救则吉。大抵太岁不可伤之，犯岁者其年必主凶丧，是下犯上之意。如以勾绞、元亡、咸池、宅墓、病符、死符、白虎、羊刃诸杀推之，干不克岁，尤防运克岁，亦如此不利，倘有贵人禄马化之则吉也。

认格局生死之歌

夫格局，皆自有定论，今略具而述之。印绶见财行财运，又见死绝入黄泉。如柱比肩，庶几有解。正官见杀及伤官刑冲破害，岁运相并必死，正财偏财见比肩分夺，又见岁运冲合必死。伤官之格，财旺身弱，官杀重见，混杂冲刃，岁运又见，必死。拱禄拱贵，刑冲填实，及日禄归时，见七煞官星者必死。其余诸格，并忌煞及填实，岁运并临，此亦具其大概而言，一不可拘，二须敢断。

五星论

金星论 夫金者，西方白帝之神，金天氏执矩司事。张晏曰："金为义，义者成。成者方，方矩行。收剑之令，主肃杀之权，执性坚刚。春月见之，性柔体弱，常用日时坐命处，以生旺助其柔性，见木多则反成锉志，谓春乃青帝行权，木神用事，更加木盛，则金治之无力，所谓执力小，而不能负重也。"《五行大论》曰：水近木远，克其无门。火多则温其性，炼其形，谓在春月，尚有余寒之气，而其本性，正居柔之中，当贵乎火之暖气也。水多则其性愈寒，其力愈炽。谓在春月性柔体弱，加以水增其寒势，不能施锋锐，然则恶乎水盛也。金见乃助其形，若无火徒加金铁，反为无用失类之状。然则金能助形，又见火以炼之，土厚养其性，助其形，治其水，得其体白形刚，设使土盛亦不利焉，谓春月乃木旺时，土散尘飞，厚而不寒，当喜水去矣。夏月之金，性尚在柔，未执方，犹嫌死绝，贵乎旺相，见木助火，伤形克体，谓夏月乃赤帝行权，火神用事，当是木槁，无刑并遇其火，则火性愈猛，故为伤形克体。若以见火多，却为不厌，性温体润肌肤，土盛火暴，执方不能自化，展转无刚革之威。时当夏月，土多则成滞金。助体刚形饬自立，时有当权火气，出乎自然变化也。楠曰：秋日秋金当权乘胜，经曰：金气肃而雕万物，木多则反伤斧斤。谓秋乃白帝行权，金神用事，时虽木死，琢之不难，谓有取而转进退，则反费精神。《五行大论》云：犹石驢之畏贪，若灵龟之曳尾，金多愈刚，刚而必折，谓乃本性擅权，更加本形相助，失乎旺，旺则极，极则反于造物不耐扶。若琉璃火盛，可以成形，谓时当暴乱，须用物以制其暴性，性肃则形成，形成则可施锋锐，有锋锐可施，收敛之功，水润体光，水白金清，精神锐秀，执性不刚。物无反恶，土盛生金，其性愈隆。物能稼穑，形成所执，物有所成。冬月之金，形寒性冷，水秀金柔，木多不能琢削之功，反成无用。水盛则金气愈寒，谓冬月乃黑帝行权，水神用事，加之以水，则金寒水冷，不能执化。火多性温体健。物当成器，锋锐可施，时隆财相，金见聚气，则形微气盛也，土多制水生金，生不寒，体不懦，加之火助土厚，则子母俱有成物之功，可以成刚，可以成锐，吉无用不利也。

木星论 夫木者,东方青帝之神,庖羲氏执规司事。张晏曰:"木为仁,仁者生,生曰员,故曰规。行生泰之权,持华秀之令,春月得之,渐有生长之象。孟春之令,犹有微寒,当用火以温暖,则木无盘屈之拘,当有舒泰之美。才当春木,阳壮物渴,藉水资扶,益加秀茂。夏月之木,根燥叶乾,盘而且直,屈而已伸,水滋其形,而无稿巧。水病水死,救之无功,水生水旺,滋之有力。盖谓衰不能救旺中之鬼也。"又云:勺水不能生木,然用生旺,金多木能成器,时当赤帝行权,土养无水润成其木也。木助木以成林,徒逞郁郁之观,终无结果之成。若居夏季,见金相成,时乃金相,得之已成形,谓金相能施功,可成琢削之象。秋月木气渐寒冷,木渐凋败。初秋之时,火势未衰,犹喜东木以相资。仲秋谓木之到秋中,果已成实,叶以凋零,当用金以琢之,乃成物状。秋深近冬,渐渐严气,畏之以水,见水愈寒,喜之以火,见火温暖,木并成林,则上乘而下灭,谓秋木成林。上乘者而禽归之栖也,下灭者百草不能生也。冬月物藏伏时,气已归根,用多土以掩之,则根深蒂固,水多气冷,根损形亡,谓时当黑帝行权,水神用事,正冰霜欲结,更加之以水。则根不能存,形必亡也。火见交加,却谓济物,谓冬气已寒,得火成温暖之气,则木之根茎,吾知其无冷损之害,可以济物,喻如寒木向阳也"。

水星论 夫水者,北方黑帝之神,高阳氏执权司事。张晏曰:"水为智,智者谋,谋者重,故曰权。行严凝之令,主杀物之权。执性不定,决诸东则东流,决诸西则西流。

春月之水,性滥滔淫,加之以水,更逢生旺,必有崩堤溃岸之势。经曰:滔滔不止,必有自溺之忧,喜逢土止,而无泛滥之患。夏之水,执性归源,时当涸际,而无泛滥之患。谓夏乃赤帝主权,日炎物燥,当用水润,到此之时,若施一滴之功,可泽十里之润,贵乎水助也。秋月之水,母旺子相,表里光莹,遇金助则子母俱和,而金白水清。谓秋金旺,金能生水,则水更遇相会,则曰子母和会,而金白水清也。冬月之水,其形得地,其势得时,火气减而寒气增,大寒凛凛,水结冰凝,水本不死,水结冰凝,而曰死也。遇火则增暖减寒,而性状不凝不结,谓冬水势寒,更加水则愈冷,惟喜在于火木也。"

火星论 夫火者，南方赤帝之神，神农氏执衡司事。张晏曰："火为礼，礼者齐，齐者平，故曰衡。行炎阳之令，主成齐之权。生当春月，母旺子相，势力并行，加以声旺损物损身，得以死绝。明晦继传，见木则愈加辉煌，抱新救火，则火势增炎。夏月之火，执力行权，辉煌则失之易灭，掩藏则可以无殃，见休因乃曰成功不退，逢生旺谓之不息，炎炎火减其势，终无自焚之咎。木助其灾，必主夭折。逢金无水，难成造物之功，有水有金，必作良工之巧。秋月之火，性息休休，终归晦地，见生旺又似东行，逢死绝愈增晦昧。木助其体，晦而复明，土闭其形，内明外暗，土木或加，光而且晔，晦而且明，谓秋火本晦，若见生旺，又加太阳东出之光，且死绝失之本暗。喜木生，恶土掩。若有土更有木，又为喜。冬月之火，鬼旺身衰，韬光晦迹，暑气绝而寒气增，恶死绝而好生旺。遇木生则照而无晦，逢水愈灭其光，谓冬月寒气增，则火死。得木生，因之以成形。金多返虑旺成为昌，谓火死难以施力，不利见金也"

土星论 夫土者，中央黄帝之神，轩辕氏执绳司事。张晏曰："土为信，信者诚，诚者直，故曰绳。居五行之中，行负戴之令，主养育之权。三才五行。皆不可失。得高下而得位，居四季而有功，金得之锋锐愈刚，火得之光明照烛，木得之英华越秀，水得之滥波不泛，土得之稼穑丰隆。旺之不息，必能为山，散之不聚，必能为地，用之无穷，生之罔极，土之谓也"。

金不换看命绳尺

财官旺而日主弱，运行身旺最为奇。日主旺而财官弱，运行财乡名利驰。身旺比劫重，损财又伤妻。比劫逢枭食，妻遭产里危。逢官官入墓，父死他乡土，支干官鬼众，兄弟最难为。伤官四柱见，伯道老无儿。地支纯财局，大富大贵不须疑。若行官旺运，纳粟奏名贤。去官留杀者，威显在边夷。财旺暗生官，用贿求名利，弃印就财者，子立整根基。偏印反伤官，女人最须忌。刑夫并害子，且自守孤帏。伤官见官者，运喜入财地。名标龙虎榜，身到凤凰池。比劫偏印格，伤官克受制。侄男为亲嗣，义女为偏妻。偏官制伏过，僧道守闲居。财多身弱者，溺水及漂尸。身旺而敌杀，衣紫及穿绯。虚邀并暗拱，早岁步云梯。夹贵并六合，陶朱堪足拟。得一分三格，前贤皆掩蔽。此术莫轻传，泄漏天之机。

金不换骨髓歌断

甲日子提为印绶，顺行不似逆行高。官多杀盛东为美，午未相逢总徒劳。
阳木天元值丑提，分明大运喜东西。发财发福多荣达，午未之中亦不宜。
甲木生东值孟春，财多杀重定超群。顺行火地多难显，逆走终为富贵人。
阳木春生值卯提，柱中有杀最为奇。不拘逆顺东南地，申酉相逢反不宜。
甲木辰提喜有官，逆行东地弗为权。顺行南地多颠倒，除是根深富贵看。
阳木根深在巳月，柱中财杀喜相逢。逆行早岁声名显，顺运须防夭寿终。
甲木日干居午月，伤官木火喜生财。顺行怕入西方运，东北行来更妙哉。
阳木有根生六月，财官有气福非常。逆行最喜东方运，惟恐初生寿不长。
甲木无根值孟秋，财多杀旺恨身柔。运行顺地迟方好，逆运须防夭更休。
甲木酉提用正官，顺行坎地必成权。逆转南离官被制，须知禄尽见阎王。
甲木戌提用财官，顺运东南福更宽。若得柱中逢亥未，逆行名姓达金銮。
甲木生元值亥提，柱中有杀更为奇。中年最喜东方运，午未之中数不齐。
乙木生居子月中，更无官煞喜匆匆。逆行大运非常美，无杀无官逆运通。
乙木提纲值丑官，南方第一次西东。纵然名不登金榜，豪富终须比石崇。
乙生寅月木伤官，财杀相逢更有权。顺运运行多福禄，无财无杀亦贫寒。
乙木提纲值仲春，财官有气亦超群。火金大运皆为美，白手兴家迈等伦。
乙木辰提为杂气，西方大运亦为高。若行戌运多颠倒，刑并人财寿不牢。
乙木相逢孟夏时，运行东北始为奇。柱中更值无根裔，顺运终防寿不齐。
乙木如逢午月天，食神有气怕身轻。柱中若是根基薄，大运提防喜逆行。
未月生逢乙日干，柱中官杀亦为权。顺行西北伤元寿，逆走东南福更宽。
乙木生来值孟秋，财官印绶忌身柔。中年不许行西北，顺运无如逆运通。
乙木酉月杀多强，大运功名佐庙廊。若是有根尤更妙，南行火运贵非常。
乙生戌月多财杀，惟恐初年疾病生。若到中年多发达，不拘顺逆总宜行。
乙木居亥印生身，逆走西南富贵真。有杀有官犹喜顺，到头大限怕逢辰。
丙火冬生值子纲，有印生身大吉昌。运入东南多发达，逆行难保寿年长。
丙火如逢丑月看，土多格局作伤官。印多运入西方美，根浅东南福不全。

丙多官杀值寅提，运入南方分外奇。若是官轻尤喜北，总然大运要行西。
丙火日干卯提纲，干弱如逢喜火乡。若是无官尤不利，却行身旺亦平常。
丙火辰提戊己多，伤官火土更如何。逢财逢印多通达，南北相逢总不过。
丙火建禄日干强，官杀相逢大吉昌。顺逆运行多发达，若行戌运有灾殃。
丙火午月作伤官，有杀当为贵命看。金水运行多吉利，如行水地不为权。
丙逢未月伤官显，官杀相逢未足奇。如得独官为贵气，运行西北利名驰。
丙火申提日主柔，得从得化始为优。若从水位伤元寿，逆去东南福禄周。
丙逢酉月火衰微，比劫扶身寿不齐。逆去东南为背禄，顺行水地始为奇。
丙逢戌月土重重，有杀无官迥不同。大运顺行多富贵，若逢官杀亦中中。
丙火亥提为杀印，分明大运喜东南。中年富贵非常美，运若西方寿不齐。
丁火如逢子月提，柱中有杀更无亏。平生最喜东方运，若到西方福不齐。
丁火丑月事如何，四柱分明怕土多。运入东方俱发达，南方火地不相宜。
丁火逢寅印绶明，柱中有水喜南行。运行北地尤通达，西方财乡祸患生。
丁逢卯月有印星，南北应多遂利名。独杀若无官混杂，金章紫绶至公卿。
丁逢辰月本伤官，顺入南方福更宽。逆运初年多蹇剥，更逢戌亥寿相干。
丁逢巳月本刚强，大运何愁入水乡。运入顺行初不利，中年最喜入西方。
丁逢建禄本身坚，无水须防寿不全。若得运中逢七杀，姓名远达九重天。
未月逢丁要见财，无财到底命多乖。若逢财杀方为美，西方大运更奇哉。
丁逢申月日干强，大运南方喜逆行。若是根深尤喜顺，中年发达更峥嵘。
丁逢酉月用偏财，官杀相逢更妙哉。大运逆行多遂意，功名两字称心怀。
丁逢戌月伤官旺，官杀虽多却不防。南与东方多顺遂，荣华富贵福无疆。
丁生亥月用官星，顺逆东南福不轻。若是煞星多混杂，寿年尤恐半凋零。
戊土日干生子月，坐支辰戌最为奇。支虚更值财神位，运怕东兮又怕西。
戊土丑月日干坚，更有财官福寿全。逆顺运行俱得地，若无财杀亦徒然。
戊土寅月日干轻，杀印相生格局明。运入火乡尤发达，逆行水地总平平。
戊土卯月用官星，有印相生格局清。南运发财强北运，如逢酉地寿元倾。
戊土辰月日干强，更有财星福禄昌。顺运西南应发达，财官轻处亦非良。
戊土巳提为建禄，柱中财杀更为奇。逆行大运宜东北，顺走西南事不齐。
戊土五月印当权，大运分明喜杀官。官杀重时宜顺运，官轻逆运妙无端。
戊土生来季夏天，若无财煞未周全。逆行更喜东方运，顺逆财多亦不然。

神峰通考

戊土生申用食神，有财有煞贵堪伦。逆行火地必通达，水地行来反受迍。
戊土生来值酉提，怕行坎水喜炎离。除非四柱元辰旺，卯运相逢最不宜。
戊土戌月日干强，财杀重逢更吉祥。运气不拘行顺逆，若无财杀亦平常。
戊土亥提财杀真，身强有火更超群。逆行早岁须防酉，顺运中年忌卯辰。
己土子月用财星，有杀无官格局清。大怕柱身中太弱，顺行寅卯早凋零。
己土丑月日干坚，四柱分明忌比肩。若有财官并有杀，逆行大运福无边。
己土寅月值身柔，若是身柔命不周。身旺更行南运美，逆行运气寿休囚。
己土卯月杀当权，逆运须知寿不坚。顺逆火乡无极妙，官星相会不周全。
己土辰提杂气真，财官有气定超群。顺行运气尤当妙，逆运行时不十分。
己土巳月身尤旺，印绶伤官格局清。身旺最宜财运遇，无财逆运亦相应。
己土午月本身强，建禄分明理更长。官杀轻时宜顺运，官轻逆运亦荣昌。
己土未月欣逢杀，刃杀相逢更妙哉。运气中年多发达，不拘顺逆称心怀。
己土申月用伤官，若是身轻必不安。所喜须宜行逆运，怕逢寅卯杀相干。
己土八月辛金旺，若是身轻命不牢。旺喜顺行衰喜逆，无财无杀不为高。
己土如逢九月天，财官两旺福无边。运行顺逆皆平稳，发达之时在壮年。
亥提己土用财官，身旺财官总是权。若是身柔欣顺运，东方难保一平安。
子月如逢庚日干，有财有杀始平安。西方不似东方运，午运如逢寿数完。
庚金丑月有财官，格局分明杂气看。木火柱无终不美，东南运气遇为权。
庚金寅月日干微，土透天干命愈奇。逆运初年嫌子丑，顺行大运怕逢难。
庚金生值仲春时，官煞如逢命始奇。但嫌四柱元神弱，顺运三旬恐殒危。
庚金三月土重重，更有财官福禄丰。逆运固知强顺运，中逢子地有灾凶。
庚金四月杀星强，有制方知杀伏降。若是无根又无制，其人多有少年亡。
五月庚金喜有根，有根有水贵堪言。逆行大运宜东地，子字相逢总不然。
庚金未月土旺地，戊己土重命无过。若是土轻行逆运，康宁福寿沐恩波。
七月庚金金太刚，坐支若实亦平常。财官两旺宜行顺，财杀轻时逆运强。
八月庚金用刃星，柱中有杀最相应。有财无杀纯金局，从革尤当显姓名。
庚金九月喜逢财，杀透天干亦妙哉。顺命初年嫌子地，逆行离巽有凶灾。
庚金十月日干衰，有土相逢亦妙哉。顺运必然强逆运，中年惟恐有危灾。
子月辛金喜丙丁，若然无火亦平平。运行木火多通达，财杀多时喜逆行。
辛金丑月宜丁火，戊己重重亦不妨。无火土多防寿夭，纵然不夭也平常。

· 110 ·

辛金寅月财官旺，大运不须喜逆行。若是无财行顺运，中年惟恐丧残生。
卯月辛金如有杀，坐支有土更为奇。顺行逆转名多显，若到西方反不齐。
辛金生于辰月中，有财有杀更和同。顺行逆运多通达，富贵荣华福寿崇。
辛金巳月官星旺，伤食全无亦不过。逆行但妨官子否，顺行一路总蹉跎。
辛金午月杀当权，四柱根深逆顺坚。若是无根堪弃命，如行西运大迍遭。
未月辛金杀印全，印多尤似有亏偏。逆行水运多通达，顺运初年略不然。
申月辛金金水清，伤官有杀最相应。坐支无酉方为妙，运入东南显姓名。
辛金酉月日干强，财杀相逢更异常。逆运到头多发达，顺行水地未为良。
戌月辛金煞印全，柱中有制福无边。逆行顺去俱无阻，巳地相逢总不然。
辛金亥月若无官，水冷应知金太寒。若有官星又有杀，定应名姓到金銮。
壬水生逢子月天，无财无杀未周全。终身困苦多流落，纵到财乡亦柱然。
壬水丑月喜逢财，财旺身强更妙哉。运气顺行经水火，堪为万事称心怀。
壬水如逢寅月生，食神旺相亦相应。南方运气增财帛，有杀终须播姓名。
壬逢卯月伤官格，逆行无如顺运高。杀透更加身旺处，功名富贵寿弥高。
壬水辰月杀星强，甲乙相逢杀伏降。更得财星并印绶，不拘顺逆亦相当。
壬水生逢夏月天，财星官杀旺堂前。无根只怕初年夭，若到中年福愈坚。
壬水午月财星旺，亥水相逢更异常。若是无根多弃命，平生白手置田庄。
壬水生逢季夏时，分明杂气异为奇。顺行逆转皆通达，卯地相逢总不宜。
壬水生身为杀印，有财有用亦相当。运行南地强如北，卯地相逢命不长。
壬水相逢八月天，分明印绶格当权。无官怕入财乡运，有杀应须福愈坚。
壬水生来值季秋，财多杀旺忌身柔。财居火地俱通达，遇木之乡返不周。
壬水亥提为建禄，柱中有火运宜东。南方运气俱为美，若是无财亦不通。
癸水冬生值子提，财官重见最为奇。顺行喜到东南运，逆走西方亦不宜。
癸水丑提为杂气，无财无印不堪推。顺行木火俱为妙，逆运西南寿不齐。
癸水寅月木伤官，官杀重逢祸百端。北运不知南运好，若到申宫寿有干。
癸水生来卯月中，无官无杀喜和同。顺行南地多清贵，恐入西方寿早终。
癸水辰月喜逢财，杂气分明格美哉。若是无根身太弱，顺行南运必多灾。
癸水巳提财更旺，官多不与杀相同。有根逆运多财足，顺入西方早见凶。
癸水生逢午月中，分明财杀格相同。无根运不行申地，弃水从财反有功。
癸水未月杀星强，有刃无官禄位昌。运入东方经制伏，定看名姓列朝堂。

癸水生来值孟秋，有财终不忌身柔。顺行北运尤为妙，若是无财反不周。
癸水酉月印生身，有杀方为格局真。逆运须知强顺运，功名富贵又超群。
戌月如逢癸日干，分明杂气用财官。运行木火多财禄，逆运初年寿有干。
癸日生来亥月中，伤官水木总相同。逆行最妙南方运，顺走须知忌卯凶。

神峰通考命理正宗卷四

十天干体象全编论

甲木诗曰

甲木天干作首排，原无枝叶与根荄。
欲存天地千年久，直向沙泥万丈埋。
成就不劳炎火锻，资扶偏爱湿泥佳。
断就栋梁金得用，化成灰碳火为灾。

乙木诗曰

乙木根荄种得深，只宜阳地不宜阴。
漂浮最怕多逢水，克断何须苦用金。
南去火炎灾不浅，西行土重祸尤侵。
栋梁不是连根物，辨别功夫好用心。

丙火诗曰

丙火明明一太阳，原从正大立纲常。
洪光不独窥千里，巨魄尤能遍八荒。
出世肯为浮木子，传生不作温泥娘。
江湖死水安能克，惟怕成林木作殃。

丁火诗曰

丁火其形一烛灯，太阳相见夺光明。

得时能铸千金铁，失令难熔一寸金。
虽少乾柴犹可引，纵多湿木不能生。
其间衰旺当分晓，旺比一炉衰一檠。

戊土诗曰

戊土城墙堤岸同，振河及海要根重。
柱中带合形还壮，日下乘虚势心穷。
力薄不胜金漏泄，功成安用水疏通。
平生最要东南健，身旺东南健失中。

己土诗曰

己土田园属四维，坤深为万物之基。[①]
水金旺处身还弱，火土功成局最奇。
失令岂能埋剑戟，得时方可用磁基。
漫夸印旺兼多合，不遇刑冲总不宜。

庚金诗曰

庚金顽钝性偏刚，火制功成怕火乡。
夏产东南遇锻炼，秋生西北亦光芒。
水深反见他相克，木旺能令我自伤。
戊己干支重遇土，不逢冲破即埋藏。

辛金诗曰

辛金珠玉性虚灵，最爱阳和沙水清。
成就不劳炎火锻，滋扶偏爱湿泥生。

---

① 此句原作"坤深为万物之基。"，与上句不成对，也不合七言诗形，故改。

木多火旺宜西北，水冷金寒要丙丁。
坐禄通根身旺地，何愁厚土没其形。

壬水诗曰

壬水汪洋并百川，漫流天下总无边。
干支多聚成漂荡，火土重逢伤本原。
养性结胎须未午，长生归禄属坤乾。
身强原自无财禄，西北行程厄少年。

癸水诗曰

癸水应非雨露摩，根通亥子即江河。
柱无坤坎还身弱，局有财官不尚多。
申子辰全成上格，午寅戌备要中和。
假饶火土生深夏，西北行程岂太过。

十二支咏

子宫诗曰

月支子水占魁名，溪涧汪洋不尽情。
天道阳回行土旺，人间水暖寄金生。
若逢午破应无定，纵遇卯刑还有情。
柱内申辰来合局，即成江海发涛声。

丑宫诗曰

隆冬建丑怯冰霜，谁识天时转二阳。
暖土诚能生万物，寒金难道只深藏。
刑冲戌未非无用，类聚鸡蛇信有方。

若在日时多水木，直须行人巽离乡。

寅宫诗曰

艮宫之木建于春，气聚三阳火在寅。
志合蛇猴三贵客，类同卯未一家人。
超凡入圣惟逢午，破禄伤提独虑申。
四柱火多嫌火地，从来燥木不南奔。

卯宫诗曰

卯木繁华气禀深，仲春难道不嫌金。
庚辛叠见愁申酉，亥子重来忌癸壬。
祸见六冲应落叶，喜逢三合便成林。
若归时日秋金重，更向西行患不禁。

辰宫诗曰

辰当三月水泥湿，长养堪培万物根。
虽是甲衰乙余气，纵然壬墓癸遇魂。
直须一钥能开库，若遇三冲即破门。
水土重逢西北运，只愁厚土不能存。

巳宫诗曰

巳当初夏火增光，造化流行正六阳。
失令庚金生赖母，得时戊土禄随娘。
三刑传送翻无害，一见登明便有伤。
行到东南生发地，烧天炎焰不寻常。

午宫诗曰

五月炎炎火正升，六阳气逐一阴生。
庚金失位身无用，己土归垣禄有成。
申子齐来能战克，戌寅同见越光明。
东南正是身强地，西北休囚已丧形。

未宫诗曰

未月阴深火渐衰，藏官藏印不藏财。
近无卯亥形难变，远带刑冲库亦开。
无火怕行金水去，多寒偏爱丙丁来。
用神喜忌当分晓，莫把圭璋作石猜。

申宫诗曰

申金刚健月支逢，水土长生在此宫。
巳午炉中成剑戟，子辰局里得光锋。
木多无火终能胜，土重埋金却有凶。
欲识斯神何所似，温柔珠玉不相同。

酉宫诗曰

八月从魁己得名，羡他金白水流清。
火多东去愁寅卯，木旺南行怕丙丁。
柱见水泥应有用，运临西北岂无情。
假饶三合能坚锐，不比顽金未炼成。

戌宫诗曰

九月从魁性最刚，漫云于此物收藏。
洪炉巨火能成就，钝铁顽金赖主张。
海窟冲龙生雨露，山头合虎动文章。
天罗虽是迷魂阵，火命逢之独有伤。

亥宫诗曰

登明之位水源深，雨雪生寒值六阴。
须待胜光方用土，不逢传送浪多金。
五湖归聚源成象，三合羁留正有心。
欲识乾坤和暖处，即从艮震巽离寻。

总　咏

五行用法总无真，入圣超凡别有神。
直向源头明出处，死生衰旺自能分。

干支所属

东方甲乙寅卯木，南方丙丁巳午火，西方庚辛申酉金，北方壬癸亥子水，中央戊己辰戌丑未土。

天干合

甲与己合，乙与庚合，丙与辛合，丁与壬合，戊与癸合。

地支合

子与丑合，寅与亥合，卯与戌合，辰与酉合，巳与申合，午与未合。

地支会局

寅午戌会成火局,亥卯未会成木局,申子辰会成水局,巳酉丑会成金局。

五行相生

金生水,水生木,木生火,火生土,土生金。

五行相克

金克木,木克土,土克水,水克火,火克金。

十干禄

甲禄到寅,乙禄到卯,丙戊禄在巳,丁己禄居午,庚禄居申,辛禄居酉,壬禄居亥,癸禄居子。

五行发用

长生,沐浴,冠带,临官,帝旺,衰,病,死,墓,绝,胎,养。
四生火生在寅,金生在巳,水土长生居申,木生在亥。
四败火败在卯,金败在午,水土败在酉,木败在子。
四官火官在巳,金官在申,水土临官在亥,木官在寅。
四库火库居戌,金库居丑,水土库居辰,木库居未。
四绝火绝在亥,金绝在寅,水土绝在巳,木绝在申。
以上五行,长生、沐浴、败、官、库、绝等例,在阳顺阴逆图中考出,以为初学有所持循也。

地支相冲

子午相冲，寅申相冲，卯酉相冲，辰戌相冲，巳亥相冲，丑未相冲。

三　刑

寅刑巳上巳刑申，丑戌相刑未与辰。卯刑子上子刑卯，辰午酉亥自相刑。

六　害

六害子未不相亲，丑害午兮寅巳嗔。卯害辰兮申害亥，酉戌相逢转见深。

十二支中所藏法

子藏癸水是禄位，丑己三分辛及癸。寅藏甲丙戊木火，辰有戊兮乙与癸。巳藏丙戊及庚金，午宫却有丁火己。未宫丁乙己同临，申宫庚金壬水戊。酉宫辛金一位美，戌有丁辛戊土至。亥藏壬甲二天干，十二宫中须记取①。

论五行生克制化

金旺得火，方成器皿。火旺得水，方成相济。水旺得土，方成池沼。土旺得木，方成疏通。木旺得金，方成栋梁。

此乃身旺遇官杀入格。纯粹不杂，运又不背，即至卿相之地。

---

① 原文缺"卯藏"，内容相同而文字有异的一首古歌诀，录之于下，以补经缺误，并供参阅。歌曰：子宫癸水在其中，丑癸辛金己土同。寅宫甲木秉丙戊，卯宫乙木独相逢。辰藏乙戊三分癸，巳中庚金丙戊丛。午宫丁火并己土，未宫乙己丁共宗。申位庚金壬水戊，酉宫辛字独丰隆。戌宫辛金及丁戊，亥藏壬甲是真踪。

金赖土生，土多金埋。土赖火生，火多土焦。火赖木生，木多火炽。木赖水生，水多木漂。水赖金生，金多水浊。

此乃身弱逢印，太旺重叠，即为所害。金多生水不忌，独水三犯庚辛云云。

金能生水，水多金沉。水能生木，木盛水缩。木能生火，火多木焚。火能生土，土多火掩。土能生金，金多土虚。

此乃身弱逢伤官食神，重叠太旺，故有所害。如日强，又比肩重叠，则不忌伤官食神。若纯一不杂，又为格局。

金能克木，木坚金缺。木能克土，土重木折。土能克水，水多土流。水能克火，火炎水热。火能克金，金多火熄。

此乃身弱，逢财太旺重叠，返能相害。若身强遇财入格局者，即为富贵八字。

金弱遇火，必见销熔。火弱逢水，必见熄灭。水弱逢土，必为淤塞，土衰逢木，必遭倾陷。木弱逢金，必为砍折。

此乃身弱，又遇官杀剥杂太旺，必为残疾夭折贫贱也。

强金得水，方挫其锋，强水得木，方泄其势。强木得火，方化其顽，强火得土，方止其焰。强土得金，方制其害。

此即杀化为印也。

此乃身弱遇鬼，得物以化则吉。如甲日被金杀来伤，若时上一位壬癸水，申子辰解之，即化凶为吉。余仿此。

吉神类

天乙贵人

甲戊兼牛羊，乙己鼠猴乡，丙丁猪鸡位，壬癸兔蛇藏，庚辛逢马虎，此是贵人方。

《三车一览赋》云：天乙文星，得之者聪明智慧。

《惊神赋》云：日干坐贵，一世清高。

《通明赋》云：贵压三刑终执正。一作政。

《秘诀》云：贵人喜合。又云：为人正大者，天乙生旺。

《富贵赋》云：显贵者，身临贵宿。

天　德

解曰：正月生见丁字，二月生见申字，三月生见壬字，四月生见辛字，五月生见亥字，六月生见甲字，七月生见癸字，八月生见寅字，九月生见丙字，十月生见乙字，十一月生见子字，十二月生见庚字，此为天德。

月　德

解曰：寅午戌月在丙，申子辰月在壬，亥卯未月在甲，巳酉丑月在庚，此为月德。

《三车一览赋》云：天月二德扶持，利官少病。又云：二德扶持，众恶皆散。

《心镜赋》云：天月二德为救解，百灾不为害。

《相心赋》云：二德印生，作事施恩布德。

《幽微赋》云：慈祥敏慧，天月二德呈祥。

《奥旨赋》云：命亏杀旺，要天月二德呈祥。

《秘诀》云：天月二德临日主，一生无险无虞。更遇将星，名登相府。

学　堂

解曰：甲日生遇亥月，或亥时。乙日生遇午月，或午时。丙日生遇寅月，或寅时。丁日生遇酉月，或酉时。戊日生遇寅月，或寅时。己日生遇酉月，或酉时。庚日生遇巳月，或巳时。辛日生遇子月，或子时。壬日生遇申月，或申时。癸日生遇卯月，或卯时。

《三车一览赋》云：学堂有气，惟利师儒。

《富贵赋》云：聪明命坐学堂。

官贵学馆

解曰：官贵学馆者，以官贵长生之位为学馆。如甲乙以庚辛金为官贵，金生于巳，临官于申，是甲乙日生人，遇巳字申官，即为官贵学馆。十干例此推之。

华　盖

解曰：寅午戌生见戌字，亥卯未生见未字，申子辰生见辰字，巳酉丑生见丑字，此为华盖是也。

《三车赋》云：华盖重重，勤心学艺。又云：华盖聪明之士。

古云：华盖逢空，偏宜僧道。

《奥旨赋》云：柱若逢华盖，犯二德，乃清贵之人。

《通明赋》云：华盖临身，定为方外之人，留心于莲社兰台，容膝于蒲团竹偈。

《造微赋》云：印绶逢华盖，尊居翰苑。

古歌云：生逢华盖主文章，艺术偏多智虑长。

将　星

解曰：如寅午戌生见午字，申子辰生见子字，巳酉丑生见酉字，亥卯未生见卯字，此为将星。

古歌云：将星文武两相宜，禄重权高足可知。

驿　马

解曰：寅午戌生见申字，申子辰生见寅字，巳酉丑生见亥字，亥卯未生见巳字，此为驿马。

《三车赋》云：马逢鞭策，身不安闲。

《造微论》云：马头带剑，镇压边疆。又云：壬申癸酉为真剑。

《身命赋》云：马奔财乡，发如猛虎。

《集说》云：贵人马多升擢，常人马多奔波。又云：马忌空亡。

古歌云：人命若还逢驿马，大利求名求利者。

天　赦

解曰：春戊寅日，夏甲午日，秋戊申日，冬甲子日。《三车一览赋》云：命中若逢天赦，处世百事无忧。《集说》云：天赦若於命中守，逢凶不凶甚嗜酒。

福德秀气

解曰：要己丑日主，生临地支巳酉丑全者，为福德。要天干三个乙字，地支巳酉丑全者，为秀气。

福星贵人

解曰：甲丙相邀入虎乡，更逢鼠穴最高强。戊申己未丁亥遇，乙癸逢牛福禄昌。庚赶马头辛带巳，壬骑龙背喜非常.

《三车一览赋》云：福星贵人众所钦，命中最喜值此神。

鸾喜二德解神歌

解曰：卯起红鸾逆数通，欲知天喜是相冲。更有解神须逆数，戌申到酉是真宗。欲求天德顺从酉，月德要依巳顺逢。有人命限逢斯到，喜中加喜又无凶。

凶神类

六甲空亡

解曰：甲子旬中无戌亥，甲戌旬中无申酉，甲申旬中无午未，甲午旬中无辰巳，甲辰旬中无寅卯，甲寅旬中无子丑。

《造微赋》云：空亡更临寡宿，孤独龙钟。

《集说》云：凡人命内带空亡，一生主聪明。

丧 门

解曰：子生人见寅字，丑生人见卯字，寅生人见辰字，卯生人见巳字，辰生人见午字，巳生人见未字，午生人见申字，未生人见酉字，申生人见戌字，酉生人见亥字，戌生人见子字，亥生人见丑字，此日生年上推之。

吊 客

解曰：子丑寅卯辰巳午未申酉戌亥，戌亥子丑寅卯辰巳午未申酉，照前丧门推去，为吊客。

《集说》云：命前三辰为丧门，命后三辰为吊客，本日岁神犯之，主丧服哭泣，轻者主损远亲。

勾 神

解曰：子丑寅卯辰巳午未申酉戌亥，卯辰巳午未申酉戌亥子丑寅，照前例推去，即为勾神。

绞 神

解曰：子丑寅卯辰巳午未申酉戌亥，酉戌亥子丑寅卯辰巳午未申，照前例推去，即为绞神。

《造微论》云：勾神叠于三刑，定是频遭编配。

《集说》云：命前四辰为勾，命后四辰为绞。如午生人，酉为勾，卯为绞。若本日与岁运逢之，主灾滞伤身，或退财勾连之事。

孤 神

解曰：子丑寅卯辰巳午未申酉戌亥，寅寅巳巳巳申申申亥亥亥寅，照前推之，即为孤神。

寡 宿

解曰：子丑寅卯辰巳午未申酉戌亥，戌戌丑丑丑辰辰辰未未未戌，照前例推之，即为寡宿。

《秘诀》云：双辰合党，鳏寡而孤。

《惊神赋》云：员神方，抱孤寡贵人同一位。又云：孤神华盖，日时相犯主伶仃，又云：孤华主为林下僧尼。

《通明赋》云：孤寡双辰带官印，定作丛林领袖。

《身命赋》云：男孤神，他乡之客。女寡宿，异省之妇。

古歌云：孤神切忌男克妇，寡宿须教女害夫。

隔 角

解曰：以日时上起，日与时隔一字，即为隔角。如丑日卯时，辰日午时，未日酉时，戌日子时之类。

《心镜赋》云：隔角相逢犯岁君，徒流定分明。

咸　池

解曰：寅午戌生人见卯字，申子辰生人见酉字，巳酉丑生人见午字，亥卯未生人见子字，即为咸池杀。此以生年上起，或又以日上起，此杀有在日时上者为紧。

《幽微赋》云：酒色猖狂，只为桃花带杀。

《玉函赋》云：天德与咸池同会，晚年有风月之情。

《秘诀》云：桃花驿马，一生不免飘蓬。又云：桃花倒插，慷慨风流。又云：有人命内带咸池，自是天然惹是非。男子逢之多慷慨，女人为此逞风情。

《通明赋》云：桃花带合，必是浪游之子。

《造微论》云：咸池更会日官司，缘妻致富。又云：桃花若临帝座。因色亡身。

《惊神赋》云：风流破荡，因奸干弱坐咸池。

伏　吟

解曰：子丑寅卯辰巳午未申酉戌亥，子丑寅卯辰巳午未申酉戌亥，对字推之，即为返吟。

反　吟

解曰：子丑寅卯辰巳午未申酉戌亥，午未申酉戌亥子丑寅卯辰巳，冲宫推之，即为伏吟。

书云："返吟伏吟，哭泣淋淋。不伤自己，也损他人。"

其法如子年生人，遇流年岁君是子，即为返吟。如子年生人，遇流年岁君是午，即为伏吟，余皆例推。

《古歌》云：伏吟之杀不堪闻，运限如逢一例论。又云：返吟不但害妻儿，家活难成卓立迟。

元　辰

解曰：子丑寅卯辰巳午未申酉戌亥，如子年生见未字，丑年生见午字，寅年生见酉字，卯年生见申字，辰年生见亥字，巳年生见戌字，即是。

《秘诀》云：大耗悬针，非贫即夭。

《身命赋》云：祸莫祸于元辰。

劫　杀

解曰：子丑寅卯辰巳午未申酉戌亥，巳寅亥申巳寅亥申巳寅亥申，如申子辰年生见巳字，寅午戌年生见亥字，亥卯未年生见申字，巳酉丑年生见寅字，是也。

破　军

解曰：子丑寅卯辰巳午未申酉戌亥，亥申巳寅亥申巳寅亥申巳寅，如申子辰年生见亥字，亥卯未年生见寅字，寅午戌年生见巳字，巳酉丑年生见申字，是也。

《三车一览赋》云：亡劫往来，佛口蛇心之辈。又破军三重，必是徒流之辈。

古歌云：命值官符官事多，漫夸永智逞喽罗。祖宗财物如山阜，也是漂流水上波。

又云：一位破军如口嘴，两重生旺主徒流。三重遇着须当绞，四位逢之定斩头。

悬　针

解曰：凡八字柱中刑多拖脚，如悬针之状者，即是悬针杀。如甲申辛卯甲午之类是也。秘诀云：悬针聚刃，可作屠沽。

平 头

解曰：凡八字四柱中，字多平头者，谓之平头杀，如甲子、甲辰、甲寅、丙辰、丙戌、丙寅之类是也。

秘诀云：平头悬针带刃，主六畜之中。

集说云：平头一格占天干，年刃悬针杀斗攒。破格刑冲无旺气，披毛带角畜生看。

紫暗星

解曰：禄前一位，在天为紫暗星，专行诛戮。人命遇此，更加刑冲破害，其人必主凶恶，死于兵戈之下。

流霞杀

解曰：甲鸡乙犬丙羊加，丁是猴乡戊见蛇，己马庚龙辛逐兔，壬猪癸虎是流霞。

男主他乡死，女主产后亡。

冲天杀

解曰：生日对时人寿短，年生月对寿不长。此时五行冲天杀，有人值此少年亡。

忌生日对生时，生时对生命是也。

五鬼杀

解曰：木命逢牛鼠，金人忌马牛。火人卯辰是，水土犬鸡乡。男女命值此，都是守空房。

红艳杀

解曰：多情多欲少人知，六丙逢寅辛见鸡。癸临申上丁见未，眉开眼笑乐嬉嬉。甲乙午申庚见戌，世间只是众人妻。戊己怕辰壬向子，禄马相逢作路妓。任是富家官宦女，花前月下会佳期。

吞　陷

解曰：猪犬羊逢虎必伤，猴蛇相会树头亡。犬逢鸡子遭徒配，兔赶蛇儿走远乡。

鼠见犬须当恶死，马牛逢虎定相伤。兔猴逢犬难回避，龙来龙去水中殃。

三丘五墓

解曰：三丘五墓得人愁，爹娘妻子尽不周。春丑夏龙秋即未，三冬逢犬是三丘。欲知五墓对宫是，命若逢之切忌忧。

天罗地网

解曰：辰为天罗，戌为地网。尝云辰戌名为罗网。天乙不临。如人命有此，主克陷淹滞之疾，牢狱之灾。

马前神煞

驿马，六害，华盖，劫杀，灾杀，年杀，月杀，亡神，将星，扳鞍。

流年星耀

解曰：太岁剑锋伏尸同，二曰太阳并天空，三是丧门并地丧，四是勾绞贯索同，五飞符官符并五鬼，六是死符小耗攻，七是栏杆并大耗，八是暴败天厄同，九是飞廉白虎位，十是卷舌福星聪，十一天狗吊客患，十二病符切莫逢。

太白星

解曰：子午卯酉的在巳，寅申巳亥的在酉，辰戌丑未的在丑，人命有此，主孤夭贫贱残疾徒配。

斧劈星

解曰：子午卯酉，蛇头开口。寅申巳亥，鸡头粉碎。辰戌丑未，牛头大忌。命若有此，主破财刑冲等项。

孤虚神

解曰：空亡对宫为孤虚。如甲子旬中生，以戌亥字为空亡，即以戌亥对宫辰巳为孤虚。余例此推。

起八字诀

年上遁月

甲己之年丙作首，乙庚之岁戊为头。
丙辛之岁寻庚上，丁壬壬寅顺行流。

更有戊癸何处起？甲寅之上好追求。
细语世人相传记，免得当事时用疑。

日上遁时

甲己还加甲，乙庚丙作初。丙辛从戊起，
丁壬庚子居，戊癸何方发？壬子是真途。

看命人式

凡看命，排下八字，以日为主，取年为根，为上祖，才知世派之盛衰。取月为苗，为父母，则知亲荫之有无。日干为身，支为妻，时为花实为子息，方知嗣续之所归。法分月气浅深，得令不得令，年时露出财官，须要身旺。如身衰财旺，多反破财伤身，身旺财多财亦旺，财多称意，若无财官，次看印绶，得何局势，吉凶断之。学者不可执泥，而不知通变也。

月令详辨

假令年为本，带官星印绶，则年上有官，出自祖宗。月为提纲，带官星印绶，则慷慨聪明，见识高人，时为辅佐。平生操履，若年月日有害，则时要归生旺之处，若凶神，则要时归制伏之乡。时上吉凶神，则要年月日吉者生之，凶者制之。假令月令有用神，得父母力。年有用神，得祖宗力。时有用神，得子孙力。反此不吉也。

起大运法阳男阴女

如甲子年，甲己之年丙作首，正月逢丙寅，初一立春后一日生男，折除三日，为一岁，顺数至二月惊蛰，得三十日起十岁，丁卯是也。如乙丑年，乙庚之岁戊为头，正月起戊寅，初一立春，十八日生女，顺数至二月惊蛰，四三十二日，四岁运，己卯顺行是也。余仿此。

起大运法阴男阳女

如乙丑年，乙庚之岁戊为头，正月起戊寅，初二立春，后十五日生男，逆数至初一日立春，五三十五，五岁运逆行。如甲子年，甲己之年丙作首，正是丙寅，初一立春，后十日生女，逆数至初一日立春止，得九日三三单九，三岁运逆行。余仿此。

子平举要

造化先须看日主，坐官坐印衰强取。天时月令号提纲，原有原无轻重举。露官藏杀方为福，露杀藏官是祸胎，杀官俱露将何拟，混杂去留用心机。有官怕损忌刑冲，官轻见财为福利。年上伤官最可嫌，重怕伤官不可蠲。伤官用财乃为福，财绝官衰祸亦然，贪合忘官荣不足，贪合忘杀为己福。堪嗟身弱并财多，更历官乡祸相逐。财多身弱食神来，生杀必为灾会合。会合天地有刑克，更宜达生细推裁。

江湖摘锦

用之为官不可伤，用之为财不可劫。
用之印绶不可破，用之食神不可夺。
若有七杀须要制，制伏太过反为凶。
伤官最怕行官运，伤官尤喜见财星。
印绶好杀嫌财旺，羊刃怕冲喜合迎。
比肩要逢七杀制，七杀尤喜见食神。
此是子平撮要法，江湖术者仔细明。

男命小运定局

乙丑一岁　丙寅二岁　丁卯三岁　戊辰四岁　己巳五岁

庚午六岁　辛未七岁　壬申八岁　癸酉九岁　甲戌十岁

乙亥十一岁　丙子十二岁　丁丑十三岁　戊寅十四岁　己卯十五岁

庚辰十六岁　辛巳十七岁　壬午十八岁　癸未十九岁　甲申二十岁

乙酉廿一岁　丙戌廿二岁　丁亥廿三岁　戊子廿四岁　己丑廿五岁

庚寅廿六岁　辛卯廿七岁　壬辰廿八岁　癸巳廿九岁　甲午三十岁

乙未三一岁　丙申三二岁　丁酉三三岁　戊戌三四岁　己亥三五岁

庚子三六岁　辛丑三七岁　壬辰三八岁　癸卯三九岁　甲辰四十岁

乙巳四一岁　丙午四二岁　丁未四三岁　戊申四四岁　己酉四五岁

庚戌四六岁　辛亥四七岁　壬子四八岁　癸丑四九岁

此法阳命甲子时生，则行乙丑，二岁丙寅，阴则癸亥，周而复始。

女命小运定局

乙丑一岁　丙寅二岁　丁卯三岁　戊辰四岁　己巳五岁

庚午六岁　辛未七岁　壬申八岁　癸酉九岁　甲戌十岁

乙亥十一岁　丙子十二岁　丁丑十三岁　戊寅十四岁　己卯十五岁

庚辰十六岁　辛巳十七岁　壬午十八岁　癸未十九岁　甲申二十岁

乙酉廿一岁　丙戌廿二岁　丁亥廿三岁　戊子廿四岁　己丑廿五岁

庚寅廿六岁　辛卯廿七岁　壬辰廿八岁　癸巳廿九岁　甲午三十岁

乙未三一岁　丙申三二岁　丁酉三三岁　戊戌三四岁　己亥三五岁

庚子三六岁　辛丑三七岁　壬寅三八岁　癸卯三九岁　甲辰四十岁

乙巳四一岁　丙午四二岁　丁未四三岁　戊申四四岁　己酉四五岁

庚戌四六岁　辛亥四七岁　壬子四八岁　癸丑四九岁

此法阴命甲子时生，则行乙丑，二岁丙寅，阳则癸亥，周而复始。

阳顺阴逆生旺死绝图

巳	午	未	申
壬绝 癸胎 甲病 乙败 丙戊旺 丁己旺 辛死 庚生	壬胎 癸绝 甲死 乙生 丙戊禄 丁己禄 辛旺 庚败	壬养 癸墓 甲墓 乙养 丙戊衰 丁己冠 辛衰 庚冠	壬生 癸死 甲绝 乙胎 丙戊病 丁己败 辛旺 庚禄
辰			酉
壬墓 癸养 甲衰 乙败 丙戊冠 丁己衰 辛墓 庚养	论阳顺阴逆生旺死绝图		壬败 癸病 甲胎 乙绝 丙戊死 丁己生 辛禄 庚旺
卯			戌
壬死 癸生 甲旺 乙禄 丙戊败 丁己病 辛绝 庚胎			壬冠 癸衰 甲养 乙墓 丙戊墓 丁己养 辛冠 庚衰
寅	丑	子	亥
壬病 癸败 甲禄 乙旺 丙戊生 丁己死 辛绝 庚胎	壬衰 癸冠 甲冠 乙衰 丙戊养 丁己墓 辛养 庚墓	壬旺 癸禄 甲败 乙病 丙戊胎 丁己绝 辛生 庚死	壬禄 癸旺 甲生 乙死 丙戊养 丁己胎 辛败 庚绝

地支造化图

巳	午	未	申
日分半庚 五半戊七 分丙七日 十日二 六二分	二分半丙 分丁己十 半十七日 三日三 日三分	六半乙丁 分己三九 十日日 八一三 日分分	五半壬戊 分庚七己 十日共 六二七 日分日

辰			酉
六半癸乙 分戊三九 十日日 八一三 日分分		地支造化之图	生六半庚 分辛十 半二日 丁十三 长日分

卯			戌
生六半甲 分乙十 半二日 癸十三 长日分			分戊丁辛 十三九 八日日 日一分 六分分

寅	丑	子	亥
日分半戊 五半丙七 分申七日 十日二 六二分	分己辛癸 十三九 八日日 日一二 六分分	生六半壬 分癸十 半二日 辛十三 长日分	日分半戊 五半甲七 分壬七日 十日二 六二分

天干五阳通变

甲丙戊庚壬

甲丙戊庚壬　为比肩兄弟之类。
乙丁己辛癸　为劫财羊刃，主克父及妻。
丙戊庚壬甲　为食神，天厨寿星，又为男。
丁己辛癸乙　为伤官，盗气，克子息，剥官。
戊庚壬甲丙　为偏财偏妻，又为父，为妾。
己辛癸乙丁　为正财，正妻，主克母。
庚壬甲丙戊　为偏官，七杀，将星权。
辛癸乙丁己　为正官，荣身星也。
壬甲丙戊庚　为倒食枭神，主克子息。
癸乙丁己辛　为印绶庇荫。

天干五阴通变

乙丁己辛癸

乙丁己辛癸　为比肩兄弟
丙戊庚壬甲　为伤官，小人。
丁己辛癸乙　为食神，天厨，寿星。
戊庚壬甲丙　为正财，正妻，克母。
己辛癸乙丁　为偏财，偏妻。
庚壬甲丙戊　为正官，禄马。
辛癸乙丁己　为偏官七杀。
壬甲丙戊庚　为印绶正人。
癸乙丁己辛　为枭神，偏印，倒食，主克子。
甲丙戊庚壬　为败财逐马。

阴阳通变妙诀

子平之法，一曰官分之阴阳，曰官，曰杀，甲乙见庚辛是。二曰财分之阴阳，曰正，曰偏，甲乙见戊己是。三曰生气之阴阳，曰印绶，曰倒食，甲乙见壬癸是。四曰窃气之阴阳，曰食神，曰伤官，甲乙见丙丁是。五曰同类之阴阳，曰劫财，曰羊刃，甲乙见甲乙是也。人之富贵贫贱寿夭，皆不出此五者，术士不明其格，乱惑世人，无异乎命之不验也。今立格定局诀於左，以便稽考。

定格局诀

甲日定格

甲日寅月是建禄，卯月羊刃可堪凭。
三月财官藏辰库，巳为食神财暗伏。
午月丁火伤官格，未月杂气取财星。
七月申提七杀论，酉为正气官星得。
九月戌中惟杂气，十月偏印格局真。
十一月取正印格，丑中杂气仔细详。

乙日定格

乙日寅月号伤官，卯为建禄格中真。
三月财官俱杂气，巳中伤官财星端。
午提丁火食神格，未中杂气曰财官。
申月正气官星论，八月酉中作杀推。
戌内财官俱杂气，亥月正印便扶身。
子癸之中偏印是，杂气推来在丑中。

丙日定格

丙日逢寅偏印生，卯月正印喜官星。

辰初杂气用食神，巳中定取建禄格。
午火羊刃又伤官，未取伤官宜伤尽。
申是偏财喜旺神，酉月财旺生官格。
戌上杂气为食神，亥月偏印七杀真。
子中正官宜官旺，丑宫分明杂气生。

丁日定格

丁日寅提正印评，卯上偏印格局真。
辰初杂气戊伤官，巳上伤官便生财。
午中建禄分明取，未月食神独可嗔。
申内正财生官格，酉月偏财可追寻。
戌中杂气未伤官，亥月正官及正印。
子月偏官七杀真，丑月杂气是财官。

戊日定格

戊藏寅月杀拘印，卯是正官寻贵气。
辰内杂气财官格，巳上亦取号建禄。
午月刃取正印格，未上杂气作官印。
七月食神生财旺，八月伤官喜遇财。
戌中杂气分明取，亥月财杀格中真。
子提正财生官格，丑土杂气号财官。

己日定格

己生寅月正官印，卯推七杀便是真。
辰是杂气取财官，巳中正印格可清。
午中建禄居此位，未土杂气借财官。
申月伤官真论此，酉中食神亦可寻。
戌月借取杂气格，亥上正财生官格。
子月偏财明怕劫，丑月杂气取财官。

庚日定格

庚到寅宫评财杀，卯月正财便生月。
辰初杂气用偏印，巳火七杀号偏印。
午月炎天寻正官，未中杂气用正印。
申中便取建禄格，酉用羊刃格中寻。
戌中杂气用偏印，亥上食神喜身强。
子月伤官真可论，丑中只可作杂气。

辛日定格

辛日寅财旺生官，卯月偏财是福基。
辰是杂气为正印，巳上正官及正印。
午月偏官喜枭神，未取杂气用偏印。
申月借取伤官格，酉是建禄怕逢冲。
戌中杂气戊是印，亥月伤官喜见财。
子月之中求食神，丑上下旬论偏印。

壬日定格

壬逢寅地号食神，卯上见印取伤官。
辰是杂气未七杀，巳取偏财并偏官。
午月财官正两全，未上杂气取财官。
申月偏印无别论，酉取正印怕逢财。
戌月杂气为七杀，亥未建禄用食神。
子月之中羊刃格，丑中杂气是财官。

癸日定格

癸日寅月取伤官，卯月食神定是真。
辰中杂气是财官，巳月正财官便是。
午月偏财又偏官，六月杂气是七杀。
申月正印怕逢寅，酉月偏印忌见比。

戌中杂气是财官，亥月借取伤官格。

子中建禄定其真，丑中杂气为七杀。

右财、官、印、七杀、伤、食六者，系子平的切法，故录之。

子平泛论

伤官若伤尽，却喜见官星，伤官若论财，见官祸不轻。伤官若用印，克杀不为刑。伤官若论刃，滞合有声名。伤官用财，不宜印乡。伤官见官，印运不妨。杂气财官，印俱不忌。

三戊合一癸，得再嫁。妻财受克，生子无育。印绶比肩，不忌财乡。印绶多根，身旺必滞。印绶被伤克父母，官杀混杂克父母，财多身弱克父母，干与支同，损财伤妻。辛卯戊寅，不怕杀合。女命比肩即姊妹，贪合多谎诈，财有却不怕露杀。火命人最好月支属火，干头有木，提出火矣。癸酉弱格，见杀必凶。官贵太甚，旺处必倾。土命不论胞胎，只论日时，不怕官杀混杂。阳干方论，阴干不取。子水怕午火，午火不怕子水。寅木不怕金庚，金不怕火，己土不怕木，申金不怕火，戊土不怕木，卯木怕酉金，辰土怕寅木，乙日丑月不怕杀。四柱元有病要去，不去病不发。

十干从化定诀

凡看八字，先明从化为本。从化不成，方论财官。财官无取，方论格局。非格非局，无足论矣。若从若化成格成局，必为富贵之命。赋云：火虚有焰，木盛多仁，得化得从，定显声名之士，故也。惟甲木则无从化之理。

甲己化土乙庚金，丁壬化木尽成林，丙辛化水分清浊，戊癸南方火焰侵。

甲己化土，中正之合，曰曲直。辰戌丑未曰稼穑，勾陈得位。乙庚化金，仁义之合，巳酉丑曰从革。戊癸化火，无情之合，得火局曰炎上。天干化合者，秀气也。地支合局者，福德也。化之真者，名公钜卿，化之假者，孤儿异姓。①

十段锦

　　甲从己合，赖土化生，遇乙兮妻财暗损，逢丁兮衣禄成空。贵显高门，盖得辛金之力。家殷大富，皆因戊土之功。见癸兮平生发福，逢壬兮一世飘蓬。月遇庚金，家徒四壁。时逢丙火，禄享千锺。

　　己能化甲，秀在于寅。逢丁兮他人凌辱，遇乙兮自己遭迍。阳水重重，奔走红尘之客。庚金锐锐，孤寒白屋之人。丙内藏辛，必得其贵，戊里藏癸，不至于贫。若要官职荣迁，先须见癸。家殷大富，务要逢辛。

　　乙从庚化，气禀西方。塞难兮生逢丙地，荣华兮长在壬乡。丁火当权，似春花之遇日。辛金持世，若秋草之逢霜。最喜己临，满堂金玉，偏宜甲向，禾麦盈仓。日日劳神，盖为勾陈作乱。时时费力，只因玄武为殃。

　　庚从乙化，金质弥坚。最忌辛金暗损，偏嫌丙火相煎。遇丁官兮，似蛟龙之得云雨。逢己印兮，若鹏鹗之在秋天。癸水旺兮，田园破荡。壬水盛兮，财禄增迁。遇戊相侵兮，不成巨富。逢辰助力兮，永保长年。

　　丙为阳火，化水逢辛。有福兮戊土在位，成名兮乙木临身。官爵迁荣，生逢癸巳。家门显赫，长在庚寅。强横起于甲午，祸败发于壬辰。屡遇阴丁，纵富贵能有几日。重逢己土，须荣华亦似浮云。

　　辛能化水，得丙方成。四柱最宜见戊，一生只喜逢庚。见己兮何年发福，逢壬兮何日成名，癸水旺兮，纵困而不困。甲木旺兮，须荣而不荣。富贵荣华，重重见乙。伤残穷迫，垒垒逢丁。

　　丁为阴火，喜遇阳壬。见丙兮百年安逸，逢辛兮一世优游。富贵双全，喜甲临于天德。禄财双美，欣已共于金牛。活计消疏，皆因戊败。生涯寂寞，皆为癸因。乙木重重，财禄决无成就。庚金灿灿，功名切莫妄求。

　　壬从丁火，秀在东方。遇甲兮多招仆马，逢辛兮广置田庄。丙火相

---

① 化之格局，玄中又玄，妙中又妙。

逢，乃英雄之豪杰。癸水相会，为辛苦之经商。佩印乘轩，巳临官位。飘蓬落魄，戌带杀来。皓首无成，皆为庚金乘旺。青年不遇，盖因乙木为殃。

戊从癸合，化火成功。见乙兮终能显达，逢壬兮亦自丰隆，众贵拱持，喜丁临于巳位。六亲不睦，缘甲旺于寅宫。丙火炎炎，难寻福禄。庚金灿灿，易见亨通。妻子损兮，皆因己旺。谋为拙兮，盖为辛雄。

癸从戊合，火化当临。丙内藏辛，一世多成多败，甲中隐己，百年劳力劳心。仓库丰肥，欣逢丁火。田财殷实，喜得庚金。官爵升荣兮，连绵见乙。资财富贵兮，上下逢壬。财源相失兮，缘辛金之太旺，仕途蹭蹬兮，盖己土之相侵。

十段化气

甲己歌

甲己化土乙庚金，局中奇妙最难寻。
局中六格分高下，贵贱方知有浅深。
甲己中央化土神，时逢辰巳脱埃尘。
局中岁月趋炎地，方显功名富贵人。
甲己干头生遇春，平生作事漫劳神。
百般机巧番成拙，孤苦伶仃走不停。

乙庚歌

乙庚金局旺于西，时遇从魁是根基。
辰戌丑未如相克，此是名门将相儿。
乙庚最怕火炎炎，志气消磨主不良。
寅午重逢为下格，随缘奔走觅衣粮。

丙辛歌

丙辛化合喜逢申，翰苑英髦气象新。
润下若居年月上，须知不是等闲人。
丙辛化水生冬月，阴日阳时须见清。
有土局中须破用，得金相助发前程。

丁壬歌

丁壬化木喜逢寅，亥卯生提是福基。
除此二宫皆别论，金多尤恐返伤之。
丁壬化木在寅时，盖世文章迈等伦。
曲直更归年月地，少年平步上青云。

戊癸歌

戊癸南方火炎高，腾光时上显英豪。
局中无水伤年月，献赋龙门夺锦袍。
天元戊癸支藏水，败坏门庭事绪多。
行运更逢生旺地，伤妻克子起风波。

五阴歌

阴土蛇鸡去会午，名为福德号貔貅。
火来侵害伤残处，事事蹉跎百事忧。
己巳己酉并己丑，福德秀气真希有。
若逢岁运冲克破，纵是荣华事不久。
阴木相逢牛与蛇，牛居八月暗咨嗟。
为官得禄难长久，纵有文章不足夸。
阴火相连巳酉丑，生居木口寿难长。
更兼名利多成败，破荡荒淫福不昌。
癸临酉丑月临风，百事迟延作者空。

名利平生难有望，是非得失事匆匆。
金居从革贵人钦，造化清高福禄深。
四柱火来相混杂，空门艺术漫经纶。

天元一字歌

天元一字水为源，生在秋冬妙莫言。
大小吉神逢一位，少年云路必高迁。
天元一字土为基，四季生时便是奇。
辛酉二支为格局，聪明俊秀异常儿。
天元一字木为根，传送登明显福元。
四柱官星如得地，名功利禄好争先。
天元一字若逢金，时日魁罡福气深。
库位逢冲并带贵，平生德行贵人钦。
天元一字火融融，大占功曹时日冲。
冲起财官为发用，生平富贵福兴隆。

运晦歌

比肩事物莫争论，闻讼官司为别人。
兄弟亲友财帛事，闭门莫与论和平。
劫财羊刃两头居，外面光华内本虚。
官杀两头居不出，因此当原慢嗟吁。

运通歌

三合财官得运时，绮罗香里会佳期。
洋洋已达青云志，财禄婚姻喜气宜。
运遂时来事事宜，布衣有分上天梯。
贵人轻着些儿力，指日青云实可期。

自是生来不受贫，官居华屋四时春。
夏凉冬暖清高处，肴馔杯盘胜别人。
此运祥光事转新，一团和气蔼阳春。
青云有信天书近，定是超群拔萃人。
甲子丁卯非为刃，乙酉庚申理一同。
合起人元财马旺，中年显达富家翁。

刑克歌

比肩羊刃日时逢，若问年龄父道凶。
父母干支相会合，印星健旺寿如松。
克父那堪妻又伤，堪居道院共僧房。
闲身作保防连累，财破妻灾有几场。

刑妻歌

天干透出弟兄多，财绝官衰旺太过。
月令又逢身旺地，青春年少哭嫦娥。
当生四柱有财星，羊刃时逢定克刑。
岁运更行妻墓绝，妻宫必见损年龄。

克子歌

五行四柱有伤官，子息初年必不安。
官鬼运临身旺地，可存一二老来看。
嗣中冲旺见刑冲，月令休囚子息空。
官鬼败亡重见克，如无庶出必螟蛉。
印绶重叠克子断，子息难存谁为伴？
若还留得在身边，带破执拗难使唤。
时逢七杀本无儿，此理人间仔细推。

干上食神支又合，儿孙定是贵而奇。
女人印绶月时逢，官食遭伤子息空。
当主过房兼别立，孤辰重犯两无功。
局中官杀两难清，羊刃重重或助之。
八字纯阳偏印重，妨夫叠叠更妨儿。

带疾歌

戊己生时气不全，月时两处见伤官。
必当头面有亏损，脓血之疮苦少年。
日主加临戊己生，支神火局气薰蒸。
冲刑克破当残疾，发秃那堪眼不明。
丙丁日主五行衰，七杀加临三合来。
升合日求衣食缺，耳聋残疾面尘埃。
壬癸重重叠叠排，时辰设若见天财。
纵然头面无斑癞，定是其人眼目灾。
丙丁火旺疾难防，四柱休因辰巳方。
木火相生来此地，哑中风疾暗中亡。

寿元歌

寿算幽玄识者希，识得须是泄天机。
六亲内有憎嫌者，岁运逢之总不宜。
寿星明朗寿元辰，继母逢之不可当。
宠妾不来相救助，命如衰草值秋霜。
丙临申位逢阳水，定见天年夭可知。
透出干头壬癸水，其人必定死无疑。

飘荡歌

偏财得位发他乡，慷慨风流性要刚。
别立家园三两处，因名因利自家亡。
偏财得所最为良，透出羊刃甚可伤。
破荡家庭浑闲事，败门辱祖逞凶强。
偏财别立在他乡，宠妾防妻更足伤。
爱欲有情妻妾众，更宜村酒野花香。

女命歌

财官印绶三般物，女命逢之必旺夫。
不犯杀多无混杂，身强制伏有称呼。
女命伤官福不真，无财无印受孤贫。
局中若见伤官透，必作堂前使唤人。
有夫带合须还正，有合无夫定是偏。
官杀犯重成下格，伤官重合不须言。
官带桃花福寿昌，桃花带杀少祯祥。
合中切忌桃花犯，劫比桃花大不良。
女命伤官格内嫌，带财带印福方坚。
伤官旺处伤夫主，破了伤官损寿元。

月建生克

正月建寅歌

正月寅官元是木，木生火旺得长生。
戌兼丑未土中喜，申酉休囚数莫行。
寅月重逢午戌亥，庚申为主两推排。

无根有力方宜火，主弱休囚怕火来。
如用寅宫木火神，南方午未禄财欣。
逆行戌亥还当旺，破损忧愁见酉申。
庚辛主弱逢寅月，午戌加临会杀星。
日主无根虑透土，逆行金水福隆兴。
戊己身衰喜建寅，重重官杀必荣身。
只宜木火相生局，运到西方怕酉申。

二月建卯歌

丙丁二月身逢印，大怕庚辛酉丑伤。
水运发荣木火旺，西方行运定遭殃。
甲日卯月重逢丑，格中有火不须嫌。
再行火土兴财禄，岁运宜金怕水缠。
木正荣于卯月中，若将为用喜生逢。
北方亥子成名利，午未行来助福浓。
己卯日主当二月，杀星有露福偏奇。
只宜木火重迎见，金水行来数必亏。
庚辛卯月多逢木，日主无根怕旺财。
南北两头多有破，如逢辛酉福难来。
卯宫大怕遇金降，火旺根深制伏强。
四柱有金嫌巳午，运来酉上定损伤。
癸日无根卯月逢，局中有火返成功。
如行身旺多财福，若到官乡数必终。

三月建辰歌

三月辰宫只论士，煞多会水化为祥。
提纲若用财官印，金水相逢命有伤。
戊土无根日坐寅，重重水旺福财深。
如行水火宫中吉，金水相逢祸必侵。
三月干头只用金，火生土厚福还真。

身为壬癸多逢土，火旺提防祸必临。

四月建巳歌

甲乙如临四月天，木乡水旺振财源。
北方水地多凶破，酉丑相逢我便言。
四月干头水土逢，火乡木旺禄还通。
如行金水多成败，更怕提纲相对冲。
金水干头四月胎，土为正印木为财。
身强上存宜金水，日主轻浮怕水来。
壬日巳月金火土，无根无印怕财乡。
顺行申酉升名利，逆走东方寿不长。
四月金生火旺土，三般神用要分明。
财官印绶藏宫内，运看高低仔细寻。

五月建午歌

五月宫中正火荣，高低贵贱两分明。
财官并用宜生旺，化杀欣逢要水平。
五月炎上正论火，如逢木火自然兴。
西方金水多防克，丑土须知怕子迎。
午宫怕水子来冲，用火逢冲数必凶。
日主庚辛如会煞，运中逢此反成功。
财官印绶如藏午，西北休临申子辰。
木土火乡还富贵，再行申西戌灾重。

六月建未歌

未月支藏木官时，不分顺逆格高低。
南方行去东方旺，西位休愁戌亥亏。

七月建申歌

印绶财官月建申，北方回喜福还真。

水清金旺多生贵，大限行来最怕寅。
庚辛二日藏申月，有官有印有财星。
逆行辰巳荣财禄，北地须知富贵成。
壬癸生临七八月，火土多厚北方奇。
无伤无破休行水，帝旺临官运不宜。

八月建酉歌

甲乙无根八月逢，庚辛金旺不嫌凶。
北方水运财星足，逆走南方得失中。
酉月藏金乙日逢，北方亥子水重重。
离明午未财权重，巳丑加临寿必终。
甲乙酉月多官煞，无根日主一生低。
北方顺走休临丑，逆走南方巳上亏。
丁生酉月天干癸，去煞方能可去财。
有气保身存印绶，无情行到水中来。
秋金酉丑重金旺，除非火炼有声名。
东方行去盈财禄，西北来临祸必倾。
酉为印绶火为财，食用伤官一例排。
金水相生荣福厚，南方休到午中来。

九月建戌歌

九月戌中藏火土，庚辛不忌日无根。
格中若无财官印，运到南方福禄真。
甲乙秋生九月中，火衰金旺怕庚辛。
如临木火兴家计，金水才来福便临。
财官印绶九月临，发旺升腾见卯寅。
顺去北方行子丑，逆行嫌酉破逢申。
戌月金生藏火土，或行南北或行东。
不分顺逆高低格，大运逢辰寿必终。
壬日无根戊己多，生居九月忌财过。

逆行休用南方午，寅丑如逢奈若何。
丙丁日主戌中旬，财透天干作用神。
此格伤官煞喜旺，只愁身旺又伤身。

十月建亥歌

水木生居亥月乾，财官印绶喜相连。
用壬运旺西方去，用木须欣寅卯边。
亥月壬杀喜东南，来至东南发显官。
大运愁逢金水地，再行西兑寿难完。
财官印绶立乾宫，水木相生福禄通。
喜水喜金嫌火土，运行最怕巳刑冲。
水旺当生亥子宫，根多水弱格中逢。
重行火土财官旺，运到西方一路通。
日主无根干上金，月通亥子土来侵。
只宜印绶扶身位，何怕提纲损用神。

十一月建子歌

丙丁日主月逢子，支下存申时又辰。
火土旺乡成富贵，再行金水祸难禁。
子官有水金乡旺，见土休囚忌破支。
元有土离逢水贵，午来冲破寿元终。
庚金遇水多强吉，火土相逢未必凶。
运去元神番作贵，再行午运祸重重。
庚日逢寅午戌行，日通火局是提纲。
如行金水番成局，火土又来祸怎当。
水归冬旺乐无忧，透用财官富九州。
逆顺不分还富贵，提纲刑克事多休。

十二月建丑歌

甲子生居丑月中，无根金水不嫌凶。

重行金水声名显，火土相逢破本宗。
丙丁坐火财中杀，四柱无根忌水乡。
运到火乡加火助，须知显振利名香。
壬癸生居五月提，有金有土格中奇。
顺行辰巳兴财禄，逆去升高申酉支。
戊土生居十二月，伤官财旺藏时节。
水清金白助格中，若见火土多周折。
己干提丑支金局，煞旺身强格局高。
金水重来名利厚，财乡火地不坚牢。
丙日多根丑局逢，财官藏在见禄中。
水乡有旺金乡吉，土困行南总是空。
庚辛丑月中居正，火土来临福禄齐。
壬癸天干或支出，一见己土喜相宜。

看命捷歌

凡观男子命，先论财官始。有财乃为妻，有官方作子。印绶为二亲，比肩乃兄弟。财死虑丧妻，官死宜克子。印死父母亡，比死伤兄弟。

凡观女人命，先须看夫子。以官为夫星，伤食乃子女。印绶是双亲，比肩作姊妹。官死怕刑夫，伤食死克子。印死损椿萱，比死丧兄弟。有财乃有夫，有夫方有子。财自生官，夫荣并子贵。子亡夫死，必是下贱孤贫。子秀荣，定知荣华富贵。有子有夫而贫寒者，盖因身在衰乡。无子无夫而昌盛者，乃是身居旺地。贵人少者，不富亦昌食神多者，非尼即妓。

正官格歌

用官喜身旺，嫌刃与冲刑。伤食俱所忌，喜印及财星。

七杀格歌

七杀喜印刃，伤官与食神。合煞身旺者，所忌见官星。杀星如不旺，方喜用财生。

用财歌

用财嫌比劫，七杀及偏官。身弱忌羊刃，身旺印宜哉！

印绶歌

印绶嫌身旺，喜杀与官星。冲印为无用，亦畏有财临。

羊刃歌

甲禄到寅，卯为羊刃。乙禄卯，辰为羊刃。丙戊禄巳，午为羊刃。丁己禄午，未为羊刃。庚禄申，酉为羊刃。辛禄酉，戌为羊刃。壬禄亥，子为羊刃。癸禄子，丑为羊刃。禄前一位是也。

羊刃喜伤煞，所忌劫刑冲。身旺与印绶，不喜格中逢。

以上数格歌，并逸叟所著。

三奇格歌

天上三奇甲戊庚，地下三奇乙丙丁。若人命值三奇贵，三元及第冠群英。

太乙妙指法

乙丙丁，甲戊庚，上局相生复生。不作蓬莱三岛客，也应金殿玉阶行。

论诸格有救

亥卯木旺不逢金，丑土休嗟见木侵。
巳午午高何怕木，寅官何忌水源深。
丑巳金坚休怯火，印本分明忌酉金。
戌辰未土何忧水，申喜炎神忌土星。
酉金大忌午向寅，逆顺高低仔细寻。
运向北方为富贵，如临离火必伤身。
壬癸逢中火破支，局中有杀贵方知。
北方水遇皆宜吉，如见寅冲事不宜。
惟有寅宫最怕申，水来克火太无情。
木多根旺方为救，无甲终年破耗人。
甲乙临乾遇比肩，丙丁丑月不相嫌。
庚金生巳番成贵，壬癸逢离破了泉。
戊己生于丑月中，或逢羊刃在天官。
金多有水方成贵，火重须嫌比劫同。

取格指诀歌断

以日为主本，而取提纲为用。次年月日时为实，逢官看财，逢财看杀，逢杀看印，逢印看官。

歌曰：

一官二印三财位，四杀五食六伤官。立法先详生与死，次分贵贱吉凶看。

节气歌断[①]

　　立春一日火方生，雨水之中木正荣。
　　惊蛰春分皆论木，其中轻重在三旬。
　　木茂水聚清明候，谷雨水土两存形。
　　立夏五朝尤是土，土金相会旺中旬。
　　小满之时丙火用，火土芒种不须论。
　　夏至阴生阳始极，一交小暑木存形。
　　土最旺时交大暑，立秋坤土五朝存。
　　坤土既生金自旺，时逢处暑水方生。
　　白露秋分金旺极，寒露七日尚言金。
　　火土聚时霜降后，立冬乾气水将盈。
　　二候一朝方用水，术须小雪始能生。
　　大雪水生阴正极，阳生冬至火堪论。
　　小寒火绝却言水，大寒金土两存形。
　　此是五行生旺理，再凭造化定衰兴。

万尚书琼玑三盘赋

　　官星带刃，掌万将之威权。印绶生身，居三台之重位。伤官有刃，将相公侯。印绶逢官，早沾雨露。官无刃而有即，非台宪之职，必郡守之尊。杀有制而无枭，非肃杀之权，即兵刑之任。财气遇正官，声价远驰于六国。食神带七杀，英雄独压于万人。印刃相随，官高极品。财星正立，位步超群。杀刃休囚，禄薄官卑之士。财神无气，朝封夕贬之官。正印月逢，官居翰苑。偏财时见，位列皇朝。禄高有王佐之才，班马有封侯之体。名标金榜，盖缘六格清纯。身近龙颜，只为四柱不浊。木向春生，遇金制必为宰辅之臣。火当夏令，得水滋定作阿衡之任。秋金宜火以锻炼，

[①] 凡看命，要论节气浅深，以分轻重。

膺紫诰以治民。冬水得土以提防，谒金门而进谏。寅申巳亥兼全，位至三公之列。子午卯酉全备，职封一品之官。二德俱全，为官清正。三奇均正，终能济世安邦。七杀专权，自解调元赞化。科甲之星不陷，青年及第登科。催官之曜俱强，指日攀龙附凤。官星印旺，独居一代之功名。杀制刃兴，主掌满营之兵卒。若是用神轻浅，决为吏卒卑官。倘逢命脉遭伤，须要乞骸避位。用财无比劫，治邦振廉介之称。用食绝枭神，在位有得人之誉。若先财而后印，居官一岁一升。倘先印而后财，入试许百发百中。金多无火，功名蹭蹬之儒。木重无金，岁月蹉跎之士。火明木秀，斯人必负经魁。金水极清，此辈拟登甲第。金逢火炼，早步金阶。木得金裁，廊庙辅宰。食神制杀，遂十年灯火之光。刃辅伤官，际一旦风云之会。格局无官相杂，人知腰佩金鱼。禄多有印相扶，职位定登台鼎。干透财官双美，中年身到凤凰池。支藏禄马两全，壮岁首登龙虎榜。时上食神骑禄马，斯人唾手掇功名。财官一位，状元一举无疑。身杀两停，魁饶两途有分。官印无刃无杀，职居翰苑之清。偏官有制有生，威镇藩垣之士。列金阶而陈大计，缘柱中金水相涵。登玉殿以进忠言，值命内水火相照。金马文章，官印辅明于岁月。玉堂翰职，财杀不党丁提纲。六壬趋艮透财印，早步青云。六甲趋乾无破破冲，捷登黄甲飞天禄马，少壮冠场。拱禄无伤，早岁跨灶。衣紫腰金，财辅官旺。岁德扶官扶马。许君早拜金阶。日辰夹贵夹财，准拟荣登仕路。子丑遥合巳宫，是一举成名之辈。二德配官，类周勃当时入相。两壬不杂，效相如昔日题桥。壬日骑龙，入仕拥旗喝道。乙于见鼠，读书有封诰临门。居邦食禄万钟，得禄与其合禄，入相为官一品。正官不杂偏官，用物清纯，为德秀之名。行运顺平，作青云之客。申时癸日合官，为折桂之人。癸门寅时刑合，作探花之客。庚日三合水局，贵冠诸儒。时逢一位偏官，名扬万里。金神带印，内阁股肱。禄马同乡，当朝柱石。贵人出色，金水涵清。贵命伤官，风霜满路。相合相生，男子定登将相。无冲无破，女人必配儒臣。沦命知贵贱之殊，察理要中和之气。江湖星士，请鉴于斯。

崖泉男命赋

凡观男命，先观日主之盛衰，次察财官之强弱。日主旺，财官得地，一生福禄优游。日干衰，财官败绝，一世贫穷到老。日主旺而财官衰，遇财官发福。财官旺而日主弱，运行身旺驰名。财旺官柔，不以官柔而言不贵。官旺财绝，纵贵也不显荣。财星入库逢冲破，富有千仓。官星正气遇刑冲，贵而小久。官若有冲还有合，头角峥嵘。库逢冲破再逢冲，家资渐退。四柱纯财身更旺，小贵即当大富。财官入墓，非损子即伤妻。财官皆临败绝，寡独贫寒塞滞。财官俱值于空亡，中途子丧妻伤，奔走仕途少得。伤官就禄，财星秉令支中，早配豪门淑女。官星得禄日时，定生折桂贤郎。月令财居绝地，妻无内助之贤。时上官星无气，有子不能跨灶。伤官羊刃日时，庄子鼓盆之叹。丙辛遁入酉时，他日何人扫墓。财星带合日干衰，外春风而内怀奸诈。阳木金多无火制，性刚暴而凶恶之徒。印旺财轻身更弱，锦心绣口之人。财多印轻身又弱，有学寒酸之辈。身弱财多，偏听内语。官少身弱，一子传芳。财官俱败，壮少难行。生地相逢，壮年不禄。学海奔波，非县佐也，只是儒官。财多杀重，富家荣干之人。印破财伤，少遂青云之志。印旺一见财乡，自然家肥屋润。印轻倘行财运，俄然梦入南柯。印重重财被劫，严慈重拜北堂。印绶若行身旺运，到底寻常。阳刚阴柔，兄强弟弱。阴盛阳衰，弟必强兄。羊刃劫财财叠叠，花烛重辉之事。柱中杀印相生，身旺功名显达。印旺杀轻，驰身定享科名。杀旺印轻，出仕定居武将。带杀魁罡逢冲战，性高强而生杀之权。羊刃七杀交加。守边城军民受惠。七杀有制化为权，定产麒麟之子。食多杀义身柔，子少而性无发越。伤官入墓，要分阴阳：阳伤宵入墓，地老天荒；阴伤官入墓，有病何妨。伤官若见四柱，有子难继书香。大运倘得入财乡，麒角麟毛可宝。金水伤官得令，五经魁首文章。火土水木伤官，恃己凌人傲物。火明木秀。日主强定作状元郎。伤官身旺若逢财，身到风凰台。伤官身弱见伤官，平地起风波。伤官运若见刑冲，梦入幽冥。羊刃杀敌杀。黄金榜上定标名。伤官有情来合杀，金榜际名定是真。夫年论妻灾何处，看财星受克浅深。子命推母源深，看印星受伤轻重。癸用庚金为印星，乙庚暗合，定然母氏心邪。庚用乙木作财星，重见庚辛，必主室人内乱。戊癸妻坐亥酉，妻主好色而好酒。己用甲官子午时，纵然有子损而危。倒冲格井栏叉，有财位居台阁。甲趋乾，壬趋艮，身旺乃传庭之相。拱禄贵夹丘乡无填实，为廊庙之人。金木交叉身更弱，为技艺而招惹是非。水火递互画魁罡，犯刑名面多遭囹圄。羊刃伤官逢冲战。性凶恶与人少合。水多木少又身柔，性飘蓬而五湖四海。群阳妒合一阴，如楚汉争锋之象。诸阴争合于阳，不过蛙鸣蝉噪。逢冲则凶，有合反吉。有合则吉，妒合反凶。甲乙生逢寅卯辰，为仁增寿，见坎地多者登荣。丙丁局全寅午戌，位重权高，逢水乡坎离交媾。戊己局全辰戌，火运始许飞腾。壬日全逢申子辰从润下，见财地荣登仕路。辛日子时畏离位，喜见西方，弱而有救。壬癸生申亥子，志识多能。运行火土乡，名盖当朝。甲日亥月，见离寿促。乙日卯提，官乡发禄。卯字提纲，到乾宫归寄两途。丙子寅月，逢坤兑，火不西行。丁日酉提，到艮方，明无不灭。壬水亥月到震方，子巽方，子旺母衰。阴水运到坤申山，土重露珠干燥。阴木运到巽方，木被巽风吹折，到离位烟灭灰飞。阳土阳金阳火，逢坎地总入幽冥。阴木阴金阴水，到离巽居，安不虑危。壬癸耗在北方，无土制定损沟涧，戊日寅提见酉申，十死一生，己日酉月到寅宫，少全安逸。辛逢巽地，少乐多忧。

崖泉女命赋

凡观女命要身弱，正气官星要得禄。
有财无杀混官星，定配贤良富贵族。
无官便要看财星，财旺生官富贵真。
食神禄旺有财星，子贵夫荣理最明。
食神禄旺财官衰，子贵夫愚无所托。
财官败绝食神衰，夫荣子懦无所依。
财官得禄食神强，因子因夫紫诰章。
食神入墓子必损，官星入墓夫先亡。
食神重见在中央，早年父母后先伤。
纵然蛰蛰螽斯羽，瓜瓞绵绵也难当。

干支官食落空亡，后嗣良人命不长。
日时辰戌两相冲，既取偏房独守空。
虽然有子难登第，百岁光阴不善终。
金水伤官柱内逢，其人如玉更玲珑。
有财带印随夫贵，淑善幽闲主馈中。
伤官太旺若无财，一对鸳鸯两拆开。
干头戊己土重重，心内玲珑无发达。
子午卯酉号桃花，官带桃花福禄夸。
杀带桃花贫且贱，为娼为妓走天涯。
柱中枭食并伤官，子死夫亡是两端。
枭食伤官女命嫌，财食官印女命喜。
枭食伤官运见财，决然有子不须猜。
支内财官印绶多，非淫即贱损儿郎。
癸日生人用戊官，少年定嫁白头郎。
若还亥酉支中见，好饮花中约夜郎。
干支暗合贵人多，画眉咬指笑呵呵。
支内暗藏官带合，定然有宠在偏房。
择妇沈静要纯和，察理详明不用多。
识得崖泉如镜赋，万卷千秋永不磨。

讲命捷径赋

　　详观三命，细究五行。格局乃八字之枢机，日干为一身之主宰。清浊辨乎贵贱，运限决於荣枯。莫言身弱而为造化之衰，勿以杀多而断寿年之夭。要在随时变通，须知入眼分明。阴为柔物，身遇刑克亦无妨。阳主刚强，原弱逢杀官而两破。壬癸生巳午月，逆运当主荣华。丙丁值孟冬时，顺行早当发达。壬水喜财官，惟八月逢财则破。戊己入北方之运，一生作事无成。庚金无火，非夭则贫。身旺无财，纵寿则否。建刃若行财官运，为人必白手成家。庚金若行巳午方，定是中年损寿。月逢羊刃，运神喜杀以嫌财轻，透月天干，岁月怕官而喜制。杀轻制重，为人到底迍邅。杀重制轻，身旺终须发达。时带伤官，男命决然损子，柱中印绶，女命决定无儿。印绶与伤官，为人奸吝偏浅，兼作事虚花。正财隐于地支，良贾深藏之士。官杀透于时月，浮潺浅露之人。金白水清，聪明特达。土多火少，晦性昏朦。月逢墓库，官杀混杂亦无伤。格用财神，比劫重逢于不利。干支同而伤官重，害子刑妻。财星旺而日主强。兴家创业。二月丁火有杀，荣贵非常。子提干火，无财飘荡。冬土怕寒而喜暖，水嫌印而宜财。身强杀浅，不宜有制。印多身旺，最喜逢财。大抵日主是人之根基，财官为人之禄马。财官旺而身主强，多主富贵。财官轻而日太旺，亦见贫寒。印绶多而宜见杀，伤官重而不忌官。一位食神，富贵贤良之女。满盘金水，淫邪智慧之人。官杀混而财星多，夫多重叠。印绶多而日主旺，子息难成。甲乙木生丑月，必主光亨。壬癸水值孟秋，终当富贵。四柱中有辰龙，方为得化。三元内无比劫，可作得从。从杀者必然富贵，从财者定主富豪。弃命无从，决然寿夭。

四言独步

先天何处？后天何处？要知来处，便是去处。
四柱排定，三才次分。日干为主，① 配合元神。
神杀相绊，轻重较量。月为提纲，论格推详。
日干为主，喜见财官。分其贵贱，妙法多端。
独物易取，乱则难寻，先看月令，次看浅深。
年根为本，月令为中。日生百刻，时旺时空。
身主要强，月提得令。用物为财，表实为正。
干与支同，损财伤妻。月支年同，破刑祖基。
月令建禄，多无祖屋。一见财官，自然成福。
五行生旺，不虑休囚。东西南北，数尽方休。
用火愁水，用木愁金。喜忌能分，祸福自真。
辰戌丑未，四土之神。人元三用，透旺为真。

---

① 该句另有本作"年根为本"，应是。

神峰通考

寅申巳亥，四生之局。用物身强，遇之发福。
子午卯酉，四败之局。男犯兴衰，女犯孤独。
进气退气，命物相争。进气不死，退气不生。
财官临库，不冲不发。四柱干支，喜刑相合。
官杀重逢，制杀有功。如行帝旺，逢之不凶。
印绶根轻，旺中不发。印绶根多，旺中不发。
先印后财，自成其福。先财后印，反成其辱。
伤官用财，死官有子。伤官无财，子宫有死。
时上偏财，怕逢兄弟，印绶逢财，比肩不忌。
拱禄拱贵，填实则凶。提纲有用，论之不同。
庚日申时，透财归禄。名利高强，比肩夺福。
天元一气，地物相同。人命得此，位列三公。
八字连珠，元神有用。造化逢之，名利必重。
金神带杀，身旺为奇。更行火地，名利当时。
六甲生春，时犯金神。水乡不发，土重名真。
甲乙丑月，时带金神。月干见杀，双目不明。
甲寅重寅，二巳刑杀。终身必损，遇火难发。
乙日卯月，金神刚烈。富贵北方，旺横死绝。
天干二丙，地支全寅。更行生印，死见凶临。
火旺来寅，透土坐申。衣禄多厚，见水伤身。
六戊生寅，月令水金。火乡有救，见土刑身。
己日戌月，火神无气。多水多金，眼昏目晕。
秋金坐午，丙丁透露。运至离明，血伤泉路。
金旺秋时，二庚夹丙。遇卯伤情，逢离顺境。
庚金坐午，辛金坐未。煞旺西方，东生取贵。
辛逢卯日，年月见酉。时带朝阳，为僧行丑。
辛日坐亥，月莫临戌。水运若行，须防目疾。
辛日坐巳，官印遇禄。顺行南方，显贵荣福。
酉金逢离，透土何虑。无土月伤，寿元不佳。
阴金遇火，逢土成刑。阳金遇火，透土成名。

壬寅壬戌，阳土透立。不混官星，禄显名崇。
壬癸兼金，生于酉申。土旺则贵，水旺则贫。
癸向巳宫，财官拘印。运至南方，利名必振。
癸日巳亥，杀财透露。地合伤官，有劳无福。
癸日申提，卯寅戌时。年杀月劫，林下孤凄。
癸日干己，阴煞重逢。无官混杂，名利富贵。
杀多有制，女人必贵。官星犯重，浊淫滥类。
阳火申提，无根从煞。有根南旺，脱根寿促。
壬日戌提，癸干未月。运喜东方，逢冲即绝。
乙日酉月，见水为奇。有根丑绝，无根寅危。
庚日申时，柱中金局，支无会合，伤官劫妻。
癸日寅提，壬日亥时，莫犯提纲，祸福别推。
提纲有用，最忌刑冲。冲运则吉，冲用则凶。
三奇透露，日干要强。其根有用，富贵荣昌。
十干化气，有影无形。无中生有，祸福难凭。
十恶大败，格中不忌，若会财官，反成富贵。
格局推详，以杀为重。制煞为权，何愁损用。
煞不离印，印不离煞。杀印相生，功名显达。
时煞无根，煞旺最贵。时煞多根，煞旺不利。
八月官星，大忌卯丁。卯丁克破，有情无情。
印绶比肩，喜行财乡。印无比肩，畏行财乡。
财官印绶，大忌比肩。伤官七煞，反助为权。
伤官见官，格中大忌。不损用神，何愁官至。
日禄居时，青云得路。月令财官，遇之吉助。
壬骑龙背，见戌无情。寅多则富，辰多则荣。
日德金神，月逢土旺，虽有名利，祖业飘荡。
甲日金神，偏宜火地。己日金神，何劳火制。
六甲寅月，透财时节。西北行程，九流成业。
阳火无根，水乡必忌。阴火无根，水乡有救。
年干会火，日时会金。己干用印，官澈名清。

辛金月辰，庚无丑库。逆数清孤，顺行豪富。
辛金坐酉，财官临印。顺行南方，名利必振。
土生四季，日坐庚辛。何愁主弱，旺地成名。
壬坐午位，禄马同乡。重遇火局，格最高强。
伤官之格，女人最忌。带财带印，返成富贵。
官星桃花，福禄堪夸。煞星桃花，朝劫暮嗟。
食神生旺，胜似财官。浊之则贱，清之则发。
此法玄玄，微妙难言。学者得授，千金莫传。

身弱论

阳木无根，生于丑月。水多转贵，金多则折。
乙木无根，生临丑月。金多转贵，火多则折。
丙火无根，子申全见。无制无生，此身贫贱。
六甲坐申，三重见子。运至北方，须防横死。
丙临申位，阳水大忌。有制身强，旺成名利。
己入亥宫[①]，怕逢阴木。月逢印生，自然成福。
己日逢杀，印旺财伏。运转东南。贵高财足。
壬寅壬戌，阳土透出。不混官星，名显荣禄。
阴水无根，火乡有贵。阳水无根，火乡即畏。
丁酉阴柔，不怕多水。比肩透露，格中反忌。
戊寅日主，何愁杀旺。露火成名，水来漂荡。
庚午日主，支火炎炎，见土则贵，见水为嫌。
辛未身弱，卯提入格。癸酉身弱，见财成格。
癸巳无根，火土重见。透财名彰，露根则贱。

---

① 另有本"宫"作"月"。应是。

弃命从杀格

甲乙无根，怕逢申酉。杀合逢之，双目必朽。
甲木无根，生于五月。水多转贵，金多则折。
乙木酉月，见水为奇。有根丑绝，无根寅危。
乙木坐酉，庚丁透露。二库归根，孤神得失。
丙火申提，无根从杀。有根南旺，脱根寿促。
阳火无根，水乡必忌。阴火无根，水乡有救。
阴火酉月，弃命就财，北方入格，南地为灾。
戊己亥月，身弱为美。卯月同推，嫌根劫比。
庚金无根，寅官火局。南方有贵，须防寿促。
辛巳阴柔，休囚官杀。运限加金，聪明显达。
壬日戌提，癸干未月。运喜东方，逢冲则绝。
弃命从财，须要会财。弃命从杀，须要会杀。
从财忌杀，从杀喜财。若逢根气，命陨无猜。

五言独步

有病方为贵，无伤不是奇。格中如去病，财禄喜相随。
寅卯多金丑，贫富低高走。南地怕逢申，北方休见酉。
建禄生提月，财官喜透天。不宜身再旺，惟喜茂财源。
土厚多逢火，归金旺遇秋。冬天水木泛，名利总虚浮。
甲乙生居卯，金多反吉祥。不宜重见杀，火地得衣粮。
火忌西方酉，金沉怕水乡。木神休见午，水到卯中伤。
土宿休行亥，临官怕巳宫。南方根有旺，坎北莫相逢。
阴日朝阳格，无根月建辰。西方还有贵，惟怕火来侵。
乙木生居酉，莫逢全巳丑。富贵坎离宫，贫穷申酉守。
有杀只论杀，无杀方论用。只要去杀星，不怕提纲重。
甲乙若逢申，杀印暗相生。木旺金逢旺，冠袍必挂身。

离火怕重逢，北方返有功。虽然宜见水，犹恐对提冲。
八月官星旺，甲逢秋气深。财神兼有助，名利自然亨。
曲直生春月，庚辛干上逢。南离推富贵，坎地却为凶。
甲乙生三月，庚辛干上逢。丑宫壬癸位，何虑见无根。
木茂宜金火，身衰鬼作斗。时分秋与北，轻重辨东南。
时上胞胎格，月逢印绶通。杀宫行运助，职位列三公。
二子不冲午，二寅不冲申。二午不冲子，二申不冲寅。
得一分三格，财官印绶全。运中逢克破，一命丧黄泉。
进气死不死，退气生不生。终年无发旺，犹忌少年刑。
时上偏财格，干头忌比肩。月生身主旺，贵气福重深。
运行十二数，上下五年分。先看流年岁，深知来往旬。
时上一位贵，藏在支中是。是主要刚强，名利方有气。

神峰通考命理正宗卷五

喜忌篇

　　四柱排定，三才次分。专以日上天元，配合八字干支，支中有见不见之刑，无时不有。

　　凡看命，先看四柱年月日时，次分天地人三才。干为天元，支作地元。以支中所藏者为人元，年为根，月为提纲，日为命主，时为分野，故以日主天元配合，取其官贵财印鬼败伤争。此论八字支干，有见不见之刑，造化生旺制克衰绝，只是支中所藏之造化也，无时不有。四季中有墓绝中余气也，五行休旺，配合生死也，刑冲克破，变化也。或三合六合之贵地，虽禄马妻财子孙父母兄弟，皆是见不见之刑，无时而不有也。

　　神杀相绊，轻重较量。

　　神者，贵人也。杀者，七杀也。若神杀混杂，看入节气之深浅，或有去官留杀，或有去杀留官，四柱或岁运并用，乃轻重较量也。

　　若乃时逢七杀，见之未必为凶。月制干强，七杀反为权印。

　　此论时上一位贵格，只用一位，方为可贵。别位不要再见，始为清贵。若年月上再见之，反为辛苦艰难之命。要日干生旺，不畏刑伤，羊刃为人性重，刚执不屈，若四柱元有制伏，却要行官旺运，然后可发福，又不可专言制伏，贵在得其中道，乃尽法无民之喻。假如甲申、丙寅、乙卯、辛巳，此命专用日干旺，时上偏官，月上制伏，此系是史弥远卫王之命也。壬子、庚戌、戊戌、甲寅，时上偏官，月上制伏，行丙寅东方运，白手发财成家。庚子、戊子、戊寅、甲寅，时上偏官，年上制伏，早年登第，历任尚书，乃先年巡按绣衣李如珪八字也。

　　财官印绶全备。藏蓄于四季之中。

　　此论杂气财官印绶格。四季者，辰戌丑未也，乃天地不正之气，为杂气也。盖辰中有乙木余气。壬癸之库墓，有戊己之正位，戌丑未各随所藏之气而言之。此四者藏蓄杂气，为我之官星财气禄马印绶也。须看四柱天元透出何字为福，次分节气浅深。若杀旺官少，要制伏，不喜财。若主旺相冲，要行财运库旺，大抵福聚之地，不可破伤，如无大忌，大发财。假如丙戌、戊戌、甲午、己巳，杂气财官格。此命用辛官，己为财，戌中有辛金余气，戊己土为财，史太师越王浩命。辛丑、壬辰、丙戌、乙未，此八字邵齿的。行官印运，早年登科，仕至御史。辛未、辛丑、庚戌、庚辰，此八字亦辰戌丑未全。奈比劫多，又土重金埋，行酉运身旺，背逐之乡，所以刀笔，功名无成，终自鳏独。

官星财气长生，镇居于寅申巳亥。

此财官生旺于四孟，寅申巳亥，乃五行长生之地。如壬申、辛亥、己巳、丙寅，此命先荣后辱。己用甲为官，亥中有甲木长生，己用壬为财。申中有壬水长生。己用丙为印绶，寅中有丙火长生，巳中有金长生，此四孟格局。壬寅、乙巳、癸亥、庚申，此八字初行丙午丁未运好，一到酉戌来，巳中丙戊财官死于酉，用神损伤，家自消乏，妻子俱丧。

庚申时逢戊日，名食神干旺之方。岁月犯甲丙卯寅，此乃遇而不遇。

此乃专旺食神格。戊以庚为食神，其中有庚金建禄，戊土用水为财，申中有水长生，乃财旺也。或用乙为官，是庚能合卯中乙木，为戊土官贵气。若四柱透甲丙寅卯一字，则坏了申中庚之贵气，此乃遇而不遇也。丙子、己亥、戊辰、庚申，此八字乃一生员的，缘露了丙字，但中备卷三次，申子年起贡，运行甲辰水土库于辰，用神入墓，卒于北京。

月生日干无天财，乃印绶之名。

此乃论印绶格，十干生我者是也。为父母，为生气，又能护我之官星，故印绶无仍官之患矣。大要生旺，忌死绝。若四柱中元有官星尤好，忌见财运。若行官运则发，若行财旺乡，贪财坏印，其祸百端，行死绝运必死。如丙辰、甲午、己未、丁卯，此命月生日干，为印绶格。系高和尚命，大运丁酉，流年壬午，当年二十岁。至元十九年三月廿四日遭极刑，何故？印生逢死绝之运，又见壬来破印也。此流年用天元，大运用地支。壬申、辛亥、乙未、己卯，此八字广东李兆龙金事的，行乙卯运，水到卯宫伤，去官。

日禄居时没官星，号青云得路。

此论归禄格，要四柱中无一点官星，方为此格。号为青云得路，最要日干生旺，兼行食神伤官之乡，可发福。但归禄有六忌，一则冲刑，二则作合，三则倒食，四则官星，五则日月天元同，六则岁月天元同，犯此六者，不可一例以为贵矣。假如甲子、丙子、癸丑、壬子，此是张统领命，乃子多为聚福归禄矣。甲子、丁丑、乙丑、己卯，此蔡文辉八字，术士皆许读书有功名之造，后学医，行辛巳运，庚子年不禄，此非日禄归时。《独步》云："乙木无根，生临丑月。金多转贵，火土则折。"

阳水叠逢辰位，是壬骑龙背之乡。

如壬辰日生，遇辰字多者贵，寅字多者富。盖壬以己土为官星，丁火为财星，辰巳并冲戌中之官库，所以贵也。寅字多，能合午之财，所以富也。丙子、甲午、壬辰、甲辰，此一生员八字，术士见其早年利考，皆作壬骑龙背格，许其堪取青紫。余独以财格看，谓酉戌运未善，至此果不禄，且无嗣。

阴木独遇子时，为六乙鼠贵之地。

此格大怕午字冲丙子时，子字多妙，谓之聚贵也。或四柱中有庚字辛字申字酉字丑字，内则有庚辛金，则减分数，岁君大运亦然。如月内有官星，则不用此格。若四柱中元无官星，方用此格。丁卯、壬子、乙巳、丙子，此一掾吏八字，术士皆谓六乙鼠贵，许其功名，行申运颇得办事北京，至未运来为事罢。此只好作印看。

庚日全逢润下，忌壬癸巳午之方。时遇子申，其福半减。

此论井栏叉格。此是庚申、庚辰、庚子，三庚水局为贵。何也？盖庚用丁为官，子冲午，庚用木为财，而申冲寅，戌中戊土为庚之印，而辰冲之，又辰戌为财印，故以申子辰三叉来冲寅午戌为财官印绶造。四柱中须用申子辰全为贵，不止庚金，得三庚全者尤奇，或戊子、丙辰亦不妨。喜行东方财地，北方伤官，南方火地不为贵，此乃壬癸巳午之方也。假如庚子、庚辰、庚申、丁丑，此是王都统制命，丁卯出边上，得十四官诰。庚申、戊子、庚辰、丙戌，此一生员八字，亦候过廪，后告侍亲，惟生放发些财，而不贵。何也？所谓生江南则为橘，生江北则为柚，土产故也。

若逢伤官月建，如凶处未必皆凶。

此论伤官格。伤官之法，务要伤尽，而不为祸。四柱若元有官星，伤之尤重，元无官星，伤之则轻。若三合会起伤官之杀，及运行伤官之地，其祸不可言矣。故伤官见官，为祸百端。若当生年干，有伤官七煞为祸最重，谓之福基受伤，终身不可除去。若月时上见伤官之地，可发福矣。若女人命有伤官者，不娼则淫，非奴婢则师尼。何故？伤官伤夫。若四柱中财来合去，非良妇也。己卯、癸酉、戊寅、庚申，此八字一附学生，地支六冲，作戊日庚申时之格不得，只好作伤官看，行南方运，常考不利。克妻无嗣，己运卒。

自有正倒禄飞，忌官星亦嫌羁绊。

内有正倒禄飞者。乃丁日得巳字多。巳冲出亥中壬水为官星，乃正飞天禄马格也。若辛日得亥字多，亥冲出巳中丙火为官星，乃是倒飞天禄马也。其中若壬癸辰巳，皆是官星羁绊也，则减分数，岁运亦同。壬辰、辛亥、癸亥、癸亥，都堂王守仁八字。倒飞天禄马格。戊寅、癸亥、癸亥、癸亥，此丐者八字，露出戊字官星，斯为下矣。

六癸日时，若逢寅位，岁月怕戊己二方。

此论刑合格。以六癸日为主星，用戊土为正气官星，喜逢甲寅时，用刑巳中戊土，癸日得官星，如庚寅刑不成，推甲寅时，是行运与飞天禄马同。怕四柱中有戊字己字，又怕庚寅伤甲字，刑坏了，忌申字，仔细推之。假如癸酉、辛酉、癸卯、甲寅，此是娄参政命。己卯、乙亥、癸未、甲寅，此八字年上露出己字，所以功名蹭蹬，屡科不第。

甲子日再遇子时，畏庚辛申酉丑午。

此论子遥巳格。甲用辛官，辛禄在酉，二字为甲木之印绶，遥合巳中之丙戊，合动酉中之辛，为甲之官星。木喜壬癸亥子月。忌庚辛申酉，乃金来伤甲木，午来冲子，子丑羁绊，则不能去遥合矣。假如甲申、甲戌、甲子、甲子，此乃是罗御史之命，虽然是遥巳，然年上有庚申，冲克甲运行戊寅，寅刑巳，番成祸矣，乙丑年罢官。癸丑、己未、甲子、甲子，此八字乃一好赌博人，家业荡尽，其中畏庚辛申酉，丑午，此年支正露出丑字，行东方背禄之乡，所以贫穷。

辛癸日多逢丑地，不喜官星。岁时逢子巳二宫，虚利虚名。

此论丑遥巳格。只辛丑、癸丑二日可用，但要四柱中无一点官星，方用此格。盖辛用丙官，癸用戊官，丙戊禄在巳，惟丑能遥巳，丙戊之禄出矣。不要填实巳位，子字羁绊，不能遥矣，若申酉得一字为妙。假如乙丑己丑癸丑癸丑，是叶侍郎命。又有丁丑癸丑辛丑己丑，此是王通判之命也。癸丑乙丑癸丑癸亥，此八字白手发财成家，乃丑遥巳格真也。

拱禄拱贵，填实则凶。

此论拱贵拱禄二格者，乃两位虚拱贵禄之地，四柱不可占了得禄之官，则填实不容物，不为官星荣显也。其禄贵者，比之盛物之器皿，若空则容物，乃贵禄显荣。经云官崇禄显，定知夹禄之乡。又忌伤了日时。皆拱不住矣。假如丁巳、丙午、甲寅、甲子，此是王郎中之命，此二甲来夹丑中之贵气，丑中癸水余气，辛金库墓，己土丑旺乃甲木之财，官之印生，岂不为贵，后运行辛丑除通判。入庚子运，庚金克甲木，又是午月，冲破甲子，乃天中杀，即空亡，夹贵不住，走了贵人，一旦坏了。庚戌、戊子、壬辰、壬寅，此乃戴大宝命，十一岁行庚寅中举，十九岁戊辰年中探花，睁辛卯运填实卒。

时上偏财，别官忌见。

此论时上偏财格，又名时马格，与时上偏官同。用时上天元，及支内人元，只要时上一位有之始为贵，若别位有之，便多了，难作偏财而论，要身旺不要克破，要财旺即发矣。假如丁酉、己酉、戊子、壬子，邵都统制命也。丁丑、己酉、丁丑、辛亥，此八字时上偏财，月支又酉丑会局，所谓别官忌见也，家业破尽。

六辛逢戊子，嫌午位运喜西方。

此论六阴朝阳格。辛金至亥为六阴之地。而得子时，故早六阴尽处一阳生，故云六阴朝阳之格，乃谓阴尽还阳。辛用丙官，癸为寿星，只要子字一位，若多不中，喜戊土，戊来合癸，动巳中暗丙为辛之官星。四柱中忌见午冲破子禄。西方乃金旺之地，故喜也，东方财气之乡次之，不要行南方火乡，北方水乡伤官也。假如戊辰、庚申、辛卯、戊子，此毕再遇命，运行西方。又如己未、辛未、辛未、戊子，此王郡玉命，运行东方。甲寅、甲戌、辛卯、戊子，此一生员命。术士皆作六阴朝阳格推，行东方运家破，岁考问充吏，看来还要作贪财破印而论为是。

五行遇月支偏官，岁时中亦宜制伏。类为去官留杀，亦有去杀留官。四柱纯杀有制，定居一品之尊。略见一位正官，官杀混杂反贱。

此论偏官，即七杀。若四柱中全无一点官星，用七杀为偏官。若有正官，此为七杀之鬼，乃争夺之人也，故谓见不见之刑。最要日干生旺，故喜身旺怕冲，喜羊刃，只要制伏，不要四柱见正官，有兄不显其弟之说。或四柱中并岁运，或是去官留杀可也，得制伏可也。若官杀混杂，不为清福，只此偏官七杀为贵。七杀乃小人也，小人多凶暴，无忌惮，乃能劳力，以养君子也。惟是无术以控制之，则不能驯伏而为用矣。若四柱中原无制伏，要行制伏之运。四柱中原有制伏，要行杀旺之乡。若有制伏，又行制伏之运，盖为尽法无民之喻。假如己未、乙亥、丙寅、辛卯，此是王章台之命，此月偏官，制伏在年上，兼日坐长生，又木三合，日主逢贵，所以发福。后遭刑戮，无棺椁，初行壬申起福运。乙酉、乙酉、乙酉、乙酉，两个妇人，同此八字，一个极贵，一个极贫而有寿，何也？盖妇人之命，贵贱从夫也。乙酉、辛巳、乙卯、辛巳，此乃朱举人命，行戊寅运，乙卯科中式，行丁丑，是己酉丑会金局，乃杀重，壬戌年不禄。

戊日午月，勿作刃看。时岁火多，却为印绶。

此论羊刃者，非犬羊之羊。乃是阴阳之阳。此禄前一位，是惟阳位有刃，阴位无力。如丙戊禄在巳，午为羊刃也。戊日得午月，午上不为刃。刃不为刃者何也？乃阴火生阳土，正谓月生日干，若岁干时干又见火，乃是印绶格矣。

月令虽逢建禄，切忌会杀为凶。

大凡命中，以财官为贵，若四柱中有作合，以贪合忘官，又兼会起七杀，反为凶兆。且如甲日用酉月，为官星正气。若年时子辰，又会起申中庚为七杀，乃甲之鬼贼，故为凶。

官星七杀交差，却以合杀为贵。

官星乃贵气之神。纯而不杂，乃为清福，杂而不纯，便坏造化。有支中合出七杀为吉兆，经云合官星不为贵，合七杀不为凶，乃是五行赖之救助。且如甲日生人得卯时，卯中之乙，能合庚字，为甲之偏官，是为合杀也。若男子得之和气，与人投合贵者。女人得之，多生心意不足，虽美丽性乐私情，主克夫坏子矣。如庚日生，四柱见丙为杀，则有申辰合起子，为水局来救之，丙化为官，则为吉矣。

柱中官星太旺，天元羸弱之名。

大抵人生以财官禄为贵，取其中和之气为福厚，偏党之气为福薄。若官星太旺，天元身弱，又行官旺乡，反成其祸。且如甲乙日，天元用庚辛申酉巳丑为官贵，四柱中官星既多，元有制伏则妙。本身弱，虽行制伏之运，乃可发福。若行官旺之乡，乃造化太过，其祸害破财，不可胜言，运数亦然。辛巳、庚子、丙子、癸巳，此八字官旺行丙申运，丙临申为杀重之位，甲子年十月，不禄。

日干旺甚无依，若不为僧即道。

此论时旺，主本得地，乃为时旺之乡也。其人沉疴不染者，老年齿牢发黑强其体骨，天年过数，此格多出俗避位，出尘尚志，慕道修禅，乃日干甚旺。且如庚日生人，月时在申，或运又西方，此庚以火为官星，火至西方而死，庚以木为财，木至西方而绝。既是财官禄马俱无，则欲步于前程，何以设施，故无依，盖全身远害之命也。假如乙卯、丙子、丙午、癸巳，此祁真人命，日干旺于东方南方运矣。

印绶生月，岁时忌见财星。运入财乡，却宜退身避位。

此论月生日干，乃印绶之名。印绶乃喜官星，畏财气，若天干财乡，乃为坏印也。印绶者，乃我气源，须要根固。若行财运者，宜退身避位，不然必遭降谪徒配也。假如庚戌、甲申、癸丑、丁巳，此命月中正气，庚金印绶，主本杂气。不合巳有丙火，为癸之财，其水见财，贪财坏印。一生蹭蹬，故曰印绶在刑克之地，身乱身亡之故也。后大运行己丑流年，丙申四月破家，何故？元有伤印之杀，岁运又行伤运气，庚入墓也。丙寅、丙申、癸丑、乙卯，此八字癸水日干，以申中庚金为印绶，丙火为财克庚金。印绶被伤，亥运即得咯血之疾而辛。盖乙木为寿星，乙木死于亥，金主肺，得血疾无疑。

劫财羊刃，切忌时逢。岁运并临，灾殃立至。

劫刃乃是日上天元，分争财禄，比肩是也。羊刃者，日干禄前一位是也。且如禄马，甲禄在寅，甲用己土为财，见卯为刃，刃来相侵夺己土矣。假如戊午日并月时相同者，二三午戊字者，共相侵夺癸水为财，故曰劫财。以戊禄在巳，前一辰见午，午有己土克癸水，此谓之劫财羊刃。故主破财散业，离家失土，施恩反怨，心性卒暴，进退狐疑，偏生庶妻为正，带疾破相，性勇贪婪，志大心高，伤害不足。若大运流年适之，因财争竞，不然疾病连妻子矣。假如癸未、乙卯、甲子、己巳，此岳飞命，此为劫财羊刃。行运辛亥流年，辛酉三十九岁，合起辛亥，灾祸起坐囹圄亡身。戊寅、乙卯、甲戌、甲子，此八字有祖业，有子息，无兄弟，父母早丧。自今正发，行己未运，甲子年，因官事破财不禄。戊寅、己卯、甲子、甲子，此八字有些祖业，有庶生兄，无子息，父母亦早丧，丁巳运癸卯年，被兄打成疾死，何也？盖春木无金，岁运又见卯也。

日干背禄，岁时喜见财星。运至比肩，号曰背禄逐马。

禄之向也为顺，背也为逆。且如甲得寅为禄，若遇己丙为背禄。经云背禄主无禄之论。主初明后晦，喜财星，戊己土助其身，火至亥无气，比肩见甲分财，经云马者，在乎财位，乃甲见寅为生旺处，甲用土为财，用金为官，土至寅病，金至寅绝，乃禄马不扶身。赋云马劣财微，宜退身避位。岂不谓之守穷途而凄惶也。

五行正贵，忌刑冲克破之官。

此论正气官星。提纲之位，要年时上有财气，乃贵人也。忌刑冲克破之神填之。

四柱干支，喜三合六合之地。

凡支干有三合六合者，乃天地阴阳万物，皆有感应相合。倘得刚柔相制，两相对所以有是眷属，性情妻妾，责乎大人之重，乐乎上人之象。合财为官禄之相从，舍刑为刑杀之相压。

日干无气，时逢羊刃不为凶。

且如甲申日，卯时为刃，此是申中庚金，能克卯中乙木为财为马为妻，须逢刃不为凶矣。甲午、丁卯、戊子、戊午，此八字戊土春生则弱也，喜午时为刃，以帮其身。原有禄业，行南方印运，增创大业。但官杀混杂，考降廪后，纳粟去作国子生终。

官杀两停，喜者存之，憎者弃之。

甲用辛酉为官星，又见申庚，何以决？又见三合之混同，甲乙用庚辛为官贵，而有巳有丑，是官杀混杂，虽行制伏之运，或去杀用官，或去官用杀，方发福。若混杂之命，岁更在旺乡混官杀。其祸不可具述。

地支天干合多，亦云贪合忘官。

且如甲用辛为官，而有丙，见官为杀而有乙，乙用庚为官，而辛为杀，又有丙及支干多合，此阳官阴杀，阴官阳杀，乃是造化之必然也。若四柱有合，是为贪合忘官。经云合官星不为贵，合七杀不为凶，五行有救助之谓也。

四柱杀旺运纯，身旺为官清贵。

此七杀即偏官也，喜制伏，四柱内以杀为官。且如甲忌庚为杀，而甲生于寅也，乃身旺，其甲暗包丙长生，则不畏金为杀，以杀化为官星，则甲庚各自有恃旺之势，而行纯旺运，乃为极品之贵。

凡见人元太弱，内有弱处而复生。

此论日主自坐官杀，乃为天元弱处复生，乃是胎生元命。且如甲绝在申，申中有庚金为偏官，壬水为印绶，受气相感，气生胎元。此格只要官星旺运，方可发福，不要冲破刑克。

柱中七杀全彰，身旺极贫无救。

伤官乃禄之七煞，败财乃马之七煞，偏官乃身之七煞，四柱有之，身旺建禄，不为富矣。

无杀女人之命，一贵可作良人。

大抵看男命，与女命不同。女命不取官星。不取财星，不取贵人，不取三合六合，不要败马生旺暴败，不要干支刚强羊刃，不要比肩。阴人者全靠夫主，夫富贵妻亦富贵，夫贫贱妻亦贫贱，乃天地阴阳之理也。凡女人之命，大喜要安静清贵，旺夫旺子为妙。若绝气并刑冲破害不美。若命贵一并夹贵者，必为贵人妻矣。

贵众合多，定是尼师娼婢。

贵者，官杀也。官者正夫，杀者偏夫。合者地支暗合，三合六合，心多不足，虽生美质，性乐私情也，非良妇也。

偏霄时遇制伏太过，乃是贫儒。

偏官命主人性聪明，有刚强傲物。若四柱中制伏多，乃尽法无民也。中和之气为福厚，偏党为福薄。假如丙午、甲午、癸亥、乙卯，此乃是钱雁宾秀之才命，月上偏官，所以伤残，目盲足跛，却有文章秀气，终身贫穷矣。

四柱伤官，运入官乡必破。

此论伤官。四柱有官星运，入官乡破者轻，须要明轻重。假如癸未、癸亥、辛未、癸巳，此王都丞命，辛以丙为官，巳中有丙。月中有壬水，则破官星。

五行绝处，即是胎元。生日逢之，名曰受气。

李侍郎命，即胎元逢生，名曰受气。诗曰："五行绝处是胎元，生日逢之富贵全。更若支元来佑助，定荣衣冠早乘轩。"度理可以知幽微之妙，度性可以知生死之理。甲辰、壬申、丙子、己丑，丙子乃胞胎，日支会局，喜甲木生之，己土制之，一交甲戌运，甲子科中试。

足以阴阳空测，不可一理而推。务要神分贵贱，略敷古圣之遗踪，约以今贤之博览，若遵此法参详，论命无差无忒。

继善篇

人禀天地，命属阴阳，生居覆载之间，尽在五行之内。欲知贵贱，先观月令及提纲。

歌释：提纲即是月令，先观气候浅深吉凶。官印与财神，忌劫冲刑。衰运逢吉。则为吉断，遇凶则为凶评。生于节气属何神。贵贱贫富由命定。

次断吉凶，专用日干为主本。三元成格局，四柱喜见财官。用神不可损伤，日主最宜健旺。

歌释：专以日干为主，次看印绶财官。甲子生于酉月，其中官禄端详。寅午戌嫌丙丁，又嗔比劫。伤官破印反为下贱，无劫财运馨香。辰戌丑未祖遗粮，戊己名登金榜。

又韵：欲问三元何取，天时地利人和。例如甲子日生，吾凭此依例无讹。甲天干地癸人寨，印绶财官真可贺。若还有此又无伤，身惹天香台阁坐。取用正官为例，嫌以劫破伤官。一位正财为美，财多生杀为殃。比肩运行失旺，值斯男效才良。身衰财运祸难当，身健家肥福旺。

午伤日干，名为主本不和。

歌释：年逢七煞克日，祖宗无力过房。
　　　若还日月及时中，归禄逢财夭丧。
　　　煞旺运逢为祸，印生多福为祥。
　　　比肩旺运墓疑虉，只是单衾纸帐。

岁月时中，大怕煞官混杂。

歌释：大凡财官印食，俱凭生月用之。

见财作财而断，逢官以官而议。

逢印作印而论，浅深气便思之。

死绝败衰较量，生年月运，责多基多，出宗而求贵。

取用凭于生月，当推究于浅深。发觉在于日时，要细详于强弱。官星正气，忌见刑冲。

歌释：官星正印莫混，财多伤食莫逢。且如乙卯见庚辰时月，戌逢冲损。甲生巳酉丑月，午未火局休逢，若还官旺见冲，干有印见之吉用。

时上偏财，怕逢兄弟。生气印绶，利官运畏入财乡。

歌释：年月时来生日，号为印绶资身。

运行官印起珍珠，财旺运逢破印。

印旺无制孤寒，相停官印超群。

旺财破印命归云，官运拟为贵命。

七煞喜逢制伏不宜太过。

歌释：无制则为七煞，七煞有制是偏官。

有制有煞则为良，一制一伏为上。

制过贫寒愚蠢，喜行七煞之乡。

身旺无制旺身强，却要运行煞向。

伤官复行官运，不测灾来。羊刃冲合岁君，勃然祸至。

歌释：细论伤官喜忌，忌之不并官来。

岁君月建日辰猜忌者，最为刑害。

应如仇人相见，怒生厮杀难回。

如逢此者，必生灾祸，宜精研喜忌。

歌释：甲子日时丁卯，算来羊刃之功。

岁运辛酉若相逢，丁破辛卯无用。

丙日生时甲子，年逢戊巳相同。

甲能破戊午子冲，制之返为吉用。

富而且贵，定因财旺生官。

歌释：洪遣富而且贵，定因财旺生官。

　　　　　　身强财积福如山，不露财官贵算。
　　　　　　财旺无官亦妙，财神叠露浮荡。
　　　　　　若还主弱不能生，定是富家贫汉。

非夭则贫，盖是身衰遇鬼。

歌释：甲生庚金秋旺，身衰制也难当。
　　　时逢寅卯夭须防，岂知木绝金旺，
　　　无疾祸重，孤苦早发，须是夭亡。
　　　刃食须印祸推详，贵显民豪达士。

六壬生临午位，号曰禄马同乡。

歌释：壬日生临午位。午时丁己财官。
　　　更逢寅午戌来详，最喜刑冲官煞旺。
　　　又怕财官显露，魁伤岁运为殃。
　　　正官为禄马财乡，午月时运一样。

癸日坐向巳官，乃是财官双美。

歌释：癸日生居巳位，财官福禄何如。
　　　巳藏丙戊最为奇，丙是财神官是巳。
　　　月时运同倒冲刑，贫贱多疑。
　　　岁运官煞露分明，减福艰辛而已。

财多身弱，正富屋贫人。

歌释：财神二三叠见，身衰福浅难承。
　　　算来先富积珠珍，后破家囊似磬。
　　　日主若逢印助，始见富贵。
　　　稍贫正财乘旺倚妻荣，任事迷花不定。

以煞化权，定作寒门之贵客。

歌释：癸日提逢癸丑，天干二气相连。
　　　虽然逢煞本身坚，子丑合之杀浅。
　　　未与年支干杀，相停身煞也憎。
　　　如斯富贵两双全，显祖名扬福禄坚。

又韵：逢煞切宜看印，印绶化杀为权。
　　　杀多宜食制为先，后富必当先蹇。

甲日见庚申煞，喜逢木旺东行。
　　　丙丁寅午火燥，庚制过，反为下贱。

登科甲第，官星临无破之官。

歌释：丙日生官，丑月财官归禄名驰。
　　　库中之物喜冲奇，柱外刑冲运喜。
　　　其造逢冲则贵，登科位至同知。
　　　若还柱内有冲刑，运再逢之不吉。

纳粟奏名，财库居生旺之地。

歌释：丁巳日提己丑，时逢辛丑财全。
　　　年干乙卯助身坚，己火出来锻炼。
　　　岂料财多归库，土金二曜结缘。
　　　分明纳粟去朝天，学士名登金榜。

又韵：庚日生居未月，未中乙木为财。
　　　财星归库要冲开，舞跃鸿门光曜。
　　　申日戊辰土重，逢冲富贵美哉。
　　　因财得富贵陈朱，贯朽粟陈豪迈。

官星太旺，才临旺处必倾。

歌释：柱中官星太旺，身强反福为奇。
　　　主旺无冲方论，运行财地家肥。
　　　身衰若行财地，化鬼反必倾危。
　　　若然印绶喜财依，父死早岁无久贵。

印绶破伤，倘若荣华不久。

歌释：六甲生逢癸地，最嫌戊己来侵。
　　　如柱财外运逢之退藏，灾刑可避。
　　　运不见财为美，柱中财气超群。
　　　诗书博览事多知，虎榜高标名姓。

有官有印无破作廊庙之材。

歌释：有印逢之为上，妙逢官煞为祥。
　　　仍分官煞莫刚强，富贵名登金榜。
　　　最忌财星破印，又嫌伤食破官。

运行不错食皇粮，有家破坏毁伤。

无印无官，有格乃作朝廷之用。

歌释：命内无官无印。须观有格为奇。

壬骑龙背及飞天遥巳朝阳之例，倒冲食伤杂气。魁罡日禄居时，金神鼠贵井栏，又无破，化生为贵。

名标金榜，须还身旺逢官。得佐圣君，贵在冲官逢合。

歌释：日主高强察理，官星有气当时。

若逢财印助根基，无破文场得意。

伤食劫财莫逢，财官旺气权威。

首登虎榜凤凰池，乌帽金冠霞帔。

又韵语曰：亥冲巳位，丙为官禄之藏。

丙丁遥出巳嗔殃，反丙逢辰绊当。

癸亥巳藏丙戊，为官禄位轩昂。

不逢寅戌巳垣乡，定拟紫袍卿位。

非格非局，见之焉得为奇。身弱遇官，得后徒然费力。

歌释：非格非局细察，只因破损伤神。

身弱官多先贵后贫，费力劳心。

身若居官难发，运行身旺财荣。

官星一二弱无嗔，相停早为中贵命。

小人命内，亦有正印官星。君子格中，也犯七煞羊刃。

歌释：小人有正官正印中，伤克刑冲。

恶多善少反为凶，可拟谀谀而论。

君子羊刃七煞，善多恶少相逢。

煞星喜刃而相同，制煞身强贵用。

为人好煞，羊刃必犯于偏官。

歌释：羊刃若逢七煞，主人心毒害民，陡然富贵不长，自大声高气象。甲日见庚为煞，卯来为刃分明。若逢印吉好求名，逢杀亦宜看刃。

素食慈心，印绶遂逢于天德。

歌释：大凡印旺重重，天月德而助吉。仁义礼智信常存，好善济人利物。富贵超群，发达心慈，拜道祀佛，有终有始事三思。财旺为人反覆。

生平少病，日主高强。

一世安然，财命有气。

歌释：寅卯专嫌战克之乡。寿年鹤算少灾殃，福发浑如海漾。甲生辰戌丑未，安然财命荣昌。财官印绶旺为良，心地宽洪方能小祥。

官刑小犯，印绶天德同官。

少乐多忧，盖因日主身弱。

歌释：印绶喜逢天德，平生福禄馨香。
　　　乙日酉月煞刚强，又嫌己丑金旺。
　　　若还无制梦黄梁，辛苦忧愁免丧。
　　　倘然日主衰弱，莫造断然不良。

身强杀浅，化煞为权。

歌释：化煞为权可以取，甲生寅卯之乡。
　　　木逢亥卯戌未行，何怕庚金作党。
　　　乙生巳酉丑月。喜逢火局相当。
　　　若逢亥卯未生殃，处世艰难贫相。

杀重身轻，终身有损。

歌释：阴木生于乙酉，时逢辛巳少祥。
　　　身轻煞重最难当，又恐运行煞向。
　　　纵有富贵疾病，无疾富贵早亡。
　　　如斯嫩草又连霜，柳絮风吹飘荡。

衰则变官为鬼，旺则变鬼为官。

歌释：日主生来衰弱，官多化鬼为殃。
　　　若逢主旺煞来降，变鬼为官达士。
　　　官多必难领受，煞重无制天亡。
　　　身衰身旺细推详，只喜化煞为上。

月生日干，运行不喜财乡。

日主无依，却喜运行财地。

歌释：月生日干为印，不宜财运坏伤。甲生亥子印无冲，巳午辰戌丑未损。日主生旺太过，若无格局印逢，岂知身旺却无依。运喜财乡，多无福量。

时归日禄，生平不喜官星。

歌释：日禄居时，最妙年提。畏煞官星强，官制禄，禄难归。但见官星格，审月提，运喜财地，无官职显名高。天干之内见官星，运喜食伤福奏。

阴若朝阳，切忌丙丁离位。

歌释：六辛时逢戊子，号曰阴去朝阳。

运行西地姓名香，一举首登金榜。

仍忌丙丁离位，最嫌官杀相伤。

岁时最怯此星藏，只是经商之客长。

太岁乃众煞之主，入命未必为殃。若逢战斗乡，必主刑于本命。

歌释：岁乃人君之象，未可便作凶言。

当生羊刃克流年，不死灾刑非浅。

冲破岁君为祸，应如臣犯于君。

夫子遭陈于蔡地，浑如六国吞秦。

岁伤日干，有祸必轻。日犯岁君，灾殃必重。

歌释：岁伤日父怒子，祸则轻而可恕。

日犯岁如子怒父，下犯上者难度。

日干喻如臣子，太岁时若君父。

凶运灾重吉灾陈。柱凶流年定故。

五行有救，其年返必为祥。四柱无情，故论名为克岁。

歌释：甲日主来逢戊，名为日犯岁君。

庚辛柱制福非轻，柱若无之运询。

庚辛日主于甲，岁伤日干略病。

食神印绶制清平，无制灾非刑并。

庚辛来伤甲乙，丙丁先见无危。

丙丁反克庚辛，壬癸逢之不畏。

戊己愁逢甲乙，干头须用庚辛。

　　　　壬癸虑遭戊己，甲乙临之有救。
　　　　壬来克丙，须用戊去当头。
　　　　癸去伤丁，却喜己来相制［ZW（）原文作《继善篇》正文，
　　　　与上下文不类，疑为"歌释又韵。"［ZW）］。

庚得壬男制丙，反作长年。甲以乙妹妻庚，凶为吉兆。

歌释：庚得壬男制丙，子来救母无病。
　　　　甲得乙妹配庚，亲任是凶而吉庆。
　　　　故曰有心变爱，果然无意伤人。
　　　　贪欢喜合杀忘刑。福旺名扬财胜。

天元虽旺，若无依倚是常人。日主太柔，纵遇财官为寒士。

歌释：天元日主太旺，岁时月印财官。
　　　　三才不显主贫贱，僧道孤形之汉。
　　　　日干柔全生旺，财官多返生殃。
　　　　当之不住守寒窗，辛苦囊消貌状。

女人无煞，带二德国家之荣。

歌释：女以官为夫宿，不宜七煞争功。
　　　　无官七煞是夫宫，不喜官星相混。
　　　　财官印绶全带，夫荣贵名门。
　　　　二重天月德相逢，职掌皇家赠俸。

男命身强，遇三奇为一品之贵。

歌释：日主强高富贵，财官印绶俱全。
　　　　甲逢辛巳癸为缘，乙戊庚壬可壬也。
　　　　丙日癸辛乙未，丁壬庚甲高迁。
　　　　戊喜癸乙丁卯，己壬甲丙三元。
　　　　庚辛壬癸例依前，无破名登金殿。

甲逢己而生旺，定怀中正之心。

歌释：甲逢己土合中旺。富贵荣华定可量。
　　　　常怀中正得人心，常遇贵人须可望。
　　　　甲属东方生生之气，主乎仁。
　　　　土属中央厚土之气，主乎信。

甲己化土，而四柱中更带生旺，为人忠厚。乃正直之人也。

丁遇壬而太过，必犯淫讹之乱。

歌释：乙日生时六甲，心存仁义忠良。
　　　日时甲己是财官，化合家旺福旺。
　　　丁日遇壬太过，化官作鬼为殃。
　　　柱中三两巧淫娼，夫多沿门弹唱。

丙临申位，逢阳水，难获延年。

歌释：丙日生于申位，申长生水流通。
　　　壬申壬子及辰中，七煞刚强祸重。
　　　壬午壬寅壬戌，其祸轻而无用。
　　　煞多身弱定成凶，仔细参详理同。

己入亥官，见阴木终为损寿。

歌释：为人日生己亥，祸逢乙木交争。
　　　殊知亥有木长生，无制夭亡蹭蹬。
　　　乙巳乙丑乙酉，煞中以义掩恩。
　　　乙未乙亥卯森森，不死贫寒偃蹇。

庚值寅而遇丙，生旺无危。

歌释：假如庚寅日主，生于丙火煞刚。
　　　寅中艮土返为祥，以煞化权为上。
　　　庚日生申归禄，其中旺气高强。
　　　反将丙火化为官，临危见机无恙。

乙遇巳而见辛，身衰有祸。

乙逢次旺，长存仁义之风。

歌释：乙木生临巳位，身衰有祸少祯祥。
　　　丙辛庚乙配鸾凰，处世无如福长。
　　　阴木逢庚之地，春风四海名扬。
　　　上和下睦体三纲，贯世超群少恙。

丙合辛生，镇掌权之职。

歌释：丙合辛生夏令，岁月时见辛多。
　　　龙韬豹略志萧何，又怯刑伤克破。

　　　　辛日见丙得合，逢生逢禄中和。
　　　　运行官旺福崇峨，四海名扬振播。
一木重逢火位，铭为气散之文。
歌释：一木叠逢火位，夏生丙丁重逢。
　　　　火能泄木气，岂知无功，作事无成贫困。
　　　　支喜寅午戌巳。戊己财通。
　　　　火木化无凶，福禄优游家润。
独水三犯庚辛，号曰体全之象。
歌释：壬癸逢两庚辛，喜生岁日时中。
　　　　癸生辛两又庚逢，岁日时中亦用。
　　　　莫道印多不说，一枭一正不凶。
　　　　故知号曰体全功，五伯诸侯食俸。
水归冬旺，生平乐自无忧。
歌释：癸亥年提甲子，癸亥壬子时真。
　　　　提时伤劫运南程，最喜食财官印。
　　　　师入含山县住，掌下三百姓陈。
　　　　煞官旺处反为嗔，刑苦百端病症。

癸亥　甲子　癸亥　壬子　老彭之命

木向春生，处世安然必寿。
歌释：甲乙生于春月，柱逢寅卯重重。
　　　　温良性格定慈心，青史朝廷备用。
　　　　财食印官旺处，火旺又反夭穷。
　　　　术能精究似中庸，谈命宜知变动。
金弱遇火炎之地，血疾无宜。
歌释：庚日生居火地，柱逢丙丁重逢。
　　　　若还寅午戌全通，不病也防疾重。
　　　　男主疯癞疾蛊，女产血痨之风。
　　　　若无制伏岁时中，火急宜修棺冢。
土虚逢木旺之乡，脾伤定论。
歌释：甲子年提，丁卯己丑日时乙亥。

岁时提路木徘徊，煞重牌寒疾害。
运行坎地夭折，岁逢木地定灾。
西南方可发财钱，俊士闽丘后代。

甲子　丁卯　己丑　乙亥　宁子之命

金遇艮而遇土，号曰返魂。

歌释：庚金生寅遇火，其中艮土为祥，
　　　天干戊日若相逢，扳桂云梯可上。
　　　重见丙丁相克，必当寿夭贫寒。
　　　不见丙丁逢戊己，管教家富粟千仓。

水入巽而见金，名为不绝。

歌释：壬癸生居巳地，本为富贵而看。
　　　柱嫌戊己作灾殃，岂逢庚金为上。
　　　壬水受气于巳，水得母而长生。
　　　而能生水，故曰水入巽云云。

土临卯年中年必定灰心。金遇火乡，虽少壮必然挫志。

歌释：己日提逢卯位，身强有制贵人。
　　　财多无制本身轻，疾苦心中不正。
　　　庚辛性运煞旺，少年挫志无成。
　　　百为性燥宪招刑，旺制堪为富贵命。

金木交差刑战，仁义俱无。水火递互相伤，是非日有。

歌释：甲乙庚辛左右，乙逢左右庚辛。
　　　庚辛申酉旺支神。安有始终性情。
　　　又是官煞混杂，所为无仁无义。
　　　财乡发福更劳心，潢潦财能有胜。

木从水养，水盛而木则漂流。

歌释：甲乙生居子地，但逢一二为奇。
　　　壬癸亥子叠干支，刚木漂流无倚。
　　　辛亥年提庚子，甲申乙丑交支。
　　　年逢丁酉运申随溺水，故闽吴吉。

金赖土生，土厚面金遭埋没。

歌释：庚辛日连戊己，辰戌丑未俱齐。
若逢火土叠干支，土重埋金无气。
纵有金珠万斛，难扳月桂仙枝。
西江月下细详之，体道命之理撒。

是以五行不可偏枯，务禀中和之气，更能绝虑忘思，鉴命无差无讹矣。

歌释：看命先观日主，次审岁月时支。
去留强弱舒配之，轻重浅深察理。
节禀中和之气，运参向背之宜。
三才偏正产何时，俱藏西江月里。

六神篇

五行妙用，难逃一理之中。进退存亡，要识变通之道。命之理微，圣人罕言。

正官佩印，不如乘马。

诗释：正官无印本无权，佩印如何又不然。
只为印多官泄气，不如乘马得高迁。

七煞用财，岂宜得禄。

诗释：财星生旺杀伤身，四柱全无倚靠神。
天命相从成贵象，运行得禄受孤贫。

印逢财而罢职。

诗释：印绶贪财德有伤，难从天地立纲常。
更无比劫来相救，罢职偷闲归故乡。

财逢印以迁官。

诗释：身旺诚能掌大财，财多身弱便生灾。
迁官何处求根本，岁运须还有印来。

命当夭折，食神子立逢枭。

诗释：七杀重重主太柔，食神子位立当途。
枭神印绶无财救，夭折芳魂达水流。

运至凶危，羊刃重逢破局。

诗释：用财不有杀重来，羊刃逢之必夺财。

再遇刃乡应破局，伤妻败业见非灾。

争正官不可无伤。

诗释：官星一位比肩重，争夺之间最有凶。

伤尽直须官不用，自无冰炭到胸中。

归七煞绝嫌有制。

诗释：比肩本是无知物，一见伤官势必归。

第恐食神来制去，丧家心事自成灰。

官居煞地，难守其官。

诗释：正官纯杂杀如顽，荆棘门居特立难。

情性岂无君子恨，坚冰当道虎狼关。

煞在官乡，岂能变煞。

诗释：杀多坚佞性偏刚，混入官星礼义邦。

顽石岂能成变化，依然心事尚豺狼。

贪财坏印擢高科，印分轻重。

诗释：印旺偏官弱不堪，用财生杀岂为贪。

只愁印薄逢财旺，未许蟾宫把桂扳。

遇比用财缠万贯，比得资扶。

诗释：见财不用是何哉？财多旺甚日干衰。

得遇比肩资扶处，白手犹能聚大财。

运到旺乡身反弱。

诗释：身弱拖根微有助，未从七煞未从财。

假饶岁运扶身起，战敌无成力反衰。

财逢劫处祸犹轻。

诗释：偏正财多祸必多，日干无力奈如何。

直逢比劫分将去，省得贫魔与病魔。

财逢有伤。还忌阴谋之贼。

诗释：财无劫夺则无伤。支库中间有暗藏。

莫道小人明不露，岂知君子在高梁。

杀无明制，当寻伏敌之兵。

诗释：并多七杀正相刑，明制无人慢自惊。
　　　冲出暗藏兵有用，马陵树下火烧林。

贵人头上戴财官，门充驷马。

诗释：贵人互换得相成，上戴财官更显明。
　　　进气有根还有合，定从千里握兵刑。

生旺宫藏功杀，勇夺三年。

诗释：长生劫煞本非奇，生旺宫中却正宜。
　　　举鼎有为真足羡，每从边塞拂旌旗。

为跨马以亡身。

诗释：岁运逢财日主贪，又无比刃与成行。
　　　格中若吃如斯局，此命危亡立马看。

因得禄而避位。

诗释：官星失马不为官，得马登庸理自然。
　　　只恐此身行遇禄，解还金带向林泉。

印解两贤之厄。

诗释：两杀重来威制重，食神无奈见袅神。
　　　柱中有印能成化，丁火奚能害此身。

财勾六国之争。

诗释：比刃贪官图利名，无财彼此自相宁。
　　　黄金一见诚为局，惹起燕齐赵魏争。

众煞混行，一仁可化。

诗释：偏官叠见将何救，制杀无如化杀高。
　　　行去不劳重见食，疾之已甚祸相遭。

一煞倡乱，独力可擒。

诗释：一杀为妖应有限，不逢财印本为福。
　　　只消一食能归我，何况干支制服多。

印居杀地，化之以德。

诗释：甲本逢申用煞神，纵然无火未伤身。
　　　中藏壬水生归化，惟恐干支见土神。

神峰通考

杀居印地，齐之以刑。

诗释：偏财偏官坐一官，不能为福却为凶。
　　　局中要解侵凌患，制伏还须用一冲。

兄弟破财财得用。

诗释：此法从虚邀禄马，天干不动地支冲。
　　　但愁绾合并填实，用力艰难未有功。

杀官欺丰主须从。

诗释：只力岂能支旺煞，无根端的只相从。
　　　他行他运成家业。我遇身强业反空。

一马在厩，人不敢逐。

诗释：一财得所不遮拦，天地明明众所看。
　　　计取秋毫应不许，除非私向箧中探。

一马在野，人共逐之。

诗释：库墓藏财财不露，有何疑忌有何妨。
　　　谁知比劫能为祸，暗窃阴谋不敢当。

财临生库破生官，兼奉两家宗祀。

诗释：局中财以神为家，财要根深印要华。
　　　若是破根财不立，螟蛉过继定无差。

身坐比肩成比局，当为几度新郎。

诗释：我成我局必伤妻，比占妻官总不宜。
　　　鸳贱岂能谐白发，无如冷落自家知。

父母一离一合，须知印绶临财。

诗释：正官偏财同一所，悲欢离合岂能辞。
　　　印财生禄同乡者，立业成家尚有之。

夫妻随娶随伤，盖为比肩伏马。

诗释：比肩原伏妻财下，长煞藏身夺未成。
　　　乍见食神来制煞，鼓盆难免叹庄生。

子为子填，孤磋伯道。

诗释：欲求子位在生时，填食休囚恐没儿。
　　　不解孤贫原有命，埋怨天道忒无知。

妻宫妻守，贤齐孟光。

诗释：妻宫妻守无相克，五杀桃花未有缘。
　　　虽知谢安财堪比，相夫应得孟光贤。

入库伤官，阴生阳死。

诗释：五阳归库无生气，故有伤官入库名。
　　　天地未尝生意息，返魂犹在五阴生。

帮身阳刃，喜合嫌冲。

诗释：柱逢羊刃本为凶，合煞成权最有功。
　　　破局丧身困惫甚，偏官忘合正官冲。

权刃复行权刃，刃药忘身。

诗释：偏官羊刃要均停，赫赫飞扬万里名。
　　　用神更行权煞地，英雄难免丧刀兵。

财官再遇财官，贪污罢职。

诗释：禄无求进俸无余，轻节清高几不如。
　　　行到财官遇俸禄。贪污归去浪嗟吁。

禄到长生原有印，清任加官。

诗释：官强印旺皆为贵，印旺官强用不齐。
　　　禄到长生官得地，九重雨露沐光来。

马行帝旺旧无伤，宦途进爵。

诗释：偏正之财用得轻，不逢妒合与伤刑。
　　　健驰帝旺临官处，积白堆黄享大名。

财旺身衰，逢生即死。

诗释：孤寒何意获多财，正欲相忘苦自握。
　　　忽觉有情生旺地，苟贪惹得丧身灾。

刃强杀薄，见煞生官。

诗释：健逢羊刃一财轻，意在生官不敢生。
　　　七杀俱来成配合，得醒财困旺官星。

兹法玄玄之妙，今颇习而成章。少助愚蒙，开明万一。

气象篇

今夫立四柱而取五行，定一运而关十载。清浊纯驳，万有不齐，好恶是非，理难执一。足必先观气象规模，乃富贵贫穷之纲领毕具，次论用神出处，凡死生穷达之精微尽知。

乃若一阳解冻。

注释：冬月水成冰冻，盛寒时也。冬至后则一阳发动，暖气初生，有大得用，则虽坚冰寒冻，亦可解矣。

三伏生寒。

注释：夏已炎极，至后则一阴发生。三伏中暑深阴盛，为火退寒生之渐，所谓夏草遭霜也。

阳亢不至，亢则害也。

注释：此象亢阳无制，更不包藏阴物。而运又行东南，则阳刚失中，而必至害也。用此者孤贫凶暴。

刚而能柔，吉之道也。

注释：此言五阳生于阴月，干支夹合阴柔之物，运道又行阴柔之乡，乃为吉也。用此者纵然寒贱，终必荣华。

柔弱偏枯，小人之象。

注释：此象不中之道也。四柱中但见阴柔，而不入格。干支又不包阳，则终于柔懦。用此者机心阴险，无所不至。

刚健中正，君子之风。

注释：四柱中阳而藏阴，刚柔得制，取犯破克刑冲，用此者德行过人，忠直盖世，故曰君子之风。

过于寒薄，和暖处终难奋发。

注释：四柱纯阳，生于十月空绝五阴之根，日干又见寒弱，而无刚健之气，纵遇和暖之乡，亦难发达。

过于燥烈，水激处反有凶灾。

注释：四柱纯火，生于夏至之前。火性炎烈，倘遇水激，不惟不能制，而反致害矣。用此者夭折孤贫。

过于执实，事难显豁。

注释：执实者，用一而不通也。假如用官无财，用印无杀，多合少成者，遇事终无显达。

过于清冷，思有凄凉。

注释：此言金水过于清寒，不遇和暖之运。平生独食孤眠，生涯寂寞，人不堪其忧矣。

过于有情，志无远达。

注释：局中之物，不可过于有情，若遇有情，则牵连迷不能自脱，外无所见矣，其志安能远达哉！

过于用力，成亦多难。

注释：凡注中得自然之妙为妙，若用力扶持，终为不美，其成就终必艰难矣。

过于贵人，逢灾自愈。

注释：八字中原多贵人，二德扶用财官，不有刑破，虽居颠沛之中，亦无此矣。

过于恶杀，遇福难享。

注释：八字中原多恶杀，三刑六冲，又与财官反背，纵遇财官之地，将何飨福之基。

五行绝处，禄马扶身。

注释：凡遇绝处，不可便指为凶。盖凶处亦有福神相助，如木绝于申，申有壬水为印，庚戌为财官，皆我所用之物，不能伤身。

四柱奇中，比肩分福。

注释：古以官为贵，以财为奇，局中得遇财官，乃为吉矣。如见比肩则无忌惮，争官劫财，福无全美。

阴阳固有刚柔。

注释：阳刚阴柔，天地之道也。此言刚柔之道，虽阴阳之中，抑且不能去者也。

干支岂无颠倒。

注释：颠之倒之，反之覆之，谓如干有壬癸甲乙丁丙，支有亥子丑之类是也。

父无子而不独。

注释：木以火为子息，四柱中如无丙丁巳午之位，则无子矣。若地支暗畜有火，亦不为无子矣。

子有父而反孤。

注释：木以水为父母，若被损克，则不得其所。如甲乙日生于亥子之年月，值四季，水被土伤，所生之人失矣，岂不孤哉！

生尚可以再生。

注释：局中之物。原有长生，先被克损，岁运复遇生旺之地，身力复强，如再生也。

死不可以伏死。

注释：凡柱中之物，原值死绝之宫，复来岁运，再遇死地，不为更凶之论，盖死无二也。

既死亦非为鬼。

注释：木值春生，得时乃旺。柱中虽遇死绝之中，若运行生旺之乡，亦不为之死也。

逢生又不成人。

注释：木值秋生，失时乃弱。柱中虽遇生旺之宫，若运行衰绝之地。终不为之生也。

五行各得其所者，归聚成福。

注释：凡五行不可虚名失位，俱要得令归垣，方能为贵，若归聚一局，妙不可言。

一局皆失其垣者，流荡无依。

注释：凡日主用神，俱要着落之处。如四柱中不得通根有靠，又遇空亡死绝，则终无成立，然必飘荡失所矣。

大运折除成岁。

注释：大运者，八字之表里也。取用乃度其浅深，成岁须知多寡是也。

小运逆顺由时。

注释：小运者，补大运之不足而立名也。古人以男起丙寅，女起壬申，以是定逐年祸福，鲜有不左。予尝见一秘书，以为男女小运，皆由生时而行之，顺逆亦以年定。

六合有功，权尊六部。

注释：凡四柱中，有刑冲克破。本为凶论，得神挽合有力者，即反为祥，其福高。

三刑得用，威震边疆。

注释：刑本不吉。得用者富贵聪明，无用者孤贫凶夭。何以为得用？三刑有气，日主刚强。何以为无用？三刑无气，日主衰弱。

入地包藏神得用，豁达胸襟。

注释：如八字中不见亥申二字。得左右之神拱起二字。兼有贵气，不落空亡，须当显豁。

风雨激烈贵无亏，飞扬姓字。

注释：巳为风门，卯为雷门，八字中虚拱二位，更有贵人岁运。若逢冲起，必能发达。

贼地成家，贼乱家亡身必丧。

注释：此法如岁月日中，有神争合为妻，月支陷溺其中，欲出而不可得，故曰贼地。更得岁月之神自刑，无暇合我，得时支乘机与月支成合，是谓贼地成家。富贵不浅，大运去贼则安，再见贼乱，其家必亡而身丧矣。

梁材就断，财多金缺用难成。

注释：夫木本赖金断以成器，若金被神留合，不能克其木，却要木与金为邻，就彼雕琢可也。若木乘金弱，则虽就金，亦不能斫而有用，木与金作合，彼此两强，乃为贵论。

纯阳地户包阴，兵权显赫。

注释：八字纯阳，本为偏党，殊不知子寅辰午申戌，暗拱丑卯巳亥酉未之阴，二象相济，则反全天地之正气，发福非小。

独虎天门带木，台阁清高。

注释：凡岁月得寅一位，却要时带天门，虎必朝天肃日，柱内更有卯未合局，木盛生风，风从于虎，岂不美哉：

学堂逢驿马，山斗文章。

注释：凡身煞长生之位，皆为学堂，更得驿马交驰，又得高大气象者。最贵，文章潇洒出尘。

日主坐咸池，江湖花酒。

注释：咸池，又名桃花，男女逢之，必然淫乱，多因花酒流落江湖。忌刑合，喜空亡。

福满须防有祸。

注释：凡用印生身，乃为我之福也。运行比印旺地，生扶太过。福满处岂无祸生，是以君子须知防也。

凶多未必无祯。

注释：局中原多官煞，再行官煞岁运，其凶乃甚。历尽艰难，后必有制旺杀之字，否极泰来之象。

马头带箭，生于秦而死于楚。

注释：此言驿马。在时日之下者，若见有刑冲，谓之带箭，主人决定异国丧亡也。

马后加鞭，朝乎南而慕乎北。

注释：凡取用驿马，顺则年取其日时，逆则时用其日主，马无堤拦，则纵肆而不可遏，如后再加刑冲，马必疾行，终无安顿之地，主人一生劳碌，奔竞四方，若刑冲之神，遇有三合六合，则不为加鞭矣。

一将当关，群邪自服。

注释：将者，贵重之神也。关者，紧要之处也。邪者，妒我之物也。假于甲乙日生于金旺年月，皆来克我，得丙丁透出干制杀为权，而杀自服矣。

众凶克主，孤力难胜。

注释：此言杀重身轻，孤独无助者，盖无当关可救之神也。则不能胜所克矣，决主夭疾。

脱此辈忌见此辈。

注释：此言如甲己化土，脱木气而从妻家，若见甲乙寅卯未亥，皆我比肩，则无原旺之藉，岂无咎哉！

化斯神喜见斯神。

注释：如乙庚化金，喜见金旺，而妻得依其夫。丁壬化木喜见木旺，而子得依其母之类是也。

驿马无缰，南北东西之客。

注释：无缰，马无合也。东西南北，无所不至矣。

桃花带杀，娼妓隶卒之徒。

注释：桃花日时相见是也。不惟忌刑合有情，尤忌五煞同处。凡遇此者，不知礼义廉耻之徒也。

母子有始终之靠。

注释：如戊日坐辰，生于申月。然土以金为子，金养于辰，少倚母而自强，老得子而有靠。

夫妻得生死相依。

注释：如丙丁坐子月，用酉金。然火以金为妻，金生于子，适夫家以养其身。火至酉亡，赖妻家以靠其命。

双眼无障，火土熬干癸水。

注释：癸水在人属肾，为一身之基，两目之本。目关五行，惟瞳属水，故肾虚则瞳无所依。

大肠有病，丙丁克损庚金。

注释：庚为大肠，宜临水土，嫌者丙丁寅卯，得局无制。然庚金虽得挂根，又被冲破，便有此疾。

土行湿地而倾根，伯牛有恨。

注释：戊土属脾，四柱中不有生旺通根之位，又加水浸金虚，运行湿地，岁见木克，因而有疾。

火值炎天而得局，颜子无忧。

注释：火乃文明之象，生于九夏。三合寅午戌，用火愈发辉，少用木资其火，不宜见水拖根，遏火之炎。人生得此，乐道无忧。火行极处，多遇木生，反夭贫穷至不利也。

水从木浮，死无棺椁。

注释：木从水泛，不遇土提防，更值死乡冲并，是必堕崖落水，横祸毒亡，多为不美。

火炎土燥，主受孤单。

注释：土因火燥，万物不生。初运南行，废而无运，岳来虽遇财官，不能为用，以致孤贫奔走，无家之命也。

妻多力弱，花粉生涯。

注释：凡用财为妻，最要得位得时，日主更喜刚强，岁月有倚，阴阳各得其所良配也。若财多散乱，刑合不齐，日主孤柔，不能任用，必因其妻而获利，以养其身也。

马弱比多，形骸飘泊。

注释：凡遇财旺身强，生平安乐。若见财轻比重，终必飘泊江湖。逐财官苦，安享何能。

性灵形寝。多因浊里流清。

注释：凡八字浊中流有一点孤清，则人虽朴陋，颖悟机谋异常，与众回异也。

貌俊心蒙，盖是清中涵浊。

注释：此论用神清奇，特立中或有物来伤之，主其人虽貌美，内无学识，皆迷酒色。

凡遇凶神交会，善虽小而难成。吉耀并临，恶虽多而亦化。道从理悟，神入心生。熟读苦求，巨微判矣。

渭泾论

《易》曰："乾道成男，坤道成女。"阴阳刚柔，各有具体。故女命以柔为本，以刚为刑，以清为奇，以浊为贱。乾，阳也，坤，阴也。阴阳交则成人道。阳刚而阴柔，禀得乾道，则为男，禀得坤道，则为女，故男刚而女柔。阳有刚体，阴有阴体，且女命贵乎阴静，最忌阳刚，贵乎清而贱乎浊也。

三奇得位，良人万里可封侯。

此言三奇者，财官印，非乙丙丁也。女命以官星为夫，如甲生人见辛为官，即夫也。辛金长生于子，旺于申酉之地，以己土为财，得辰戌丑未之地，以癸水为印，得亥子丑之方，皆得其位，主其夫有贵，故曰万里封侯。

二德归垣，贵子九秋步月。

此言二德者，天月二德也。天德贵人，正丁二坤，三壬四辛，五乾六甲，七癸八寅，九丙十乙，子巽丑庚之例。〇月德贵人，寅午戌月在丙，申子辰子在壬，己酉丑月在庚，亥卯未月在甲之例是也。女命带之，当主生贵子。

一官一贵，乌云两鬓拥金冠。

女命只取官星一位，无官取七杀一位。七煞偏官也，贵人取一位，毋得重见，重见即二夫也。亦要乘旺，禄马暗合，主有此贵，贵人不宜重见，多者乃为贵重合多之论。

四杀四空，皎月满怀啼玉筋。

女命忌煞多，并四柱空亡，主克夫伤子，重叠再嫁，还主孤单，故云啼玉筋。○玉筋者，泪痕也。冬月天寒极矣，啼哭泪已成冰，如玉筋之状，故曰玉筋。

官行官运，镜破钗分。

女人命中只取一位正官为夫，又行官星之运，则又遇一夫星也。岂不为二夫争一妻也，必主分离之事。如甲以辛金为官，则为一夫矣。若又遇辛遇酉之地，主有克夫而再嫁之理。故云镜破钗分也。镜破者，徐德言尚乐昌公主，因国乱分离，公主剖镜，各执一半，期他日恐情缘未断，再图相会。乐昌公主果于越国公杨素处得之，德言约以货镜为期，公主得镜悲泣，越公闻而知之，召德言还其妻。此为破镜之事。

财入财乡，夫荣子贵。

财者，命之源也。男命以财为妻，故谓之妻财。女人以财而事夫，则其夫荣矣。凡女人之命，有财得地，又行财运，而财更盛，定主其夫家富贵，生子亦贵。

衣锦藏珍，官星有气。

官星者，女人之夫星也。五行中得生旺无冲者，主其夫亦荣贵，故身衣锦绣而藏珍宝者有诸。

堆黄积白，财库无伤。

黄与白者，金与银也，凡人有财丰厚者，必得财库以藏之。以辰戌丑未为四库，既藏财物仓库。恐有伤，伤之则财散矣，又岂能保其长富乎？

大抵官多不荣，财多不富。

女命官多者，夫则多，已岂得为荣哉？且男子众多，与一女共处一室，如柳巷花街之流，安得有荣？而且有辱其身者也。但凡女命官多者，取其一官为主，以去留舒配之义断之，只得其安乐，不得其荣华。财多者以事他人，自己亦不能富矣。且女命随其夫之贵贱，委身于人，岂由自身者乎？

用正印而逢枭，兰阶夜冷。

正印者，生我之母也。如甲人以癸水为正印，又逢壬水为偏印。偏印，即枭神也。枭者东方不仁之鸟，长且成则食其母，故曰枭。女命以正印为用，又逢枭印，未免有侵凌之祸，主其人有兰阶夜冷之凄凉矣。

用枭神而遇印，玉树春荣。

枭神不仁之人，正印慈善之辰，虽恶人得善人正之，为恶亦反福矣。凡女命以枭为用，遇正印则为吉助，如玉树生于春风中矣。

金清水冷，日锁鸾台。

金生冬月之间。水且寒矣。且金为水母，金泄气过多，而又水冷，则为骨肉无情之论。女命遭此，故曰日锁鸾台。

土燥火炎，夜寒衾帐。

土生复月，火已盛矣。且土赖火生，火愈盛而七亦燥，正谓子枯母盛之论。女命遇此，亦主孤单亦为无依之命。

群阴群阳，清灯自守。

五行天干地支，俱见阴者，谓之群阴，俱见阳者，谓之群阳，似无相济之理。

重官重印，绿鬓孤眠。

女命只喜一官一印，则为一夫。若重见则为重夫，必主克夫。虽少年且有孤眠独宿之意，假使有不克夫者，亦主远别离隔，经年未交欢合，纵荣贵亦难免此。

田园广置，食神得位不逢官。

食神者，女命以之为子。子星得位，则可以养母。食神主衣禄丰厚，女命甲生者，以丙为食，甲能生丙，以丙为子，子能得禄，未有不养其母者也。甲见辛为官，且辛与丙合，使其子而恋其妻，则忘其母之谓，故云不逢官可矣。

粟帛盈余，印绶逢时还遇煞。

用印者，虽有煞方显，女命甲生，以癸水为印，庚金为杀，印赖杀生，遇之则显。男主权责，女主富厚，故云粟帛盈余。

伤官不见官星，犹为贞洁。

女以官为夫，最忌伤夫之人。凡女人甲生者，以辛为正夫，以丁火为伤官。取火克金之故，若无癸水以制之，则夫受伤。但用伤官者，四柱不见官星。无官星则伤官无所可伤，反为贞洁之妇。且伤官我生之子女，只喜伤尽，更有财助，则为福矣。

无食多逢印绶，反作刑伤。

凡女人之命，取食神为子，如无食神，则无子星。殊不知无子则无以为养，多遇印绶，则损子矣。故云反作刑伤。

穷枭见食，坐产花枯。

然甲木以壬水为枭，以丙为食，是壬克丙之故，俗云枭神能夺人之食。女人以食为子，故以坐产喻之然也。

恶煞混官，临春叶落。

恶煞，七煞也。女以正官为夫，偏官为偏夫，岂宜见之。若无正官，即以七杀为正夫。若有正夫，最忌见之。如妇人有二夫，一善一恶，混同一室，岂不为反伤其身乎？故曰临春叶落。

远合勾情，背夫寻主。冲官破食，弃子从人。

女命若三合六合，又有驿马交情，桃花临水，干带双鸳，支逢四杀，皆主与人私通。有官遇冲。有食遇破，夫子既被冲破，岂有不从他人者乎？

财衰印绝，幼出娘门。

妇人之命，以财衰无以事夫，以印绝出身微贱，岂得以福气论之。

身旺运强，早刑夫主。

妇人不宜身旺刚健，责乎身弱沈静。若身旺又行身旺之运，必主刑夫。

五煞簪花，日夜迎宾送客。

五煞，谓成池红艳劫杀破耗之类。又见桃花杀，谓之簪花。凡女命带亡劫成池，切不可合马贵人，然必主外貌尊重，内意娇淫，心好酒色，如庚申己丑丁亥壬寅是也。

三刑带鬼，始终克子伤夫。

三刑者，寅刑巳，巳刑申，申刑寅，丑刑戌，戌刑未，未刑丑，子刑卯，卯刑子，辰刑午，午刑亥之类。如带三刑，又带见者，主刑夫克子之造。

杨妃貌美，禄傍桃花。

桃花煞，一名成池。此杀主人清秀美貌，如寅午戌生人见卯是，巳酉丑生人见午是，申子辰生人见酉是，亥卯未生人见子是也。殊不知桃花煞。年月带之为园中之花，与官星合禄主贵，堪为良妇。若时上带之，谓之墙外桃花，任人扳折，反为下贱。所以桃花会禄合官星者，以杨妃比之。

谢女才高，身乘词馆。

女人之命，带词馆，主有才学，五行旺处，即为词馆。或生坐于词馆之上，如木生人，得庚寅为正。

华盖临官，情通僧道。

华盖星其形如宝盖之状，此星主孤。有官有印者，遇之为翰苑之尊，华盖逢空，宜为僧道。女人命犯华盖。则与僧道同流，故曰情通僧道。

孤辰坐印，身作尼姑。

孤辰寡宿，男女忌见。女人有此，亦主为师尼之类，不然亦且孤寡，身太旺尤忌之。诀曰："卯辰人怕巳丑，巳午未人怕申辰。申酉戌人嫌丑未，亥子丑人寅戌嗔。"

胞胎常堕，食旺身衰。

胞胎者，受胎之月也。若身衰而逢食神生旺，则主有堕胎之患。食者，子也。所以子旺而母衰，其理然也。

鸾凤频分，官轻比重。

如甲生人，又重见一二甲，则弟妹众多。且夫主无力，使比肩争夺，定夺其夫，则有分离之义，谓之官轻比重。

姊妹刚强，乃作填房之妇。

姊妹，甲见乙、乙见甲之类。四柱重见之，又乘旺相，主其女不得洞房花烛之欢，当为填房续娶之姻，或为二婚侧室之命也。

财官死绝，当招过继之儿。

财堪养命，夫赖终身，二者死绝，则无以延年。且官死绝，不能生子。必过继他人之子，以续宗枝可也。苟不承继，则绝嗣而无所望。如甲生人，以辛为官，以己为财，辛死于巳，巳绝于子是也。余者并同此例。

官临财地必荣夫，身入败乡须克子。

官者，女人夫星也。官行财乡。财为禄也，官之遇禄，岂不荣乎？财者男子以之为妻，妻即财也。女人以之事夫，财旺则夫亦盛，故以荣夫喻之。○如五行之败绝之地，主克子而孤，且甲木生于亥，而败于子，子为甲之沐浴，如人初生临水而浴，故为险地。是取克子之义然矣。

杀枭破禄连根，堕冰肌于水火。

如甲生人以庚为杀，以壬为枭，且甲之禄被杀枭破之，则身被害，主有水火之厄。

比劫遭刑丧局。掩玉骨于尘沙。

比劫者，兄弟姊妹之类。在人命中主有争端，如又遭刑，为祸非轻，正谓之劫财羊刃是也。妇人遇此垢害相戕，如人家兄弟多者，有财则争，无财则祸，更加刑杀，则亡身害命。

交驰逢驿码，母氏荒凉。

女命贵乎恬静，最忌驿马。《格解》云马是扶身之本，马即财也。禄为养命之源，禄即官也。无非财官交互相见之理。男命喜有之，女人以财事夫。莫非得妻家之财，以事夫也。岂不为损母氏之家物，故曰母氏荒凉。

差错对孤神，夫家零落。

阳差阴错者，止有十二日，丙子、丁丑、戊寅、辛卯、壬辰、癸巳、丙午、丁未、戊申、壬戌、癸亥。阳日为阳差，阴日为阴错。女子逢之，公姑寡合，妯娌不足。日月时两重，或三重犯之极验，只日家犯之尤重。妇人犯之，故主夫家零落。

五马六财，穷败比肩之地。

马即财也。甲子生人，以己巳为财，自甲至己乃六，为财之母，倘比肩兄弟多者，则劫而分之，故曰穷败。女人无财以事夫，亦可谓穷矣。

八官七杀，分离刑害之乡。

甲子生人，以庚午为杀，辛未为官。自甲至庚午为七杀，辛未为八官。七杀为偏夫，八官为正夫。倘遇三刑六害，或夫死或夫离，此之谓也。

刑空官煞，儿临嫁而罢浓妆。

既以官煞为夫星，当要旺相，不受克制，正谓夫贵则妻荣。倘若官星落空，杀星被刑。二者俱不得力，已受凶人所制，自己安能获福哉？谓临嫁而能浓妆者几希。

冲克印财，纵得家难成厚福。

财者可以养命，印者可以生命，二者人以之获福，假令冲克不能见用，固不可以为福。纵然成家，亦无安享之荣。女人之命，以财事夫，既被冲克，难以安福断之。

不若藏财不露，明杀无伤。

命中有财，责乎藏而不露，财露者人人得而夺之。藏之者，始而安稳，终而丰厚。杀露者有何伤？书云藏财则丰厚，官露则清高，其斯之谓欤。

重印行财，多财遇印。

印与财本相克。克者，假使甲以癸为印，以己为财，甲以己为妻，且财多亦为喜。但恐有印，则财破之，重印行财稍可，多财遇印，则谓贪财坏印，若有劫财乃可。

四败非家人之有幸，四冲岂良妇而无嫌。

此等皆女人所忌者。

水聚旺乡，花街之女。

水之性就下，而不能返也。又至旺乡，且有汪洋之势，故女人之性似之者，何也？谓从其夫而不能由己，且妇人之质，若水之柔且清。赋性然也。若与金星会合，则欲从其类，若花街女也。

金成秀丽，桃洞之仙。

金之质极美，故以妇人喻之。女命金生得西方之秀气，加柔火以成质。并无瑕玷，非仙而何。

四生驰马，背井离乡。

寅申巳亥者，四主之局也。又为马所驰之地，女人之命，最忌驿马，带之者，主有远行出离乡。

三合带三刑，伤夫败业。

妇人最忌有合，若与官星合，乃正夫相合为妙。又若有二三合，则为相妒，且为众人之妻，又带三刑，且骨肉相戕，并损六亲，故曰伤夫败业。理必然矣。

暗杀逢刑，槁砧小善。

煞亦为夫也，且暗有刑伤，主其不善，且为恶人乎。

明官跨马，夫主增荣。

官星喜露，露者谓之明官。又逢禄马，主其夫出仕驰名。

黄金满嬴，一财得所。

如甲木生人，用己土为财。又得辰戌丑未之地，乃财星得地也。其妇主有富贵，为相夫益子之造也。

红颜失配，两贵无家。

贵人，天乙贵人也，凡女命不宜多见。经云贵众合多，定是师尼娼婢。凡一官者，亦为一贵，若重见者主克夫，且如人无家者，不得地之谓也。所以主少年而失配也。

先比后财，自贫至富。

四柱中，先有比肩，而后行财运，谓之为先比后财。若四柱原有财有比，不为先比而后财，乃是财源被劫，则不为美也。此以行运逢财，方是此断。

冲官合食，靠子刑夫。

官者，女人之夫也，食者，女人之子。官被冲，主其夫不得力。食神带合，其子得济，所以靠子而终身。

死绝胞胎，花枯寂寂。

胞胎者，受气之月也。如逢死绝，主一生寂寞，至老而孤苦也。

长生根本，瓜瓞绵绵。

五行得长生之位，女人多俊雅，且有子孙绵远，谓瓜瓞绵绵。根本者，木生亥，火生寅，金生巳，水土生申，故曰根本也。

合贵合财，珠盈金屋。

合贵者，官星夫星得合也。只合其一官为贵，非合贵人也。合财者，财神也。女人以财事夫，男子以财为妻，故喜合之，主有珠盈金屋。

破财破食，衾冷兰房。

女命最喜者，财与食而已。财以事夫，食以养老，假使破之，将何为主，遇此者甘受凄冷，故曰衾冷兰房。

吕后名驰天下，只缘阴并阳刚。

女人之命，以纯阴为柔则为贵福。兼并阳刚者，乃夺夫之权，多能多为，未免有阴邪之故。以吕后例之。

绿珠身堕楼前，盖是枭冲煞位。

命用有枭者，为事多不仁，妇人不宜有之，杀者女人亦忌之。何况又逢枭而冲之，绿珠之命，未尝有之。以此譬喻之言，学者宜详审之。

秋水通源，剔眸立节。

此言壬癸生于秋月，又兼有亥子水之源者。况秋金旺而又生水，水性清，金性刚。又以眼喻秋水，故云剔眸，有节之操。

冬金坐局，断臂流芳。

金生于冬月，又得巳酉丑局，此金之从类。夫金之性，主义，有刚果毅然之立。男子禀之有威武之权，女人禀之有坚贞之节。此谓冬金者，则为金白水清，且水冷而金寒。故云断臂流芳，其理然矣。

姊妹同宫，未适而先有恨。

姊妹者，比劫也。如甲生，重见甲乙之类。如甲寅乙卯之日月，谓之同宫。恐有争妒之意。故未适而先有恨。

命财有气，配夫到老无忧。

命，谓本命也。财，谓财帛也。二者有生旺之气，可以荣身，可以助夫，岂不谓之到老而无忧也。

是以荣枯贵贱，所造渊源，务要投明博学，领受真传。若夫理误时差，虽先贤不自知矣。

定真篇

夫生日为主者，行春之令，法运四时，阳阳刚柔之情，内外否泰之道。

以日生为主者，以所生之日干为主。譬之人臣也，行君之令者，即主行月令，提纲所起之运也。言君者，即本命年干也。如本命甲子，年即是岁君。正月生，月令建丙寅。男命则运顺行丁卯、戊辰，故谓以日为主者，盖以其为如人臣，主行岁君所建之月令，为命运也。法运四时者。法者，理也。运者，行运也。四时者，春夏秋冬也。子平之理，如运行寅卯辰，则属春，行巳午未，则属夏之类是也。阴阳刚柔之情者，盖甲丙戊庚壬为阳，乙丁己辛癸为阴，阳之性情则刚，阴之性性则柔也。内外否泰之道者，盖十二支中所藏人元，谓之内，十干露出谓之外。否者，塞也。泰者，通也。若八字中，天干阴阳，刚柔配合有情，地之提纲所藏人元，用神或财或官或印。行生旺胎养运。则吉而向泰，行死墓绝运。则凶而向否。

进退相倾。

赋云：将来者进，成功者退。盖春木夏火秋金冬水，与夫四季之土，其气进也。或用之为财官，斯美矣。若春水土夏金秋木冬火，其气体囚，谓之退矣。或用为财官，未善也。又用神行运值旺相则吉，行死绝休囚则凶。此进则彼退，彼进则此退。入此则出彼，出彼则入此，互相倾逐如此。

动静相伐。

八字或甲日干，有辛字为官，又露庚字为煞，斯谓之动。动，扰动也，即庚逢丙扰之意。若有物以制其杀，或合其杀，而无丁字以伤其官，斯谓之静。静，安静也。地支有冲刑破害，亦谓之动，否则静也。行运亦有生克制化，宜向宜背者，是即八字静动相伐之谓也。○旧说干为天，能动不能静。支为地，能静不能动。甲乃天之首，子乃地之首，终于亥。甲传与子，周流不息，循环十二支，一动一静。一阴一阳，相代用之。

取固亨出入之缓急。

固，滞塞也。亨，通达也。八字日主羸弱，四柱财官七杀乘旺，或印绶被伤财破，此等乃滞塞之造。日主健旺，而值财官印绶，无少伤克，或煞有制。此等乃通达之造。出者，脱也。入者，交也。运丁顿行如出戌入亥，逆行如出亥入戌之类。或有值宜向之运，于早年而达之迅速者。亦有或值宜向之运，于晚年而达之迟缓者。至于固滞之运，亦有早暮不一，学者须识取之。

求济复散敛之巨微。

济，功名之成也。复，功名反复不就也。散，财之破也。敛，财之积也。功名之济复，财帛之散敛，虽有大小多寡之不同，皆命运所主。若八字原有官，行官运则发官。原有财，行财运则发财。原有灾。行灾运则发灾。学者须搜求之。虽然亦要识其地方山川风气，平日所产人物何如，方得大小高下之理。古云生江南则为橘，生江北则为枳。正此之谓也。

释之曰：法有三要，以干为人，以支为地。支中所藏者为人元。分四柱以年为根，月为苗，日为花，时为实，又释四柱之中，年为祖上，则知世代宗派盛衰之理；月为父母，则知亲荫名利有无之类；以日为己身，推其干搜用八字，为内外生克取舍之源。干弱则求气旺之藉，有余以补不足之法。

以年为根，月为苗，日为花，时为实者，看年月中，若有财官印绶，无少克破，是根苗先有气也；而所生日时，又相合得宜，则花萼开而果实结也。经云："根在苗先，实从花后"是也。以年为祖上，根基田宅，世代宦派之官。盖健刃劫煞伏年，祖基必微贱。若年月日合为富贵，或位禄马印绶而无克破刑冲，则根基光华世代不衰也，反业此则不然矣。以生月为父母之官，若月内有财官之星。旺才目无冲破，又日干居生旺之地，其人必承父母之福。居死绝之地，为人虽承父母之福，终不为久长亲荫也，以日为己身者，是生日天元，乃人之己身也。必须推详，生日天元临何宫之分，搜用八字，外而干上透露。有何为官杀印等，内而支中所藏。有何字为官杀印等。或去官留煞，或去煞留官。不亦日干为生克取舍之源乎。夫日干责乎旺，若日干弱，则求资于印刃，以扶其弱，或运行身旺之地。亦美。若有余，则欲谋乎官杀，以制其强，或运行官之地亦善。

干同以为兄弟，如乙以甲为兄。忌庚重也。甲以乙为弟，畏辛重也。

辛多则伤乙木，庚多则伤甲木。如此则兄弟有克。如甲日生以乙为弟，柱中有辛字多克乙木，不得姊妹之力也。乙日生人。以甲为兄，若四柱中有庚金重克甲木，则生平不得兄弟之力也。凡看兄弟有无，以此例推之。

干克以为妻财。财多干旺则多称意，若干衰则财反祸矣。

财多干旺者，力能任财则为福。干衰弱力不能任，则财反为祸矣。赋云"财多身弱，正为富室贫人。"此之谓也。

干与支同，损财伤妻。

干与支同者，甲寅乙卯之类。又日若地支同局之命，则损财伤妻。更月令气旺。年时不见财官，又无格局，穷必彻骨矣。

男取克干为嗣，女取下生为子，存失皆然。以时分野，当推贫贱富贵之区也。

假令甲乙生人，以庚辛为子息。女命甲乙生以丙丁为子息，更看时辰在何分野。轻重生旺，定其多少。若四柱或有克子息之星，可言无子矣。假如六庚日午时生，乃子嗣多数。谓庚以乙为财，乙木去生火，火克庚金，为子之星，午时乃火之分野，丁火建禄之乡，当有子多，生显贵命矣。若生于戌亥子时，则是金水分野，火绝之地，则子息少矣，当生孤独贫贱之子，不然僧道过房螟蛉之种矣。女取干生亦然。论子息多少，于生时内参详，万无一失。看生时在何官分，若在长生沐浴冠带临官帝旺之乡，定其多嗣，当生出美丽富贵之子。落在衰病死墓绝无气胞胎冲刑之乡，定主子少，当生孤苦贫贱之子。

《理愚歌》云："五行真假少人知，知时须是泄天机。"是也。俗以甲子乙丑海中余，即娄景之前，未知金在海中之沦。

《理愚歌》五行真假少人知，知时须是泄天机。五行真假者，纳音是也。乃天地大衍数也，先布大衍四十九数在地，次将甲己子午九，乙庚丑未八，丙辛寅申七，丁壬卯酉六，戊癸辰戌五，己亥当属四等数除之，除减不尽，又按五行数除之。除者水一火二木三金四土五，相生取用。便是纳音也。相生者，余一生木，余二生土，余三生火，余四生水，余五生金，是甲子乙丑金也。又如丙寅丁卯四个字，干支共除了二十六数，外有二十三数，以四五除二十，余剩得三属木。木能生火，是丙寅丁卯火也。余者依此。岂得有金在海中，火在炉中之说，世有不肖之术，未遇明师道听途说，错论古道，迷误后人，焉能中理。故将甲子乙丑金喻，子丑近北方坎水之地，为海中金。丙寅丁卯火，喻寅卯，近东方生火之地，如炉火之说。自叹娄景先生以前，并无金在海中火在炉中。子平之法不用胎元小运纳音，专以生日天元为主，配合八字干支，并支中所藏人元，或当生为财为官，为祸为福。依此参详人命，贵贱得失荣枯贤愚可知矣。

或以年为主，则可知万亿富贵相同者。以甲子年生，便为本命忌日之戒。

世之谈三命者，皆以古法，往往多以年为主，则可知万亿用胎元小运纳音为论，似水之涣漫，而无所归矣，富贵有相同者谬矣。故子平之法，专以生日天元为主，日下支辰为妻官，生年为本命根基，又为祖上田宅之官。如甲子生。便为本命太岁之尊神，忌生日支干与太岁冲并战斗克害，名为主本不和。则人生来不靠祖业田宅，睽败宗亲，应难倚依。若生月时中，与本命干支会合入局，或遇财官贵气，则生平当有祖宗田宅，镒基丰厚，声誉之美也。

以月为兄弟，如火命生酉戌亥子月，言兄弟不得力之断。

月为兄弟之宫，如男取比和同干，便为兄弟之星。且如六丙日生人，以丁火为弟妹，六丁日生人，以丙火为兄姊。若临酉戌亥子月，言兄弟不得力之论。谓酉月火死，戌月火入墓，亥月火绝气，子月火怀胎，故言兄弟不得力之断。其余依此，万无一失。

或日为妻，如在空刑克杀之地，言克妻妾之断。

妻妾者，以生日支辰。为妻妾之星。无所克之物为上，若在空刑克害之地，则克妻妾。不然重婚再娶。

或时为子息，临死绝之乡，言子少之断。

论子息多少者，当以生时为子息宫。男取克干为子息星，女取干生为子息星。若临死墓胎绝衰病之地，子息甚少。如男命六乙日申时生，当有子息多。乙木以庚金为子息。申时乃金之分野，庚金建禄之乡，故言子多者也。若生子丑寅卯辰巳午时，为子息极少之断。谓居墓死绝胎克害受制之乡。或四柱之中有刑；中害损子，时中定是晚年少子嗣，不然迟矣。纵有亦须僧道过房，贫贱夭折，螟蛉出祖之辈也。

论之皆非人之可为，造物物阳之所致。后世术士，不知斯理，而僭乱于俗，故不可言，当考幽微之妙矣。

前篇论生年，为祖上父母，世代宗派盛衰之宫，切忌四柱中有刑冲破害之物。伤于生年，应主祖宗睽败，根基虽有，亲荫无倚也。以生月为兄弟之宫，若比和者，兄弟之星也。若临死绝墓胎之月，言兄弟不得力也。以日辰为妻妾宫，若临空刑克害之地，言克妻妾也。以时为子息之星，子星之宫临绝死墓之乡，言子息少之断。

神峰通考命理正宗卷六

五行元理消息赋

详其往圣，鉴以前贤，论生死全凭鬼谷，推消息端的徐公。阳生阴死，阳死阴生，循环逆顺，变化见矣。盖阳木生亥死午，存亡易见。阴水跨马防猪，吉凶可知。丙生艮而遇鸡死，丁生兑而逢虎伤，戊藏寅而酉地没，己生酉而寅宫亡。庚逢蛇而峥嵘，遇子鼠则难当。辛生子死于巽地。壬生申灭于震方，癸得兔而衣禄足，运行猴地见灾殃。十干死同断，造化依理推详。又凭权刃双显，均停位至侯王。

注释：如甲生人卯月，得庚为权星。须得刃来合七煞！方为贵。如有刃无杀，刃必劫。有煞无刃，煞必伤身。**己亥　癸酉　庚午　戊寅**　此造庚日以丙为煞，辛为刃，地支寅午会火局，则丙杀旺也。酉金羊刃得时，又转生岁食神，乃食前杀后，而刃煞双显，主大贵也。戊寅运壬辰年，拜右丞相传国将。

中途或丧或危，运扶官旺。平生为贵为富，身杀两停。

注释：凡命身煞两停者，富贵双全，若偏则贱。**乙酉　乙酉　乙酉　甲申**　此造乙木生于八月，酉金七煞，与申酉类成金局，乙与时支庚合，从煞为贵也。金方主义，故为人禀性刚毅，为国良臣，乃尚书命也。

大贵者，用财而不用官。

注释：凡用官者，多受人之制。用财者，盖我克他人。所以用财命有贵。**辛亥　庚寅　丙子　丁酉**　此造六丙生人，自坐官星，喜庚辛酉金为财，乃财旺，则自坐生官，行丁亥运，丙戌年中状元。

当权者，川杀而不用印。

注释：凡印绶多生滋官，如月支偏官，时上一位贵格，从煞格，多大贵。**己巳　癸酉　乙丑　甲申**　此建宁府彭金事命，柱中巳酉丑会局，以从煞论也。

印赖煞生。

注释：凡印绶格，如印多见官者，合杀生印者，主大贵也。　**辛亥　庚子　甲辰　乙亥**　此造甲木冬生，地支亥辰，水局生身，行申酉运，庚金七煞临禄乃全盛，而印绶得局，官至御史。

官因财旺。

注释：凡官星得令则吉，最喜财旺生之。**甲寅　己巳　癸巳　癸丑**　此造癸日坐巳，为财官，逢寅财旺，官星得生，甲木合己，行西北方运，位至封相制王。

食居先，杀居后，功名两全。

注释：凡月令有食神，时上有七煞者，主大贵。**戊午　戊午　乙丑　辛巳**　此造乙巳丁巳为财食神，禄于午，以辛金七煞，库于丑，身杀两停，财权兼备，官拜都尉。

酉破卯，卯破午，财名双美。

注释：夫酉破卯者，用支元多见酉字，以酉暗冲卯中乙木为财，运行金乡，如见卯木，则主不吉。卯破午者，用支元多见午字，以卯破午中己土为财，运会木神为妙，如逢午未己土，则不吉。**丁酉　己酉　辛酉　丙申**　此酉破卯也。义生秋令，官至今尹，衣锦还乡。**癸亥　乙卯　乙卯　戊寅**　此卯破午也，已合真格，八十而卒。

福享五行归禄。

注释：凡五行阴阳相均，八字或四柱各归禄，或归禄临生旺之地，或身杀相等，均主人多增福寿温厚造也。**丙寅　甲午　己巳　丙寅**　此造乙木生于午月，甲禄寅，丙禄巳，巳禄午，乙禄卯，虽不富贵，却一生温饱享福，年八十余岁，康健精神。**癸丑　癸亥　丁卯　丁未**　此乃福建建宁府建安县林寿官八字，讳钊号石庵。其人积德行善，秉忠尽孝，克勤克俭，已成巨万之家。敦仁敦义，允叨无疆之寿。生子七人，长子官拜令尹，四子职见省察，其他登庠序者，蔼蔼吉士，间有侍庭闱者，造造良民。生女五人，各配宦门。阶前孙枝二十四条，条条挺秀。堂下曾兰一十九叶，叶叶争芳。更有五代之孩提，又遂两眼之快睹。即今年万历十七年算起，寿数九十七，耳目尚精神，齿发更伶俐，饮食如常，动履健顺，言语无颠倒，施为未改体。躬逢朝廷恩例，钦赐冠带荣身，续承都府，赠以金，赠以衣，继蒙按院赍以布并银。昔年杨郡守，请与乡饮，客岁张府尊，重礼高年。长子七十已上，见居林下，鹤发童颜对椿树，余子七九将近，各在庭前，戏彩斑衣娱华阳。蓝袍孙子，泮苑有声，仁看对对登廊庙。白衣曾玄，书香可赖，行将个个拜丹墀，盛矣。目前之美景如斯，彰彰莫掩，必也后代之繁祉定见，生生无穷。

夺称八字相停。

注释：凡五行得中和者必寿，经云五行不可偏枯，要禀中和之气。**丁巳　壬寅　戊辰　丙辰**　此命火土相停，得癸巳运丁亥年，不禄。

晦火无光于稼穑。

注释：丙丁火非特畏水为凶，若遇土重，以晦其光，俱主不吉之兆。**戊戌　戊午　丙午　己丑**　此女命丙日生，逢午戌火局，四柱土神太重。以掩其光，乃愚蠢人，终为灶下之婢妾。

盗木绝气于丙丁。

注释：凡火盛成局，则木临火地，烟灭灰飞。若阳宫食神多者是。然阳木则盛，阴木次之。**丙戌　丙申　甲午　丙寅**　此甲午生于申月。乃偏官格也。年时寅午戌会火局，制伏七煞太过，又会失垣，乃一俗人。行寅运丙戌年不禄。

火虚有焰。

注释：凡丙丁日，遇甲乙寅卯木生之，或类火局。皆为火虚有焰而吉也。若被土重掩光，则火实无光。**戊戌　乙卯　丙午　己亥**　此李状元命。木火通明。杀生卯，火明木秀。

金实无声。

注释：阳金出土，须有火锻，方能成器。若无火锻炼，则金成块物，而丙实无声也。人命亦然。**戊申　庚申　庚申　甲申**　此造金生七月，地支纯金，类成顽金。而无水火锻炼。又行西方金乡，乃金实无声也。

水泛木浮者活木。

注释：水泛木浮，不分阴阳，用之不验。盖甲木生亥无咎，乙木死于亥。水泛则浮也。**辛亥　庚子　乙未　甲申**　查此女命以庚全为夫，喜透归禄，夫星得地，年杀又生于子而得垣。以格论之。为官杀混杂。以理推之，则又不然。取甲木配辛，日主乙与庚合。甲乙互相配合也。行卯运合局，身旺为福，一交甲辰运，申子辰三合水局，又遇丁亥年，壬水太旺，八字运岁，全是水象，庚金沉水，乙木死绝，乃水泛木浮也。如活木无土以培其根，被壬水浸淹摇荡其根矣，果患面肿浮面之病，而不禄矣。

土重金埋者阳金。

注释：凡金宜乎水土滋生，而被土重埋者，乃阳金也。盖阳金为成器之物，土重不能滋，而反滋生。**戊辰　戊午　庚辰　丁丑**　此造庚金逢五月，乃正官格也。惜乎无一点财星，官无生意，地支纯土，又透出枭神掩火，而金遭埋没，行西北方财官运，皆名利俱无也。

水盛则危。

注释：凡水盛滔滔，贵乎土止。虽曰土克水，然水局者，必要土培为福。四柱全水象，而无土止者，则有泄流之患。**壬子　癸卯　壬子　庚子**　此女命泛滥而无土止，更兼羊刃伤官，又行西北运，而流走无定。淫乱太盛，乃下贱也。

火明则灭。

注释：凡火无不明之理，无不灭之象，若非圣人泄机，孰得而知之。是以命贵在得中和，方为上格，太过不及者下格矣。

阳金得炼太过，变革奔波。

注释：凡五行归禄者，不喜见官星。且如阳金归禄，兼坐火库，则金已成器，不必再要见火陶熔，恐变革也。**癸卯　庚申　庚戌　甲申**　此造庚金，日坐火库，得锻成器，再行丁巳运火乡再锻，反为太过之患矣。盖以物元推之，庚申归禄，乃从革而成气之象也。复行火乡，又见损而不成物也。果在此运，事物变革，受其劳碌，再行卯运，及岁支财神会局，受职州判，大发财利。

阴木归垣失令，终为身弱。

注释：凡五行失令者，纵然归禄得垣，被比局持势于月令，不作身旺格矣。**癸丑　甲寅　乙卯　己卯**　此造乙日坐卯，虽禄得垣，奈生于寅月。阳木得令，阴木反弱，累年未遇。古云木向春生，作生旺论。却乙在二月得令，甲在正月。若失其时，反为身弱。直运至辛亥，亥卯合局，印绶扶身，戊子年中举，会试下第，授长山县知县。

土重而掩火无光，逢木反为有用。

注释：此与晦火无光同论。**癸未　己未　丙戌　己丑**　此八字丙日主，干支俱系土象，无木成其火，故掩火无光。

水盛则漂木无定，若行土运方荣。

注释：此言阳木也。如甲木居于子，乃木败之乡，而水太盛，无土以帛之，主风流无度，好酒色之徒。**甲寅　乙亥　甲子　甲子**　此造甲日，身坐败地，生亥水失土所止，此人虽智巧，能说能为，特虚名一生，功名无成。

五行不可太盛，八字须要中和。

注释：凡太过不及皆不吉也，责乎禀中和之气。人能持此语以为论，则修齐治平之道，不出乎此，人命亦然。**辛亥　戊戌　壬辰　甲子**　此造壬禄于亥，子辰全是水象，喜得月令干支纯土止水，一生富贵，寿年九十九而终，得中和之命。

土止水流全福寿，土虚木盛必伤残。

运会元辰，须当夭折。

注释：凡水滔滔无土止者，必主飘荡，寿亦不永矣。**丁丑　壬子　壬申　辛丑**　此造壬生子月，水局太旺，丑申金壬，俱金水象，而无土止，行亥运，十六岁而死。

木盛多仁。

注释：凡造化逢木命而通月令，或从化类成局者，主性敦厚，仁慈富贵，又化象得寅卯辰全尤妙。**甲戌　丁卯　壬寅　甲辰**　此造寅卯辰全，化象得令，作伤官用财格，乃王金事命。

土薄寡信。

注释：凡土得正令，而无刑害者，其言诚实。若土薄而刑坏者，主人寡信不实。**甲寅　甲戌　己酉　己巳**　此造是赵子昂命，即赵孟••。**己巳　壬申　己酉　甲戌**　此造是刘宦官命，即刘瑾。

水旺归垣须有智。

注释：凡水旺居垣，或化象，或从类得局者，主人有智谋才艺，为人面圆美须。若太不成局者，主性奸猾，不实之人也。

金坚主义却能为。

注释：夫庚辛金者，在五行主义。若以为用神，或属化从类。得局归垣者，主人必有义，而刚毅豪杰。或刑战失令局者，无义凶顽也。若阳金运行寅午戌方，则炼大器，若阴金运行子丑亥方，则为佳也。

金水聪明而好色。

注释：夫水主智，金主义，金白水清，聪明好色，如水太旺，必是酒色无度之人。

水土混杂必多愚。

注释：夫水主智，被土而混杂者，令人多愚鲁矣。

遐龄得于中和，夭折丧于偏枯。

注释：凡造化得中和者寿，偏枯者夭。又如煞强身弱，而失中和者，其人必夭。

辰戌克制并冲，必犯刑名。

注释：凡魁罡全更带刑冲者。必主犯刑，女命亦然。若身坐辰戌以有贵者，如贵亦主破败不成，若女入则伤夫克子。以日时为重，年月次之。

子卯相刑门户，全无礼德。

注释：夫子卯为礼义，日月为门户，郭璞玉照云卯相刑门户，全无礼德。予敬用甚验。月令日支见者为奇，值时次之。无礼德者，主帷薄不修，丑声外闻。**壬子　癸卯　丙子　丁酉** 此丙子用金二为财禄，不合丁火坐酉中长生之地，财神又被劫，更子卯相刑，故妻不贤，帷薄不修，家道不肃。

弃印就财审偏正。

注释：凡印格忌财，此理明矣。若正印居月令者，不可见财。偏印居月令者，却喜午时见财，不妨弃印就财，舍轻就重。**丁亥　戊申　壬申　丙午** 此造壬生七月，坐长生禄于亥，印身旺也。喜丙丁财透，而禄壬午，双行运南方之地，所以弃印就财而贵。

弃财就杀论刚柔。

注释：凡阴干从地支纯杀者，多贵。盖阴柔能从物，若阳干则次之，盖阳干不受制也。**己巳　癸酉　乙丑　甲申** 此阴木从金也。见前。

伤官无财难恃，虽巧必贫。

注释：夫伤官格者，须要身旺三敌财。财要生气，不要盗财之气，便是发福。若无官又无财者，虽巧必贫。**丙子　壬辰　辛酉　丁酉**　此造六辛生人，以壬水为伤官，归于子辰水局，乃柱中无点甲乙寅卯之财，此人至巧一生贫。**己酉　庚午　己卯　乙丑**　此造己用庚伤官，归于酉丑金局，柱中又无一点财神，须巧多能，平生不遂。

食神制煞逢枭，不贫则夭。

注释：凡用食神为福，被枭神克之，不贫则夭。若枭神无食神者，却作偏印而论。**戊寅　丙辰　戊申　丙申**　此造以庚金为食神，不合二丙透出，而生于寅，五岁行己运，巳午会火局，因火惊死。

男多羊刃必重婚。

注释：夫羊刃在命，若无煞，则刃必劫财，而主克妻。或刃旺财弱，而行刃运，决主克妻。

女犯伤官须改嫁。

注释：凡命阳见阳，阴见阴，多无情。若阴见阴，则夫妇和鸣也。如甲见庚为杀，辛为官，见丙为食，丁为伤，犯此主克夫。

贫败者，皆因旺处遭刑。

注释：凡命身旺，再遇归禄生地富贵者，则退身避位。常人命则贫贱夭折也。

孤寡者，只为财神被劫。

注释：凡月令财神，被比肩羊刃分劫，以夺其福，其人不特贫贱，亦孤寡也。

去杀留官方论福，去官留杀有威权。

注释：赋云甲以乙妹妻庚，凶为吉兆。凡论官者，以要去煞为福，用杀者必要去官为贵。

逢伤官反得夫星，乃为财命有气。

注释：此论夫妇阴阳之正理。如女命戊日生，以乙木为夫。则戊为燥土，乙为活木克燥土，则无情也，安能成生育之功。盖戊生于寅，须得阳火化炼，方能成器，故以甲木为夫也。又不专以夫星定之，如无夫星原有伤官，而财神有气，皆作有夫论也。如伤官为用神者，亦不可损伤也。

遇枭神而丧子息，定因福薄无嗣。

注释：夫女造。日主是阴干，则以伤官为子，食神为女。阳干则以食神为子，伤官为女。若男命，则阳干以七杀为子，官星为女。阴干则以官为子，比如岁运逢偏正印太过，皆主子女见刑，更看向背轻重而言，不可执一论之。

二戌冲辰祸不浅。

注释：如八字原有辰戌相冲，又运逢戌再冲，主祸不浅。

两干不杂名利齐。

注释：凡两干不杂，更入格，方作贵论。如或刑冲克战，不为善也，宜细详之。

丙子辛卯相逢，荒淫滚浪。

注释：凡八字天干相合，地支相刑，如丙合辛，子刑卯之类。乃滚浪桃花，男犯之好酒色荒淫，因而丧身，病在膀胱肾经，若子卯岁亦然。如甲寅己巳，一同论之。**壬辰　壬子　丙子　辛卯** 查此造天干丙辛相合，不合地干子卯刑之，行乙卯运，因贪色病膀胱而亡。

子午卯酉全备，酒色荒迷。

注释：凡子午卯酉全者，谓之遍野桃花。若入格不失局者，须贵而有财，皆主荒淫酒色薄德之人。

天干煞显，无制者贱。

注释：凡天干透杀，身有所归，遇食神则贵。如煞显而无食神制之，更冲战者贱也。**癸丑　辛酉　乙卯　癸未** 此造生于秋令，而煞旺，坐卯而身强敌杀，柱中无食神以制杀，更透枭神，卯酉丑未相冲，为性不仁，凶恶好杀，贫乏终身。

地支财伏，暗生者奇。

注释：郭璞云壬癸生于寅月，暗藏三阳之火为财。而暗生官，斯为贵命，若透出丙丁则不妙。顺行喜午未运，逆行喜戌亥运。芳申酉运则散，见裸刑夹煞主死。

因财致祸，羊刃与岁运并临。

注释：凡月支羊刃，喜见官杀，不要见财，如岁运又见刃，必因财致祸，轻则灾咎，重则丧身。

贪食乖疑，命带枭神应有祸。

注释：凡支寸枭食重者，遇七煞的岁运，则贪食生病，更带刑冲。则主祸不浅矣。**癸未 丁巳 丁卯 癸卯** 此造日坐枭神夺食，有贪食之病。行戊午运，戊子年，丁食午中己土，发杀禄于子，与日时卯宫无礼相刑，故初年食耗而退。

日时相逢卯酉，始生必主迁移。

注释：夫卯酉，乃日月出入之门户。如卯日生，逢亥月令，又逢时酉，必主有生之日，家居不定，有迁移修造之事。**癸丑 辛酉 乙卯 壬午** 此造乙与辛战斗，而卯日酉月相冲，始生之日，主迁移不定。又主所生之处，左有树木，右有金铺，前有道路。

造化因逢戌亥，平生敬信神祗。

注释：夫戌亥为天门，玉照云时逢戌亥。道士僧人。身坐天门者，若不是僧道，亦主敬信神佛。**己酉 丙子 戊戌 癸亥** 此命身坐戌亥，一生敬信神祗。

阴克阴，阳克阳，财神有用。官化杀，官太旺，太旺倾危。

注释：夫官星多者，则化官为杀，人命遇之返凶矣。**戊子 丙辰 癸巳 丙辰** 此造癸用戊土为官，柱中太多，反为不吉。行壬戌运。官多化煞而逝。

煞多无杀，反为不害。

注释：此即从杀格，若煞旺运，多富贵。**甲寅 癸酉 乙酉 乙酉** 此造乙木身弱，喜得上柱无一倚靠之神，地支三重酉，只作得从煞看，故富贵也，位至三公太保。

财多逢财，运逢化杀主灾。

注释：凡局财多，岁运见财者，谓之财化煞凶也。

印多无印，运行比劫旺地。

注释：凡印绶多得地者，最不宜比肩劫财身旺地。诗云印绶不以无根论，比劫相逢劫不宜。运行财地并比劫，命行值此主伤悲。又云印绶不喜行临官，帝旺逢之亦不欢。运行身旺地，未可许荣昌，最喜者官煞也。

八字得局失垣，平生不遇。

注释：凡木逢亥卯未，金逢巳酉丑之类，乃得局。若木局秋生，金局夏生，岂不失垣乎，主平生不达。**壬申 癸丑 壬子 甲辰** 此八字申子辰会水局，而生于丑月，失垣也。其人心胸茅塞，名利无成，行午运冲日干不禄。

四柱归垣得局，早岁轩昂。

注释：凡木局春生，火局夏生，金局秋生，水局冬生。土生四季月，皆为归垣得局，富贵无疑矣。

癸亥木　乙卯木　乙未木　壬午木　曲直格。
壬寅火　丙午火　丙戌火　甲午火　炎上格。
癸酉金　乙丑金　庚辰金　辛巳金　从革格。
庚午水　甲申水　壬子水　甲辰水　润下格。

木逢类象，荣贵高迁。

注释：如甲乙天干，生于春月，地支值寅卯辰全，而无间断破害，必主荣贵。惟怕引至时上，为死绝之乡则不吉。**癸卯　甲寅　甲辰　乙亥** 此造木生春月，四柱纯全旺，又非死绝乡，故官至御史。

命用枭神，富家营造。

注释：如甲用丙为食神，而丙来生戊土，则戊乃甲之财也。夫丙既为甲之食神，则为丙之枭神，而丙受甲之役使也。**庚子　戊寅　壬子　壬寅** 此造壬生庚为偏印，寅为财食，故壬子生寅木，而为庚之财也。却赖庚金生身，故为富家掌财也。

财官从败者死。

注释：凡命以官与财为用者，俱要行财官旺乡为福如行败地，谓之禄马衰，主死。**戊子　丙辰　癸巳　庚申** 此造癸用戊官丙财。得禄于巳，运行南方受敕令，行酉运不禄。

食神逢枭者凶。

注释：凡食神为福者，柱中不要枭神。如岁运又见枭神。轻则灾咎，重则损神。**甲辰　丙寅　壬子　辛亥** 此造甲木食神福禄，造化可取，不合身坐刃地，会水局夺了丙火福食，行庚午运，食神被伤，而一贫彻骨。

归禄有财而获福。

注释：凡归禄格无官星者，号曰青云得路。本用财也。固喜伤官食神，生财为贵。**壬寅　辛亥　壬寅　辛亥** 此以寅中丙火为福，而身旺敌财，喜行东方之地极贵。

无财归禄必须贫。

注释：凡归禄格无官煞，又无财星，不入他格，贫命也。**辛丑　庚子　壬申　辛亥**　此命无财可倚，而金水太旺，运行西方，卖尽田园而贫。

太岁忌逢战斗。

注释：此日犯岁君也，若为用神者无咎。如壬日以丙火为财，柱中原有财，虽犯太岁，反为吉也。

羊刃不喜刑冲。

注释：凡羊刃而无杀制者，逢羊刃岁君而多凶。若无财者轻，有财者重，更带伤官冲刑战斗。主祸不浅。

岂知遇正官，却无俸禄。

注释：如甲用辛为官，以物元推之，甲乃阳木，辛乃阴金，不能克之，以成其器也。**戊辰　戊午　庚辰　丁丑**　此造庚用丁为官，禄乎午，惜乎无财，官无生意，行西北方运，财官皆背，名利俱无。

盖缘逢七煞，乃有声名。

注释：夫七煞乃权也。以五行之理推之，煞即正官之用，如庚金制甲，甲制戊土之类。如时上贵格，而无损坏，乃一品宰相。**甲申　丙寅　乙卯　辛巳**　此造源远命，拜将王，一位贵格也。

不从不化，淹留仕路之人。得从得化，显达功名之士。

注释：夫不从不化者，最怕伤了贵气。若得化得从者，其功名必显达也。**甲午　丁卯　壬申　乙巳**　此造丁化壬木，二月得令，惜乎壬水自坐长生持势，巳申类金局以克木，化木不成，又支元刑冲，乃下造也。**辛亥　辛丑　丙子　己亥**　此造地支亥子丑，类成水局而化，有所贵，故贵。此翰林方状元命。

化成禄旺者生。

注释：凡化成造物者，要行本禄旺运，如戊癸化火局，要行南方运。

化成禄绝者死。

注释：凡化成局者，最怕行禄绝马衰之运。如戊癸化火行水乡，丁壬化木行金乡，轻则残疾，重则伤生。

处僧道之首，用煞反轻。

注释：夫煞，乃权星也。若身旺杀轻者，必为僧道之首。或入格清则贵而富，必是天师。

受宪台之职，偏官得也。

注释：凡煞有制伏，刑冲有用，财食兼备，必受宪台之职。

生地相逢。壮年不禄。

注释：如八字已旺，再行归禄生地。经云金刚太强，自刑其身。木落归根，水流趋东，则为自刑。如庚辛用丙丁为官，甲木为财，火木至申酉死绝，财官俱败，用神被伤。故壮不禄也。

时归败绝，老后无终。

注释：凡命以年为祖宗。月为父母，日为己身，日支为妻妾，时为子息。又月为初主，日为中主，时为末主，归时败地，主晚损子息。**己酉 丙子 丙寅 辛卯** 此造无责后贱。盖丙前处官，后归败地。又子卯相刑，失其官显。故先责后贱，而子癸生乙木，盗官之气也。

财逢旺地人多富。

注释：如甲乙生人，用戊己为财，八字有火局，则财神有气。或运行南方及长生之地，必发福。

官遇长牛命必荣。

注释：如丁日干。以壬水为官，四柱得壬申字，即官长生也，其命必荣达。

丁生西境，丙辛遇之绝嗣。财临煞地，父死而不归家。若能观览熟读详玩，贵贱万无一失。

注释：辛金以火为予，酉时乃火死地，有丙字合，化水克火，主无嗣。庚午有甲申字财临杀，主父死，子客在外。

五行生克赋

大哉干支，生物之始。本乎天地，万象宗焉。

太易生水，未有气也。太初生火，有气未有体也。太始生木，有形未有质也。太素生金，有质未有体也。太极生土，形质具有也。此乃生物之始，本乎天地之初。所以五行之生，水数一，火数二，木数三，金数四，土数五，五行即成质，而太极既混沌，一判腪胎，腪轻清为天，重浊为地。二气相成，化而成天，且日月星辰，山川草木。人民鱼龙禽兽，万物宗之而生是也。

有阴明变化之机，时侯浅深之用。

以地为阴，以天为阳，言阴阳交合，而能生物。如人之妇与夫合，而生子，谓之变化之机。时谓四时，而分春更秋冬，以三时为一春，三时为一夏，三时为一秋，三时为一冬。一时为三个月，以十二时为一日，三十日为一月，十二月为一年。一时有八刻，每时初刻，初一刻之分，故有浅深。候乃五日一候，每月三十日，分作六候，一年共计七十二候，如正月东风解冻，蛰虫始振，鱼陟负冰，獭祭鱼，雁北乡，草木萌动之类是也，故有浅深用之。

故金木水火土形，生克制化，理取不一。

水能生木，木能生火，火能生土，土能生金，金能生水，此生生不绝之义。金能克木，木能克土，土能克水，水能克火，火能克金，此取制化之义。虽无形之可观，其变化之理无穷。

假如死木，偏宜活水长濡。

木之枯者，谓之死。赖水生之，得沾濡泽，可以复生。假若逢金则剥削矣，逢火则焚尽矣，得水济之，逢春则荣。故云偏宜活水。理亦然矣。

譬若顽金，最喜洪炉火锻。

庚辛金生于秋月，无火制伏者，谓之顽金。夫金之质，本坚刚之物。人禀之性主义，有刚果毅然卓立。若要成器，必得洪炉丙丁之火，锻炼操持成物，方能用之于世。如无丙丁制之，俗云一块死铁，不堪用也，故曰顽金。

太阳火忌林木为仇。

太阳，日也。属火，居午位。为人之德，诸星不敢犯，惟忌木星，春夏之木为林木也，正谓春生夏长，木之茂盛，蔽日之光，故云忌林木为仇。若夫秋木凋零，冬木全落，其叶不能蔽日之光，此言丙火生于春夏，遇木盛者忌之，秋冬不忌。

梁栋材求斧斤为友。

甲木，为梁栋木也。夫梁栋之木，必得斧斤研削雕刻，然后方可成。斧斤者，庚金也，以斧斤喻之，而取象也。此言甲木生春，须得庚金剥削，然后有责。若生于秋，则太过，恐伤之不为贵矣。且主筋疼骨痛之病。

火隔水不能熔金。

夫金生于秋，栖身旺之地，虽得丙火以陶熔，方可成器而贵。四柱又见壬水，以克其火，则火不能熔金，使其金仍为坚刚之气，亦不可以言贵。若无羁绊，当为从化而论可也。

金沉水岂能克木。

且如甲木喜庚金为煞，若有金，又在申子辰之局，谓之金沉水底，水盛金沉，安能克其木哉？此为遇而不遇之象也。

活水忌埋根之铁。

活水无根之木，阳木也。若遇水旺有根，且能伤木。金则伤身，自身受制于人，宁得为福哉？若有丙火制金。可以言福。

死金嫌盖项之泥。

此言金质之弱，又遇土多，是谓土重而金遭埋没之故。如以金为日主，岁月时又见戊己，支中又逢辰戌丑未之方是也。此象主一生被人压伏。未可以通达断之。

甲乙欲成一块，须加穿凿之功。

甲乙之木，生于寅卯辰之方，为之一块，比为曲直仁寿之格局也。

壬癸能达五湖，盖有并流之性。

水至于亥子丑之地，乃为湖海，则为会局，其性相并，得汪洋之势。此等生人，有福有量才智之士也。

樗木不禁利斧。

樗，朽木也，质性枯弱，言甲乙之木，生于秋金之地，则伤其身，当以力弱疾病之论。若有丙丁，方可取福。或行南运，制之亦美。东方之一运大美，更遇西方已矣。

真珠最怕明炉。

此当作庚戌辛亥生人，遇丙寅丁卯是也，合者非谓此论。盖庚戌辛亥者，纳音为钗钏之金，所以怕丙寅丁卯炉中之火，非专以金怕火之论也。若壬申癸酉剑锋金，又喜明炉也。

弱柳乔松，时分衰旺。

壬午癸未为杨柳，至于五六月将衰矣，谓之弱柳，柔软之象，生于春谓之盛。乔松者，庚寅辛卯松柏木也，生于春谓之乔松。此言木之盛衰，与论他木不同也。

寸金尺铁，气用刚柔。

寸金言其微弱，丈铁言其刚健，此可审气候之浅深而用也。柔者，用土以资之，刚者用火以制之，可以言福。

陇头之土，少木难疏。

戊寅己卯城头土也。寅妫艮山，非浮薄土。既为山，虽得木以疏之，木少与山不相称，故得均平，方见山林之秀。以人类之，则有福矣。

炉内之金，湿泥反蔽。

金赖土生，又云湿泥反蔽。何也？假如丙寅丁卯为炉，且壬寅癸卯为金箔，其力甚薄，又在红炉之内，虽有浮土，不能助之，反为掩闭。

雨露安滋朽木。

木至午而死，至未而入墓矣。虽有雨露，安能得活，终为不达之象。

城墙不产珍金。

城墙之土，阳土也。惟能提防之泛滥，岂能产物乎？犹人之积土成陂，虽产者惟草木而已，安有珍金者乎？

剑戟功成，遇火乡而反坏。

美如剑戟，赖火以成其器。倘若运至南方，重见丙丁，此为之太过，反伤其质，故云反坏。

城墙积就，至木地而生愁。

城墙虚浮之土，遇木多则克之，或裂或伤，岂能当其伤哉？

癸丙春生，不雨不晴之象。

癸者，阴水也。在天为雨露之水，在地为泉石之水。丙者，阳火也。在天为太阳之象，在中为炉中之火，故生于春月，二月相兼，欲雨而不雨，欲晴而不晴，各有进退之状。人命禀此之象，亦将以为不显不达之人也。

乙丁冬产，非寒非暖之天。

乙木者，阴木也。丁火者，阴火也。乙木在天为丹桂，丁火在天为星，生于冬月水盛之地，水不能克，所以不能为寒为暖之象，正得比和之义。

极锋抱水之金。

此言壬申癸酉，乃剑锋之金，极其利也。则金必生水，支水干金，谓之抱水之金，其气坚刚，功成不退。

最钝离炉之铁。

炉者，火也。言金刚无火制，即为铁也，安得成器而言之，当作无用之物可矣。运至陶熔之地，可以为用。

甲乙遇金强，魂归西兑。

西方金旺之地，甲乙生于秋天，正以金为斧斤，苟无火制，则其身丧矣，故曰魂归西兑。

庚辛逢火旺，气散南离。

此为庚辛夏长，丙丁得位。如人日主，以庚辛受丙丁之锻炼。则身受制太过。苟无土以生身，无壬癸以制火，则身无所赖，安可以福论之。顺运行于西北。可言发一连之财。

土燥火炎，全无所赖。

土生火盛之地，则身已燥矣。则已身所以暴燥，不能安逸，何暇生金？且金之母燥急。其子亦无所赖，理之然也。

木浮水泛，火不能生。

阳木无根之木，生于冬三月，则水溢矣。经云水泛木浮者阳木。譬如木浮水上者则湿，岂能生火哉？主人飘荡湖海之象。遇土提防，可以言福，若运行西北，不为美矣，见东南可以兴隆。此为身弱者，则喜水多，未免有淫滥之讥。

九夏熔金，安制坚刚之木。

九夏者，四五六月九十日也。谓之九夏，且如庚辛生于九夏，丙丁之地，火旺太甚，金弱则熔化矣。己身受制，如行东方财运，则不能胜任，不可以言富贵矣。遇壬癸济之为美。

三冬湿土，难堰泛滥之波。

三冬者，冬季三月也。如土生于三冬，且冬令属水，土弱水盛，安能塞其巨流？反为伤身之害矣。行东南运。可以济生，遇土运可以发福，无此二者已矣乎。

轻尘撮土，终非活木之基。

此为土轻木盛之论。此言一撮土之多，不能为山，安能任其活木乎？且木赖土培，土少木盛，则土瘦损矣。其为贫乏之象。

废铁销金，岂能滋流之本。

言金遇体囚之地，则已废矣，安能有生水之力。此谓自己血脉消耗已尽，不能与他人为母，亦主贫寒之象。

木盛能令金自缺。

此言木多金少，不能制伏。谓人自己身旺，官杀轻微，反伤之也。亦云太过之谓。

土虚反被水相欺。

土虚于亥子丑，水盛土虚，此为不及之论，尚言富贵哉。

火无木则终其光。

火赖木生，木为火之母，火为文明之象。若无未生之火，安得有光？虽得子母相依，共发光辉，以显扬于天表可也。

木无火则晦其质。

如木生人，禀东方一路之秀气。柱中须见火，则显其身，且火木之子也。如人有根本，赖子以显扬，以生光辉，理亦然也。

乙木秋生，拉枯摧朽之易也。

乙木，阴木也。自夏至后，六阴皆生，虽枯朽之时，不能摧其根也。须金盛能生水，水生木，有生生不绝之理也。但恐土多助杀，伤身之患也。

庚金冬死，沉沙坠海岂难乎。

庚金生于巳，而死于子。子为水旺之处，湖海之汪洋，况金又能生水，而使其身沉于水乡。不能见用于世。主为人寒薄，骨肉无依之论也。

凝霜之草，不能克土。出土之金，不能胜木。

此二者气尚未足，故不能任其力也。

火未焰而先烟。

此言初生之火，未乘旺而先泄其气，盖有土多之故也。

水既往而犹湿。

此言水之盛溢，虽死已尽，尚有余波，主有智谋余足之象。

大抵水寒不流，木寒不发，土寒不生，火寒不烈，金寒不熔，皆非天

地之正气也。

此谓五行生非其时，况人禀之，亦犹是也。且水寒不流则凝冰故不流，木寒不发则冻根，土寒不生则火不旺。金寒不熔则无火制，此皆不逢时之谓也。

然万物初生未成，成久则灭。其超凡入圣之机，脱死回生之妙，不象而成，不形而化。固用不如固本，花繁岂若根深。

用者，月神也。须以之为令，宜乎坚固。苟本不固，用亦无所为也。本者，命也。命不固，虽固其用一时而已，犹君弱臣强之象。

且如北金恋水而沉形。

庚辛生于亥子丑，为金沉水底之象。

南木飞灰而脱体。

甲木生于巳午未，则木又生火，火盛木焚，已成灰烬之说。

东水旺木以枯源。

水生于东，春月木旺，则水将枯，亦为子多母枯之象。

西土实金而虚己。

金旺于秋，以土生之，则金实而土虚，所谓子壮而母虚之故。

火因土晦皆太过，五行贵在中和理。求之求之勿苟言，掬尽寒潭须见底。

一行禅师天元赋

三才既定，五气混同。分之顺逆，贤者皆通。

三才者，乃天干地支人元，分为三。五气即金木水火土之气，混同于中，当以阳顺阴逆分之，然后可以论命。

甲得癸而滋荣，衣食自然丰足。

甲乃阳木无根，若无水则枯朽矣，不可雕琢也。癸水，乃阴水也，犹石泉地之中之脉，不泛不浮。甲木赖之以滋身，方得荣茂，而可以活生。癸为甲之母，母子相顾，则衣食自然丰矣。且甲生于春，自然承旺，生于冬则癸旺，癸能滋之，可以言福。

乙伴壬而获福，天赐禄位高崇。

乙木乃阴木有根之物，如根之屈曲，有未伸之象。及至发生成林，藉壬水以养。壬水，阳水也。若江海之水，不能损有根之木，虽多只为淹没，不能飘流。犹树木得雨露之恩，故曰天赐禄位高崇，理必然矣。

丙乙友会，平生福寿超群，出世深成才业。

丙乃阳火也，乙乃阴木也。阴木生阳火，此为相生之义。且乙为丙之母，丙为太阳之象。在天为日，在人道为君为父为夫，主刚毅不屈，有文明之体，又得乙木生之，是为交会，逞其光辉，故得超群之象，且安寿考焉。

戊印丁兮，似虎居山谷之威。

戊为阳土，赖丁火生之，丁即戊之母。母为印绶，且土无正位，寄生于火，乘旺于四季，辰戌丑未之方。故以土为山谷，若虎居山谷之间，自然有威，以命理论之，亦颇为福矣。

己交丙兮，象龙得风云之势。

阳火生阴土，阳生阴之义，犹父生女之象，丙为己父是也。此言人身得父母之庇，如龙得风云之势，任其自如也，岂不为富贵也哉。

庚逢己丑，官禄有余。

庚金以己为母，此言金生人，若逢火地，则败其身矣，要有土以生之，则为福矣。若运至土亦可。若土太多。则埋金质，亦无福矣。只以中和取之为上。

辛到戊乡，衣食自足。

辛金遇戊土之乡，是为父母之邦，岂不为得所哉？且金赖土生，土盛而金埋没，如辛日四柱有土，不宜又行土运，原无印绶，忽遇印乡，如逢父母，则快如也。

壬辛得会，福寿无疆。

壬水赖辛金为母，得生生不绝之义。如壬水生于夏，则无根矣。若逢辛运之方，谓之福寿无疆。

癸庚相逢，偏饶仆马。

癸水以庚金为母，如以癸日干。四柱有庚金为印，如无丙伤之，则主人多仆马富厚。柱中无庚印，或运至印绶之方，亦可为荣矣。

清高符印，须知冠冕以乘轩。

符印，官印之星也。此等星辰，为唐符国印之生。人命遇之，盖有冠冕轩舆之贵，非为人君，则为王侯之贵也。唐符国印之星，惟张果老通玄先生命理，专用此二星取贵。

冲破禄星，应显威权而解绶。

禄星者，官禄也。子平云用之为官不可冲，用之为禄不可破。破而冲之，两相为害。虽有威权，遇之则避身退位矣。

阳木甲逢庚败，枝干不得无伤。

甲木，阳木也。若生不逢春，遇庚金则削之，未免伤其肢体也。剥削太过，木之受伤。以人命喻之，主有筋骨疼痛之疾，岂能获福哉？若行火运，制庚之地，可以造化矣。

阴木乙遇辛金，茎叶自然有损。

此言阴克阴之故，乙为阴木，藏之地下，辛金亦藏于地，是为阴克阴。若木主有气，则不畏也。

炎炎丙火，遇壬而赫赫无光。

丙火，阳火也。取日之象，悬象在天，昭然光显。壬水阳水，为江海，寂然在下，岂能克丙乎？但于运行交会相济处克之是也，或水到火乡，火到水乡，相制者，是为此论。

烁烁阴丁，逢癸而明辉自暗。

阴火逢阴水，本云相克。且丁火为星光，悬象在天，癸水在地为泉水，岂能克天上之丁？以理论之，丁行癸乡，癸逢丁运，两相会合，则为相克，其理然欤。

戊守甲位，惟赖庚方能吉。

戊土本因木克，阳克阳也。阳土为城头之土，堤防之岸，遇阳木而克之，则有崩裂之患。须得庚金克其甲木，以救其危可也，然后可以言吉。

己坐乙乡，知是干头有鬼。

此言阴干克阴干，谓之鬼也。如己土日主，生临卯位，乃为坐下之鬼。又行寅卯之运，又遇甲乙，乃为相克之乡，身旺则逢官为福，身弱则遇鬼为祸。

庚逢丙战，势自倾危。辛被丁侵，克伐成害。

此言庚辛，被丙丁之火，克而害之，主人不能为福。须得壬癸之水，以制丙丁之火，济其均平，可以为富贵也。

壬忧戊至，蹇涩难通。癸怕己临，迍晦惊惶。

壬癸之水，其性爱润下，又遭戊己土以滞之，则阻而不通，主人不能获福。土若太多，则为贫贱断之。水若太多，则为泛滥淫奔断之。只要均平，故曰土止水流全福寿。

干鬼带禄旺，扶持更破。

身衰者，干头遇克，谓之带鬼。若逢禄旺，则能扶持。更有破败，为福且少。为祸更多，主人或富或贫，进退无常之命也。

支神无吉神，祸皆难免。

支神者，地支中所藏之神，亦宜有吉神相助，可以为福。若有相克之神，遇祸患则难免矣。如甲木生于子月，子宫以癸水为印，岂不为美哉？此命若年日时中有己，土旺则克癸水，是谓吉神受害。审此推之，则无不验矣。

尊堂福寿崇高，皆言甲到丙乡。

甲到丙乡者，是食神之地。甲能生丙，丙乃甲之子也，名曰食神。甲且食丙之禄，如子之养父，岂不为福寿尊荣欤！

朝省问贵优升，盖为乙居丁舍。

乙木能生丁火，亦如父食子之养，皆为吉人矣。

官禄并叠，丙食戊而成功。

此言丙火食戊土之养也。

谷麦盈仓，丁啖己而有旺。

此言丁火食己土之禄也。

要得丰足，无过戊得逢庚。

此言戊土食庚金之禄也。

欲问高迁，金赖已加辛地。

此言己土食辛金之禄也。

满堂金玉，庚禄有壬。广置田园，辛能食癸。

此言庚金食壬水之禄，辛金食癸水之禄，皆言子养父也。

壬食甲而有旺，众福如麻。癸向乙而生成，入食列鼎。

此言任水食甲木之禄，癸水食乙木之禄，皆十干生成之禄。

五行休废，得救助以灾轻。

四柱金木水火土，遇休囚死绝之地，柱中有一在长生帝旺之方，则颇相助，虽有灾则轻矣。

四柱官印，无损坏而禄重。

四柱干头有官星印星，无冲无破，主人一生禄重。但恐遇克害之运，犯小运流年冲破，止一年之不利，不为永久矣。

甲逢丁而成焰，资财累岁多亏。乙遇丙而化灰，会玉自消难聚。

此言甲木生丁火，乙木生丙火，为伤官盗气之论。伤官者，我生之子也，为人缴气，不循规矩。能消耗父母之财物，视人不如己，喜财则荣，无财则贪。

天元正败，丙见己而伤残。于禄全轻，丁值戊而衰弱。

此言火土伤官之为害，上下相戕之理。

戊若逢辛，须仗吉杀以扶持。己宜输庚，实赖五行之救助。

此言土金伤官，吉煞谓财官印也，惟忌官喜财也。

庚申见癸，荡散资金。

此言庚金生癸水，则有荡散之祸，须得土以止之，方为发福，无土止之，则为散漫。主人流荡，淫欲亡家。

辛禄遇壬，销熔福禄。

辛金生壬水为伤官，是为金水伤官。主人清秀好歌乐，极聪明，淫佚无度，遇土止之则福，无土止，终为下格矣。

年少逢灾，壬伤乙运。

此言壬水生乙木为伤官，又行伤官之运，主有灾晦。

祖财随废，癸被甲侵。

此言癸水生甲术为伤官，柱中有制则吉，无制则凶。

衣食难求，幼岁常逢五鬼。

夫日干弱，见杀即为鬼，谓之阴鬼害身，暗中不觉。若身旺者，化鬼为官，则能资身为福。且五鬼阴煞也，害人不浅。

遁闷休囚，长年元值三刑。

此言刑败之理。

祸本难免，禄本逢衰。若遇败神，兹生休咎。

官为禄本，有官而无禄，则为假官，虽荣而不贵。有禄而无官，则无所施。官禄若行衰绝之地，未免不罹其祸矣。败神者，玻败之神，命内逢之。主一生休咎不利。

况乎甲憎乙向，逢之自己多灾。乙被甲临，反与他人为助。

甲乙者，比肩兄弟姊妹之类。犹人之有兄弟多者，有家产则争而分夺，无家财则起祸端，手足不相顾。有身弱者，喜兄弟相助，但乙见甲为兄，为劫财，以上临下之祸，遇财而劫之也。

壬行癸厄，丙最输丁。辛忌庚方，丁嫌暗丙。

此皆比肩劫财之祸也。

戊同己兮，多生脾胃之疾。

戊己土，在人身为脾胃。倘若遇木克之，则伤脾土矣，故有脾土之疾。

己共戊兮，反有奔波之事。

己为弟，戊为兄，人各自立，则无伤于和气。倘若兄弟同处，必有萧墙之变，反主奔波劳苦，安得有怡怡之乐也？

柔能制刚。多因辛与庚期。太最之余，乃是辛居庚地。

此言庚辛全之刚柔也。庚刚而辛柔，庚为剑锋之器，故云刚能杀万物，柔为议钏之质，放云柔能为美观。若辛见庚，又为甚也。

癸中隐丙，壬午遇之多伤。

癸以丙为财，任其所用，若遇壬午，又伤其丙，壬为癸之兄，且劫丙财。故曰多伤。午中亦有雨，况午又壬支，亦是丙财，壬又伤支午之丙是也。

壬内藏丁，癸水番然自败。

壬与丁正有夫妻之义，又遭癸水克丁，乃为弟夺其妻，则伤败也，反为大祸。

阳者若为暗损，平生为恶轻生。

阳者，刚也，有果敢刚义之能。若遇暗损，倘有自弃其身矣。

阴位即曰败神，处世忧贱抑塞。

阴者，柔也，女人之质喜之。若男命纯阴，亦少刚助。处于世亦为抑塞其志。若得五阳聚局。可以言富贵矣。

甲见辛而化官，刚柔相济。

甲以辛而为官，甲刚而辛柔，故能相济，而不相克也。

乙见庚而为福，兄弟同乡。

乙与庚合，是夫妻之理。庚金能克乙木，为正官而为有福也。犹兄弟同乡，而且和也。

水火既济，却言丙对癸乡。

癸水克丙火，丙为太阳在天，癸水在地居坎。上下悬隔，岂能相克？而子午相对，正得既济之象，终为吉兆。

意气栩承，乃是丁归壬舍。

丁与壬本相合，阳水不能克阴火也，故同舍而居，相投而乐。

戊临乙位，土得木而生成。

木赖土以培养，土赖木以泄其气，两得而生成，虽云克之，何相害也。

己向甲乡，阴遇阳而可贵。

己与甲，本以阴阳相配之义，以为夫妇之道。故云甲与己合，甲以己为财，以妻之财而享之，安得不贵乎？

白虎通道，庚加丁临。太阴得路，辛归丙舍。

庚辛金为白虎，加之丁火克庚金，得配阴阳之道，以柔而济刚，无相害也。辛为太阴，遇丙且全而归之，是为正义。

壬怜己兮，远泛洪波。

壬为江海之水，己为平地之土。壬水至于阴土之上，则成洪波远泛，无以止之，须得阳土止之。遂塞其流矣。

癸喜戊兮，澄澜漂渺。

癸与戊合，得其正义。且癸为水，得合阳土，本无波涛之泛，故曰癸喜戊兮，云云。

阳遇阴而化合，阴得阳而成器。

此言从化，阴阳相得之义。

又有甲己相逢，化土为福，则夫妇遐昌。

甲己以成合矣，甲属木。己属土，甲以从己，以化土为财。犹人以身从妻之财，可以为福，得全夫妇之道，得中子辰可也。

乙庚和合，成金得位，则东西类化。

乙庚化金，要在巳酉丑五十一月可也。

丙辛化水。智显则必主文章。

丙与辛合，从金之义，金则生水，辛亦化为水矣，是为金水相生，反归本质矣。

丁壬为木，聪明则近善多仁。

壬水生木，则从而化之，法以正二月间可化。木主仁，故好仁。

戊癸得化，禄位崇高。二者相逢，三才可立。

戊土赖火生，从火而化之，是归本质，此皆生生不绝，化化无穷之义。

阴遇阳而化官，到旺方官崇位显。

一阴一阳而成配，乃有化道，化得真者，则为贵论。

阳得阴而成配，临有气财旺妻贤。

阳，男也。阴，女也。故以阴阳相合，为之夫妇。若有生气，主财旺且妻贤，若遇体囚死绝，主散财而伤妻。

是以平生不足，甲为壬伤。处世多迍，乙因癸克。

甲木赖壬以生，且壬阳水，故有浮泛之性，甲木无根，恐有飘流之失，故早平生不足。乙乃阴木，癸乃阴水，但以根迎之资，岂成大林之茂，故曰处世多迍。

阳自败兮，丙为甲伤。阴不明兮，丁缘乙制。

丙火赖甲木生之，以为光明。倘甲之受制于庚，则不能生木之火。且丁赖乙之生，因乙受制，不能助丁之力也。

上之凌下兮，戊遭丙食。卑恐欺尊兮，己伤丁炎。

此言倒食之理也。

阳庚瞭戾兮，戊土晦之。辛禄卑薄兮，己阴破之。

此言庚辛之质，因戊己多而掩美质，不能显达也。

失之于智，皆因庚祸于壬。丧之于权。每遇辛伤于癸。

此言壬癸之水，又因庚辛所扰。犹人之母多，抚其一子，反为害。故有智有权，皆失丧也，不得自专。

甲乙常欣戊己，乃为身内之财，丙丁尤喜庚辛，实是生成之福。

甲乙以戊己为财。丙丁以庚辛为财，乃生成正理，故安享之。

勾陈得位，戊归壬乡。阴土逢财，己加癸位。

勾陈，戊己土也，以辰戌丑未而得地。阴土，己土也。癸，阴水也。己以癸为财也。

庚辛寅卯自然而福寿。

寅卯木旺之乡，庚辛以甲乙木为财，得自然之福寿。

壬癸丙丁喜乐以无虞。

壬癸水以丙丁火为财，亦得其自然之用，何其有不虞之患？

当知我害彼吉，彼害我凶自深。以直而言之，消详为可矣。

捷驰千里马赋

荣枯得失，尽在生克之中。富贵荣华，不越中和之外。

太过无制伏者贫贱，不及失生扶者刑夭。盖夫木盛逢金。高作栋梁之具。水多遇土，修防堤岸之功。火炼坚金，铸出锋刃之器。木疏厚土，培成稼穑之禾。火炎有水，名为既济之功。水浅金多，号曰体全之象，削之剥之为奇，生我扶我为忌。丙丁生于冬月，贵乎戊己当头。庚辛出在夏间，妙乎壬癸得所。甲乙秋生妙玄武，庚辛夏长贵勾陈。丁卯水多憎北地，逢己反作贵推。庚寅火盛怕东南，遇戊翻为荣断。秋生甲乙透丙丁，莫作伤看。夏荣戊己露庚辛，当为贵论。火值水多，贵逢木运。土逢木旺，荣入火乡。庚逢子重水金寒，最宜炎照。戊遇酉多金脱局，偏爱荧煌。

金生秋月土重重，贫无寸铁。火长夏天金叠叠，富有千钟。甲乙夏荣土气厚，功名半许足田庄。丙丁冬旺水源清，爵禄双全荣锦绣。壬趋艮，甲趋乾，清名之士。辛朝阳，乙鼠贵，文学之官。破局以贫而断，入格以贵而推。后学君子，在无忽于斯。

络绎赋

参天地之奥妙，测造化之幽微。别人生之贵贱，取法则于干支。决生死之吉凶，推得失之玄妙。日乃己身，须究强弱。年为本主，宜细推详。

年干父兮支母，日干己兮支妻。月干兄兮支弟，时支女兮干儿。后煞克年，父母早丧。前煞克后，子息必亏。马入妻宫，必得能家之妇。煞临子位，必招悖逆之儿。禄入妻宫，食妻之禄。印临子位，受子之荣。枭居年位，破祖之基。财宫月旺，得父资财。所忌财伤禄薄，最嫌鬼旺身衰，原其克彼为财，生我为印。食神暗见，人物丰肥。枭印重生，祖产飘荡。财生官，官生印，印生身，富贵双全。伤党财，财党杀，杀攻身，凶穷两逼。马落空亡，迁居飘泊。禄遭冲破，别土离乡。富贵生身，化凶煞而名垂万古。贵宜乎多，禄宜乎少。绝虑忘思，无差无误。

玄机赋

官印财食。无破清高。煞伤枭刃。用之最吉。有官有煞，宜身旺制煞为奇。有煞有印。畏财兴助煞为祸。男逢比劫伤官。克妻害子。女犯伤官伤印。丧子刑夫。甲乙秋生金透露，水木火运荣昌。丙丁冬降水汪洋，火土木方贵显。戊己春生，西南方有救。庚辛夏长，水土运无妨。伤官用印宜去财，伤官用财宜去印。如或官财印俱彰，将何发福？身旺者用财，身衰者用印，用印去财，用财去印，方称发福。正所谓喜者存之，憎者弃也。财多身弱，身旺运以为荣。身旺财衰，财旺乡而发福。旺官旺印与旺财，入墓有祸。伤官食神并身旺，遇库兴灾。运贵在于支取，岁重向乎干求。印多者行财而发，财旺者遇比无妨。身旺者则宜泄宜伤，身衰者则宜扶宜助。最要得蕙中和，莫令太过不及。若遵此法推详。祸福验如影响。

憎爱赋

吉福最宜生旺，禄马全要精神。魁罡有灵变之机，离坎乃聪明户，日干旺而灾咎寡，财命衰而惆怅多。或问人性情善恶贤愚，先推官煞旺衰。方究机巧灵变，观幽闲潇洒之人。遇华盖孤虚之宿，好恃势霸道之辈。犯偏官劫刃之权。其所忧者福不福，其所虑者成不成。福不福者吉处遭凶，成不成者格局见破。伤其格则死，破其局则祸。辟苗逢秋旱，而冬禀虚空。花被春霜，而夏果无成。纵有回天转轴之机，终无建功立业之遂。

岂不见郦生烹鼎，范增背疽。渊明东归，子美西去，孟轲不遇，冯衍空回。困于沟壑，命使其然。淹滞无成，何劳差叹。是以时有春秋，月有圆缺。常观资荫之子，亲一丧而无聊。或见耕钓之人，运一通而殊显。或有少依祖父之荣，长借儿孙之贵。又有垂髫难苦，至老无依。盖因四柱之旺衰，以致大运之亨否。岂不见枯槁之木，纵逢春而不荣。茂盛之标，虽凌霜而不败。时日更亏年月，定无下稍。生时旺气朝元，必有晚福。消息妙在变通，祸福当察衰旺。庶几君子，其鉴是辛。

万金赋

欲识五行生死诀，万金赋与世人说。
星中但以限为凭，子平只以运为诀。
运行先布十二宫，看来何格堕时节。
财官印绶与食神，但知轻重审分明。
官星怕逢七煞运，七煞犹畏官星临。
官杀混杂当寿夭，去官留杀仔细寻。
留官去杀莫逢煞，留煞去官官莫逢。
日时偏正问何财，大怕干头带劫来。
劫若重来人夭寿，孰知偏正甚为灾。
有财官运须荣显，财旺官乡是福胎。
只怕日干元自弱，财多生煞赶身灾。
财多身弱行财运，此处方知下九台。
第一限逢印绶乡，运行生旺必荣昌。
官乡会合迁官职，死绝当头是祸殃。
若是逢财来坏印，堕崖落水恶中亡。
莫道食神非易诀，食神有气胜财官。
□□□□□□□①，只怕枭神前外截。

---

① 此句原缺。

伤官命运若逢官，斩绞徒流祸百端。
日德日贵逢克战，此命危亡立马看。
戊己土皆分四季，杂气透开如吾意。
逐一依定数中推，吉凶祸福无差谬。

相心赋

人居六合，心相五行。欲晓一生，辨形察性。官星恺悌，贵气轩昂。印绶主多智慧，丰身更且心慈。食神善能饮食，体厚而好讴歌。偏官七煞，势压三公。喜酒色而偏争好斗，爱轩昂而扶弱欺强。性情如虎，急躁如风。枭印当权，使心机而始勤终怠，好学艺而多学少成。偏印劫刃，出祖离家，外象谦和尚义，内心狠毒无知，有刻薄之意，无慈惠之心。偏正财露，轻财好义。爱人趋奉，好说是非。嗜酒贪花，亦系如此。伤官伤尽，多艺多能，使心机而傲物气高，多诡诈而侮人志大。权高骨俊，眼大眉粗。日德心善身稳厚，而作事慈祥。魁罡性严有操持，而为人聪敏。金神贵格，天地奇哉，有刚断明敏之才，无刻薄欺瞒之意。五阴会局，为人佛口蛇心。二德印生，作事施恩布德。火炎土燥，必声焦而好礼。水清兑下，主言悟而施仁。果合如然，失地返此。事则举其大略，须要察其细微。欲识性情，学者用心于此。

仙机赋

天既生人，人各有命。所有早年富贵，八字运限咸和。中世孤单，五行逢败死绝。

过房入舍，年月旺而运强。随母从父，偏财空而印旺。早岁父亡，偏财临绝死之宫。幼岁母离，只为财多印死。官逢死气之方，子难招得。为见伤官太甚，子亦难留。己身入败，早岁兴衰。若见伤官所生，必主依人过活。娄星越宫所生，亦是他人义女。

印绶逢生，母当贤贵。偏财归禄，父必峥嵘。官煞逢禄，子当显达。比肩得禄，兄弟名高。此乃男命之玄机，略说女人之奥妙。印绶多而老夫子，伤官旺而防伤夫。食神一位逢生旺，招子须当拜圣明。父母之官，男命之断。依其此法，万无一矣。

金玉赋

他来克我为官星，身旺当权。我去克他为妻财，官强则富。财星有破，卖祖基别立他乡。印受被伤，失宗业抛离故里。人命以贵神为福，遭克陷则凶祸不祥。五行会凶曜为灾，喜合煞并食神为贵。四柱有吉曜相扶，推金积玉。五行无凶煞侵犯，名显声扬。柱中若有华盖犯，二德乃清贵之人。官星七煞落空亡，九流任虚闲之职。推寻子位，先看妻官。死绝者嫡庶难存，太旺者别门求觅。妻星显露，子息必多。刑害嗣宫，男女罕得。四宫背禄，不可妄求，官将不成，财当不聚。八字无财，须求本分。越外若贪，必招凶灾。噫！甘贫养拙，非原宪之不才。鼓腹吹笙。使伍员之挫志。顺则行，逆则弃。知命乐天，困穷合义。"洪范"数终，"渊源"骨髓。

人鉴论

天道尚有亏盈，人事岂无反覆。

或始贫而终富，或先败而后成。

当舍短而从长，毋取彼而舍此。

居官居贵，五行醇而不疵。

多滞多忧，八字难而又战。

兄多逢弟，宜嗟原宪之贫。

父母生身，可比老彭之寿。

九宫旺相，难逃邀我桑中。

四柱合和，未免题诗叶上。

是以妻宫有克，少年无早娶之人。

鬼位逢伤，末岁损成家之子。

渊源集说

最贵者官星为命，时得偏正财为福。

最凶者七煞临身，逢天月二德呈祥。

官星如济劫财，虽官不贵。七煞如逢资助，其杀必威。

羊刃若逢印绶，纵贵有残疾在身。

七煞无制逢官，为祸而寿元不长。

三偏三正，位居一品之尊。

四柱四合，福坐众人之上。

羊刃更兼会杀，千里徒流。用财若遇劫压夺，一生贫困。荣辱两端，妍媸一判。自古相传，非贤勿授。

妖祥赋

命不易看，子平可推。先要取其日干，次则详其月令。年时共表其吉凶，妖祥不忒于岁月。通参成败，祸福无遗。或有不见之形，须当审究。更有分抽之绪，后学难知。

天清地浊，自然禀一气之生。五行正贵，忌刑冲克破之乡。四柱干支，喜三合六合之地。寅甲巳亥，乃财官印绶长生。丑未戌辰，系禄马印星寄库。日贵时贵，大忌刑冲克破。拱禄拱贵，最怕填实刑冲。观无合有合，逢凶不凶。伤官之于年运，到官乡不喜。羊刃冲合岁君，运临而祸至。辰戌魁罡，忌官星怕逢七杀。金神日刃，喜七杀而忌刑冲。

时上偏官要制伏，弱官强官，专杀莫逢。鬼旺亦要制伏为强，便看本有本无，遇而不遇，要禀中和。辛癸日多逢丑地，怕填实不喜官星。甲子日再遇子时，嫌丑午亦畏庚辛。壬癸亥子禄马飞天，离巽丙丁聚巳午。倒冲天禄，壬骑龙背。辰多冲戌官星，乙用丙字聚贵。声名远大，财命有气，虽背禄而不贫。财绝命衰，纵建禄而不富。癸到艮山，怕庚辛忌逢戊土，壬逢丑地，忌戊己怕见庚金。庚遇申子辰。乃井栏叉，谓之入局。忌丙丁，愁巳午，戊日申时，怕甲丙亦忌寅卯。辛金己土若遇，谓之从格，名为秀气。四柱火伤又无救，返是灾迍。丑日戊子时忌子。多怕相冲。阳水逢辰见戊己，灾临难逃。甲见己时，偏身运喜财乡，丁日辛年号岁财，运逢戊贵。乙逢申位，忌见刑冲。日时归禄，官逢有祸。另有天冲地击，阴错阳差。贪合忘官，劫财后名须成贵，贪合忘杀，身旺时福禄增加。官藏杀见有制伏，亦自辉煌。官见杀藏，身弱后终见波查。

身弱喜逢旺运，身强最爱煞乡。将来者进，成功者退，富贵喜重犯奇，宜通变而推祸福，决无差无误矣。

幽微天干赋

一气即判，天地辟焉。三才既定，阴阳立焉。于是乎运用五行之造化，于是乎推迁四时之气候。洛出神龟，河生龙马。八卦露太易之象，九畴彰洪范之篇。是以圣人仰则观天，俯则察地。以类万物之情，以通神明之意。辨四时之气候，成于律吕，取五行之造化，为之卜筮。然后以干为天，与地相配。以支为地，与干相连。主静以持载，主动以斡旋。下以应五行之风景，上以应五位之经缠。日月虽明，不能照于毫忽。鬼神虽奥，不能察其幽玄。成天下之亹亹[①]，序人事之绵绵，故有化而不化之由，聚而不聚之义，合而不合之类，秀而不秀之体。聚而不聚者，损其财用。化而不化者，损于贵气。合而不合者，三生必背。秀而不秀者，一生何遂。又有不化而化之固，不聚而聚之例，不秀而秀之用，不合而合之事。不聚而聚之者，终于富足。不化而化之者，定于权贵。不合而合者，必达于官职。不秀而秀者，须享于禄位。定四时已旺未旺，察五行有气无气。有显隐，有休囚。有进退，有否泰，有亨通，有迍蹇。有驳杂，有纯粹。随物而变物，在类而求类。

至五事俱宜自旺，一物不可偏伤。水不胜火，奔波而流落。火不胜金，困难而怆惶。有秀无官，但施巧于技艺。见财无比，惟逐利于经商。三辛见丙兮。财多破散。二壬就丁兮，家道丰稔。土力败水，则胃弱而色黑。木气刑土，则脾衰而面黄。性显聪明，盖为水家之秀。事能决断，因

[①] wei 音伟。不读 men

成金气之刚。太岁与命不和，有殃无福。四柱与命各旺，有福无殃。男逢两位之妻，必须置妾。女绝真夫之气，定主淫娼。火炎水涸者，多自坏之苦。木秀火明者，有吉庆之祥。甲木如从革之方，桎梏圆土。戊土居润下之势，萍梗他乡。又若阳死阴生，阴死阳生。关五行之所变，由五气之所藏。外合五常，而应乎动静。内合五曜，而通乎表里。俱旺则玄之所使。俱衰则化为物。失运则百无一通，化物则十有九死。夫旺则妻必从大而化，妇旺则夫必从如而归。一财未必胜两官，一禄小能当两鬼。头面有损，则申破甲乙。眼目有灾，则丙沉亥子。爱仁好义，日时因旺于庚辛。多信多仁，基本位专于戊己。美姿貌者，春夏之生木。无见识者，丑未之困水。木坚则心直以行仁，火旺则性急而好礼。五行气足，体必至于充肥。四柱过多，性自成于顽鄙。盖夫本位为主，次位为宾。阳干顺行，阴干逆行。气无归根，终身归于何地。物有倚托，一世托于他人。藏暗合者，官高极品。遇贵禄者，位非常伦。十天临死绝病衰，残居尘土。五行入生旺库墓，荣列簪缨。乙庚丙辛，德秀在巳酉丑申。丁壬甲乙，德秀在亥卯未寅。寅午戌巳兮，德丙丁而秀戊癸。申子辰亥兮，德壬癸而秀丙辛。五行落于本乡，则贵亦富。四气临于破处，更贱且贫。可谓生旺为上，德秀为奇。身坐学堂，文艺入清高之格。命临鬼祸，盗贼死徙配之危。禄内隐伤，作兵戎于军戍。秀中鬼克，掌吏职于官司。母旺鬼休，羊马与奴仆浩大。母衰鬼旺，父子及兄弟散离。官印双全，乘旄戟而居武职。德秀兼备，应科甲而入文员。两在鬼乡，逢倒食必为奴婢。一归有气，遇墓月定主孤穷。

此则天地相临，下下相应。气顺则和，气逆则病。非其位则邪，当其位则正。及有所生，互有所制，互有所胜，互有所衰，弥纶于天地之道，包括于人民之命。探颐索隐而见其隐，穷理尽性而识其性。既不可以一理而观，又不可以一途而定。若能坂于玄机，乃祸福吉凶之龟鉴①。

---

① 原文不分段，段落系点校时所分。下同。

人元消息赋

夫天清而动者，其位尊。地浊而静者，其位卑。故处尊者，斡运而不息，处卑者，守静而专位。是以位尊者干，位卑者支，故干配于支。有德秀者，有凌克者，有气雄者，有气弱者。凡辨象择其年月日时，德用多少者，遇本属者从本属，遇运气则从运气断。

凡看命者，先须尽精妙，精当者详远审近。以如从夫，或以夫从妇。从其夫用之，或从其妇用之。夫若有气则从夫，妇若有气则从其妇。凡有气无气，须看配用何支。若在有气处，则从其有气断。若在无气处，则从无气断之。故人之生也，以太岁为本，以日用为主，出乎月建，通乎岁君，此乃极高命也。假令精当者丙寅甲寅，浅薄者戊寅壬寅。以上观之，则可知也。其富贵者，本命与月时辅日，或临德秀之方，更用生旺之地。方辨阴阳，循环顺逆。故阳死阴生，阴死阳生。阳金受气于寅顺行，阴木受气于酉逆行。故一隅为例，则三隅而可知矣。富者多逢生旺，贵者多遇官乡。假令甲以辛为官，己以丙为贵。至如勾陈得地，落壬申。位至三台。玄武当权，遇亥子官封一品。癸见庚申为武职，辛逢戊子中高科，此乃见真官而贵也。至如富者，莫不五行气足。假令申辰甲戌落寅亥，金帛盈家。丁亥丁卯到酉亥，珍珠满室。又或六甲为主，到庚辛重死徒刑。六丙日身，落亥子的应贫贱。或遇化者，不拘此例。丙辛化水，到亥子位列天庭。丁壬木临寅位，身居宰职。或有气无官，呵作生涯于技艺。如见财无气，吏职于官司。阴水有秀，失地者身为僧道。阳火无归，遇水兮定作凶徒。金到火乡，财多聚散。旺水入火地，家道荣昌。头面有损，酉金逢于甲乙。眼目有灾，丙火沉于亥子。是以日克者为妻，妻生者为子。考其生旺，定其死绝。子临旺位必多，时到败中必绝。

详论时辰，须分形状。金木相而多青黄，壬癸旺而多黑色。壬得气而肥，癸火时而瘦。火棚而赤而圆，上象色黄而厚。木象带青而秀长，兼主聪明仁义。火好礼而性急，金好杀而刚直。土主信而敦崇，水方圆而多智。如此校量，时辰定矣。

更祥运之得失，须借身而言之。得地失时，如田畴之渴雨。得时火地，如损块于涂泥。得时者易为举擢，失运者难以升迁。故火到南方而荣，水临北位而显。木入金乡而衰，土到东方而疾。旺处生而死处灭，死处生而旺处脱。更要干神相助，我克者为先。举祖者当有五马，破禄则亡，气绝则病。时临鬼位，更遇克者则伤。生值败乡，复见临官而绝。更详凶会。太岁与二运俱伤。运遇此凶，如何脱厄。今者参详，古圣法武。发明吉凶，度量轻重。然后看命，推论五行。真象取取于日之间，校其吉凶，百发百中。故巫咸之书，乃真经秘诀。

地支赋

元一气兮冲寒，禀清浊兮有位。真仙以支为地，以干为天。干为天兮，与地相并。支为地兮，与天相连。宫分十二，位列三元。禀五行九天之外，论八卦万古之前。

三生之命，一气如常。然于年中而论月，从日下而论时。时旺则当富贵，时衰则主贫寒。落何地而成象，居何位而升迁。土居专位，为人丰厚尊崇。水临亥子，足智方圆大量。观岁运而明祸福，度逆顺而定灾祥。穷五行之细数，察卜干之幽玄。甲游从革，风灾困苦。戊逢润下，萍梗迍遭。从失地而变，因失地而化。五行天地，休言禄马同乡。时临旺处，不问空亡死败。物自有成，物自有败。是以须凭造化之用，穷出没之根。因详德秀之奇，言吉凶之悔吝。金旺火盛，坚刚得制无亏。木盛金衰，一世为人下贱。金中之水，禄位显赫而迁升。水中之木，有德清高于莲杜。若夫金多好杀，水性多淫。戊己壮而富足，庚辛亏而寡贫。丁到巳而飘泊，辛到亥而性忤。己逢戊未多差，庚到亥辰儒雅。甲乙畏临从革，戊己喜逢润下。

论六亲兮身不变，取富贵兮时不化。夫年为祖气之根，月为门户之元。日主本身之气，时为引变之实。干配于支，符归于何地。象配于化，各高于何气。顺得失之高下，穷旺相之何类。木中之火，逢癸巳而当进土内之金，逢火运而当退。时败则贫寒，时丰则富足。逢衰败而多贱，遇生旺而多贵。癸临子位，坐居两府之权。丁霸离宫，定位三公之位。丙丁盛而好礼，壬癸旺而足智。各分三等，支为次第。甲己寅为上，丑酉为中，亥子为下。乙庚申卯为上，丑酉为中，午亥为下。丙辛巳寅为上，辰酉为中，亥子为下。戊癸子卯为上，巳寅为中，戌亥为下。甲己为土，辰戌丑未。乙庚化金，巳酉皿申。丙辛化水，亥子辰申壬化木，亥卯未寅。戊癸化火，巳午戌寅。丙遇绝而富少，时逢癸旺而多金。金居旺火，难保肢体。土临水位，定患沉疴。癸见庚申为右职，辛逢戊子中高科。年分可类，时隐幽玄。举其祖者，当有五马破禄之刑。化身则丧，归元则死。时临鬼位，更逢克者则伤命。居死地复见临则丧，故旺处生而死处衰，死处生而旺处脱。今者参详奥旨，起自轩辕得术之人，当共秘焉。

病源赋

凡讲生命，须逢生神。倘值五行之克，斯成百病之因。眇聋长叹之徒，灾殃中首。跛伛咨嗟之辈，病衅缠身。原夫造化先阴，阴阳可启。究三元致败之道。通五脏违和之理。甲庚乙辛，气损于肢。戊甲己乙，风中乎体。形远伤而头自偏，鬼土克而眼昏昧。木为金制，不无掌手之儿童。火被水刑，未免失明之子弟。当其修长因逢生旺，矮小盖因衰浅。丁旺于亥卯未之乡，感离火之大热。丙绝于申子辰之地，伤坎水之尤寒。土败而胃有积，木刑而面疮瘢。乙见于辛，岂是自神之弱。戊逢于甲，安能手足之完。但见癸逢己而外疝当针，壬遇戊而外瘫可畏。庚缘丙而血下，辛值丁而气郁。金刑死木，破伤而亡。火害衰金，癫疾而殛。戊甲灾隆，辛丁祸重。庚丙主赘瘤之疾，我曰必无。戊甲多折臂之忧，难云则个。

人抵木犯刑而疥癣，火因鬼而遇狂。痴呆则水遭而死墓，暗痖则值于伤。土临甲乙，则呕吐而损胃。金见丙丁则衄血。水败则驼腰，莫用轩岐之法。金刑龟脊，安施扁庐之方。议夫时败而忧果偏多，日衰而福能几许。主衰鬼制残疾，身破金伤则苦楚，火因遇北。阳失利而奈何，木朽逢南。阴弱产而失所，经不云乎。阴根于阳，阳根于阴。阴见阳而灾少，阳无阴而害深。辛见乎丁，常有失强之妾。庚逢于丙，每怀疾病之心。别有悬针则刺面以支身，羊刃则砭肱而炙股。阴干三刑，邪必中脏。阳神七煞，病败于腑。鬼曰灾厄，败身疾苦。日时居衰，乃大患之不疗。支干皆刑，虽小疾之莫愈。气相得则安和，气相旺则不取。是疾也，虽坐于摄养之乘方，必生于八字之所主。

周易书斋精品书目

书　　名	作　者	定　价	版别
影印涵芬楼本正统道藏[典藏宣纸版;全512函1120册]	[明]张宇初编	480000.00	九州
影印涵芬楼本正统道藏[再造善本;全512函1120册]	[明]张宇初编	280000.00	九州
重刊术藏[全6箱,精装100册]	谢路军郑同主编	68000.00	九州
续修术藏[全6箱,精装100册]	谢路军郑同主编	68000.00	九州
易藏[全6箱,精装60册]	谢路军郑同主编	48000.00	九州
道藏[全6箱,精装60册]	谢路军郑同主编	48000.00	九州
焦循文集[全精装18册]	[清]焦循撰	9800.00	九州
邵子全书[全精装15册]	[宋]邵雍撰	9600.00	九州
重刻故宫藏百二汉镜斋秘书四种(一):火珠林	宣纸线装1函1册	300.00	华龄
重刻故宫藏百二汉镜斋秘书四种(二):灵棋经	宣纸线装1函1册	300.00	华龄
重刻故宫藏百二汉镜斋秘书四种(三):滴天髓	宣纸线装1函1册	300.00	华龄
重刻故宫藏百二汉镜斋秘书四种(四):测字秘牒	宣纸线装1函1册	300.00	华龄
中外戏法图说:鹅幻汇编鹅幻余编合刊	宣纸线装1函3册	780.00	华龄
连山[宣纸线装一函一册]	[清]马国翰辑	280.00	华龄
归藏[宣纸线装一函一册]	[清]马国翰辑	280.00	华龄
周易虞氏义笺订[宣纸线装一函六册]	[清]李翊灼订	1180.00	华龄
周易参同契通真义	宣纸线装1函2册	480.00	华龄
御制周易[宣纸线装一函三册]	武英殿影宋本	680.00	华龄
宋刻周易本义[宣纸线装一函四册]	[宋]朱熹撰	980.00	华龄
易学启蒙[宣纸线装一函二册]	[宋]朱熹撰	480.00	华龄
易余[宣纸线装一函二册]	[明]方以智撰	480.00	九州
奇门鸣法[宣纸线装一函二册]	[清]龙伏山人撰	680.00	华龄
奇门衍象[宣纸线装一函二册]	[清]龙伏山人撰	480.00	华龄
奇门枢要[宣纸线装一函二册]	[清]龙伏山人撰	480.00	华龄
奇门仙机[宣纸线装一函三册]	王力军校订	298.00	华龄
奇门心法秘纂[宣纸线装一函三册]	王力军校订	298.00	华龄
御定奇门秘诀[宣纸线装一函三册]	[清]湖海居士辑	680.00	华龄
宫藏奇门大全[线装五函二十五册]	[清]湖海居士辑	6800.00	影印
遁甲奇门秘传要旨大全[线装二函十册]	[清]范阳耐寒子辑	6200.00	影印
增广神相全编[线装一函四册]	[明]袁珙订正	980.00	影印
龙伏山人存世文稿[宣纸线装五函十册]	[清]矫子阳撰	2800.00	九州
奇门遁甲鸣法[宣纸线装一函二册]	[清]矫子阳撰	680.00	九州
奇门遁甲衍象[宣纸线装一函二册]	[清]矫子阳撰	480.00	九州
奇门遁甲枢要[宣纸线装一函二册]	[清]矫子阳撰	480.00	九州
遁甲括囊集[宣纸线装一函三册]	[清]矫子阳撰	980.00	九州
增注蒋公古镜歌[宣纸线装一函一册]	[清]矫子阳撰	180.00	九州
明抄真本梅花易数[宣纸线装一函三册]	[宋]邵雍撰	480.00	九州

书　　名	作　者	定　价	版别
古本皇极经世书[宣纸线装一函三册]	[宋]邵雍撰	980.00	九州
订正六壬金口诀[宣纸线装一函六册]	[清]巫国匡辑	1280.00	华龄
六壬神课金口诀[宣纸线装一函三册]	[明]适适子撰	298.00	华龄
改良三命通会[宣纸线装一函四册,第二版]	[明]万民英撰	980.00	华龄
增补选择通书玉匣记[宣纸线装一函二册]	[晋]许逊撰	480.00	华龄
阳宅三要	宣纸线装1函3册	298.00	华龄
绘图全本鲁班经匠家镜	宣纸线装1函4册	680.00	华龄
青囊海角经	宣纸线装1函4册	680.00	华龄
菊逸山房天函:地理点穴撼龙经	宣纸线装1函3册	680.00	华龄
菊逸山房地函:秘藏疑龙经大全	宣纸线装1函1册	280.00	华龄
菊逸山房人函:杨公秘本山法备收	宣纸线装1函1册	280.00	华龄
珍本1:校正全本地学答问	宣纸线装1函3册	680.00	华龄
珍本2:赖仙原本催官经	宣纸线装1函1册	280.00	华龄
珍本3:赖仙催官篇注	宣纸线装1函1册	280.00	华龄
珍本4:尹注赖仙催官篇	宣纸线装1函1册	280.00	华龄
珍本5:赖仙心印	宣纸线装1函1册	280.00	华龄
珍本6:新刻赖太素天星催官解	宣纸线装1函2册	480.00	华龄
珍本7:天机秘传青囊内传	宣纸线装1函1册	280.00	华龄
珍本8:阳宅斗首连篇秘授	宣纸线装1函1册	280.00	华龄
珍本9:精刻编集阳宅真传秘诀	宣纸线装1函2册	480.00	华龄
珍本10:秘传全本六壬玉连环	宣纸线装1函2册	480.00	华龄
珍本11:秘传仙授奇门	宣纸线装1函2册	480.00	华龄
珍本12:祝由科诸符秘卷祝由科诸符秘旨合刊	宣纸线装1函2册	480.00	华龄
珍本13:校正古本入地眼图说	宣纸线装1函2册	480.00	华龄
珍本14:校正全本钻地眼图说	宣纸线装1函2册	480.00	华龄
珍本15:赖公七十二葬法	宣纸线装1函2册	480.00	华龄
珍本16:新刻杨筠松秘传开门放水阴阳捷径	宣纸线装1函2册	480.00	华龄
珍本17:校正古本地理五诀	宣纸线装1函2册	480.00	华龄
珍本18:重校古本地理雪心赋	宣纸线装1函2册	480.00	华龄
珍本19:宋国师吴景鸾先天后天理气心印补注	宣纸线装1函1册	280.00	华龄
珍本20:新刊宋国师吴景鸾秘传夹竹梅花院纂	宣纸线装1函2册	480.00	华龄
珍本21:影印原本任铁樵注滴天髓阐微	宣纸线装1函4册	1080.00	华龄
珍本22:地理真宝一粒粟	宣纸线装1函1册	280.00	华龄
珍本23:聚珍全本天机一贯	宣纸线装1函2册	480.00	华龄
珍本24:阴宅造福秘诀	宣纸线装1函1册	280.00	华龄
珍本25:增补诹吉宝镜图	宣纸线装1函2册	480.00	华龄
珍本26:诹吉便览宝镜图	宣纸线装1函1册	280.00	华龄
珍本27:诹吉便览八卦图	宣纸线装1函1册	280.00	华龄
珍本28:甲遁真授秘集	宣纸线装1函3册	680.00	华龄
珍本29:太上祝由科	宣纸线装1函2册	480.00	华龄
珍本30:邵康节先生心易梅花数	宣纸线装1函1册	280.00	华龄

书　　名	作　者	定　价	版别
子部珍本备要（共 360 种 18 万元）		以下分函价	九州
001 岣嵝神书	宣纸线装 1 函 1 册	280.00	九州
002 地理唛蔗録	宣纸线装 1 函 4 册	880.00	九州
003 地理玄珠精选	宣纸线装 1 函 4 册	880.00	九州
004 地理琢玉斧峦头歌括	宣纸线装 1 函 4 册	880.00	九州
005 金氏地学粹编	宣纸线装 3 函 8 册	1840.00	九州
006 风水一书	宣纸线装 1 函 4 册	880.00	九州
007 风水二书	宣纸线装 1 函 4 册	880.00	九州
008 增注周易神应六亲百章海底眼	宣纸线装 1 函 1 册	280.00	九州
009 卜易指南	宣纸线装 1 函 1 册	280.00	九州
010 大六壬占验	宣纸线装 1 函 1 册	280.00	九州
011 真本六壬神课金口诀	宣纸线装 1 函 3 册	680.00	九州
012 太乙指津	宣纸线装 1 函 2 册	480.00	九州
013 太乙金钥匙 太乙金钥匙续集	宣纸线装 1 函 1 册	280.00	九州
014 奇门遁甲占验天时	宣纸线装 1 函 2 册	480.00	九州
015 南阳掌珍遁甲	宣纸线装 1 函 1 册	280.00	九州
016 达摩易筋经 易筋经外经图说 八段锦	宣纸线装 1 函 1 册	280.00	九州
017 钦天监彩绘真本推背图	宣纸线装 1 函 2 册	680.00	九州
018 清抄全本玉函通秘	宣纸线装 1 函 3 册	680.00	九州
019 灵棋经	宣纸线装 1 函 1 册	280.00	九州
020 道藏灵符秘法	宣纸线装 4 函 9 册	2100.00	九州
021 地理青囊玉尺度金针集	宣纸线装 1 函 6 册	1280.00	九州
022 奇门秘传九宫纂要	宣纸线装 1 函 1 册	280.00	九州
023 影印清抄耕寸集－真本子平真诠	宣纸线装 1 函 2 册	480.00	九州
024 新刊合并官板音义评注渊海子平	宣纸线装 1 函 2 册	480.00	九州
025 影抄宋本五行精纪	宣纸线装 1 函 6 册	1080.00	九州
026 影印明刻阴阳五要奇书 1－郭氏阴阳元经	宣纸线装 1 函 2 册	480.00	九州
027 影印明刻阴阳五要奇书 2－克择璇玑括要	宣纸线装 1 函 1 册	280.00	九州
028 影印明刻阴阳五要奇书 3－阳明按索图	宣纸线装 1 函 2 册	480.00	九州
029 影印明刻阴阳五要奇书 4－佐玄直指	宣纸线装 1 函 2 册	480.00	九州
030 影印明刻阴阳五要奇书 5－三白宝海钩玄	宣纸线装 1 函 1 册	280.00	九州
031 相命图诀许负相法十六篇合刊	宣纸线装 1 函 1 册	280.00	九州
032 玉掌神相神相铁关刀合刊	宣纸线装 1 函 1 册	280.00	九州
033 古本太乙淘金歌	宣纸线装 1 函 1 册	280.00	九州
034 重刊地理葬埋黑通书	宣纸线装 1 函 2 册	480.00	九州
035 壬归	宣纸线装 1 函 2 册	480.00	九州
036 大六壬苗公鬼撮脚二种合刊	宣纸线装 1 函 1 册	280.00	九州
037 大六壬鬼撮脚射覆	宣纸线装 1 函 2 册	480.00	九州
038 大六壬金柜经	宣纸线装 1 函 1 册	280.00	九州
039 纪氏奇门秘书仕学备余	宣纸线装 1 函 1 册	280.00	九州

书　名	作　者	定　价	版别
040 八门九星阴阳二遁全本奇门断	宣纸线装 2 函 18 册	3680.00	九州
041 李卫公奇门心法	宣纸线装 1 函 1 册	280.00	九州
042 武侯行兵遁甲金函玉镜海底眼	宣纸线装 1 函 1 册	280.00	九州
043 诸葛武侯奇门千金诀	宣纸线装 1 函 1 册	280.00	九州
044 隔夜神算	宣纸线装 1 函 1 册	280.00	九州
045 地理五种秘笈合刊	宣纸线装 1 函 1 册	280.00	九州
046 地理雪心赋句解	宣纸线装 1 函 2 册	480.00	九州
047 九天玄女青囊经	宣纸线装 1 函 1 册	280.00	九州
048 考定撼龙经	宣纸线装 1 函 1 册	280.00	九州
049 刘江东家藏善本葬书	宣纸线装 1 函 1 册	280.00	九州
050 杨公六段玄机赋杨筠松安门楼玉辇经合刊	宣纸线装 1 函 1 册	280.00	九州
051 风水金鉴	宣纸线装 1 函 1 册	280.00	九州
052 新镌碎玉剖秘地理不求人	宣纸线装 1 函 2 册	480.00	九州
053 阳宅八门金光斗临经	宣纸线装 1 函 1 册	280.00	九州
054 新镌徐氏家藏罗经顶门针	宣纸线装 1 函 2 册	480.00	九州
055 影印乾隆丙午刻本地理五诀	宣纸线装 1 函 4 册	880.00	九州
056 地理诀要雪心赋	宣纸线装 1 函 2 册	480.00	九州
057 蒋氏平阶家藏善本插泥剑	宣纸线装 1 函 1 册	280.00	九州
058 蒋大鸿家传地理归厚录	宣纸线装 1 函 1 册	280.00	九州
059 蒋大鸿家传三元地理秘书	宣纸线装 1 函 1 册	280.00	九州
060 蒋大鸿家传天星选择秘旨	宣纸线装 1 函 1 册	280.00	九州
061 撼龙经批注校补	宣纸线装 1 函 4 册	880.00	九州
062 疑龙经批注校补一全	宣纸线装 1 函 1 册	280.00	九州
063 种筠书屋较订山法诸书	宣纸线装 1 函 2 册	480.00	九州
064 堪舆倒杖诀 拨砂经遗篇 合刊	宣纸线装 1 函 1 册	280.00	九州
065 认龙天宝经	宣纸线装 1 函 1 册	280.00	九州
066 天机望龙经刘氏心法 杨公骑龙穴诗合刊	宣纸线装 1 函 1 册	280.00	九州
067 风水一夜仙秘传三种合刊	宣纸线装 1 函 1 册	280.00	九州
068 新镌地理八窍	宣纸线装 1 函 2 册	480.00	九州
069 地理解醒	宣纸线装 1 函 1 册	280.00	九州
070 峦头指迷	宣纸线装 1 函 3 册	680.00	九州
071 茅山上清灵符	宣纸线装 1 函 2 册	480.00	九州
072 茅山上清镇禳摄制秘法	宣纸线装 1 函 1 册	280.00	九州
073 天医祝由科秘抄	宣纸线装 1 函 2 册	480.00	九州
074 千镇百镇桃花镇	宣纸线装 1 函 2 册	480.00	九州
075 轩辕碑记医学祝由十三科治病奇书合刊	宣纸线装 1 函 1 册	280.00	九州
076 清抄真本祝由科秘诀全书	宣纸线装 1 函 3 册	680.00	九州
077 增补秘传万法归宗	宣纸线装 1 函 2 册	480.00	九州
078 祝由科诸符秘卷祝由科诸符秘旨合刊	宣纸线装 1 函 1 册	280.00	九州
079 辰州符咒大全	宣纸线装 1 函 4 册	880.00	九州

书　　名	作　者	定　价	版别
080 万历初刻三命通会	宣纸线装 2 函 12 册	2480.00	九州
081 新编三车一览子平渊源注解	宣纸线装 1 函 3 册	680.00	九州
082 命理用神精华	宣纸线装 1 函 3 册	680.00	九州
083 命学探骊集	宣纸线装 1 函 1 册	280.00	九州
084 相诀摘要	宣纸线装 1 函 2 册	480.00	九州
085 相法秘传	宣纸线装 1 函 1 册	280.00	九州
086 新编相法五总龟	宣纸线装 1 函 1 册	280.00	九州
087 相学统宗心易秘传	宣纸线装 1 函 2 册	480.00	九州
088 秘本大清相法	宣纸线装 1 函 2 册	480.00	九州
089 相法易知	宣纸线装 1 函 1 册	280.00	九州
090 星命风水秘传	宣纸线装 1 函 1 册	280.00	九州
091 大六壬隔山照	宣纸线装 1 函 2 册	480.00	九州
092 大六壬考正	宣纸线装 1 函 1 册	280.00	九州
093 大六壬类阐	宣纸线装 1 函 2 册	480.00	九州
094 六壬心镜集注	宣纸线装 1 函 1 册	280.00	九州
095 遁甲吾学编	宣纸线装 1 函 2 册	480.00	九州
096 刘明江家藏善本奇门衍象	宣纸线装 1 函 1 册	280.00	九州
097 遁甲天书秘文	宣纸线装 1 函 2 册	480.00	九州
098 金枢符应秘文	宣纸线装 1 函 2 册	480.00	九州
099 秘传金函奇门隐遁丁甲法书	宣纸线装 1 函 2 册	480.00	九州
100 六壬行军指南	宣纸线装 2 函 10 册	2080.00	九州
101 家藏阴阳二宅秘诀线法	宣纸线装 1 函 2 册	480.00	九州
102 阳宅一书阴宅一书合刊	宣纸线装 1 函 1 册	280.00	九州
103 地理法门全书	宣纸线装 1 函 1 册	280.00	九州
104 四真全书玉钥匙	宣纸线装 1 函 1 册	280.00	九州
105 重刊官板玉髓真经	宣纸线装 1 函 4 册	880.00	九州
106 明刊阳宅真诀	宣纸线装 1 函 2 册	480.00	九州
107 阳宅指南	宣纸线装 1 函 1 册	280.00	九州
108 阳宅秘传三书	宣纸线装 1 函 1 册	280.00	九州
109 阳宅都天滚盘珠	宣纸线装 1 函 1 册	280.00	九州
110 纪氏地理水法要诀	宣纸线装 1 函 1 册	280.00	九州
111 李默斋先生地理辟径集	宣纸线装 1 函 2 册	480.00	九州
112 李默斋先生辟径集续篇 地理秘缺	宣纸线装 1 函 2 册	480.00	九州
113 地理辨正自解	宣纸线装 1 函 1 册	280.00	九州
114 形家五要全编	宣纸线装 1 函 4 册	880.00	九州
115 地理辨正抉要	宣纸线装 1 函 1 册	280.00	九州
116 地理辨正揭隐	宣纸线装 1 函 1 册	280.00	九州
117 地学铁骨秘	宣纸线装 1 函 1 册	280.00	九州
118 地理辨正发秘初稿	宣纸线装 1 函 1 册	280.00	九州
119 三元宅墓图	宣纸线装 1 函 1 册	280.00	九州

书　名	作者	定价	版别
120 参赞玄机地理仙婆集	宣纸线装 2 函 8 册	1680.00	九州
121 幕讲禅师玄空秘旨浅注外七种	宣纸线装 1 函 1 册	280.00	九州
122 玄空挨星图诀	宣纸线装 1 函 1 册	280.00	九州
123 影印稿本玄空地理筌蹄	宣纸线装 1 函 1 册	280.00	九州
124 玄空古义四种通释	宣纸线装 1 函 2 册	480.00	九州
125 地理疑义答问	宣纸线装 1 函 1 册	280.00	九州
126 王元极地理辨正冒禁录	宣纸线装 1 函 1 册	280.00	九州
127 王元极校补天元选择辨正	宣纸线装 1 函 3 册	680.00	九州
128 王元极选择辨真全书	宣纸线装 1 函 1 册	280.00	九州
129 王元极增批地理冰海原本地理冰海合刊	宣纸线装 1 函 1 册	280.00	九州
130 王元极三元阳宅萃篇	宣纸线装 1 函 2 册	480.00	九州
131 尹一勺先生地理精语	宣纸线装 1 函 1 册	280.00	九州
132 古本地理元真	宣纸线装 1 函 2 册	480.00	九州
133 杨公秘本搜地灵	宣纸线装 1 函 1 册	280.00	九州
134 秘藏千里眼	宣纸线装 1 函 1 册	280.00	九州
135 道光刊本地理或问	宣纸线装 1 函 1 册	280.00	九州
136 影印稿本地理秘诀	宣纸线装 1 函 2 册	480.00	九州
137 地理秘诀隔山照 地理括要 合刊	宣纸线装 1 函 1 册	280.00	九州
138 地理前后五十段	宣纸线装 1 函 2 册	480.00	九州
139 心耕书屋藏本地经图说	宣纸线装 1 函 1 册	280.00	九州
140 地理古本道法双谭	宣纸线装 1 函 1 册	280.00	九州
141 奇门遁甲元灵经	宣纸线装 1 函 1 册	280.00	九州
142 黄帝遁甲归藏大意 白猿真经 合刊	宣纸线装 1 函 1 册	280.00	九州
143 遁甲符应经	宣纸线装 1 函 2 册	480.00	九州
144 遁甲通明钤	宣纸线装 1 函 1 册	280.00	九州
145 景祐奇门秘纂	宣纸线装 1 函 2 册	480.00	九州
146 奇门先天要论	宣纸线装 1 函 2 册	480.00	九州
147 御定奇门古本	宣纸线装 1 函 2 册	480.00	九州
148 奇门吉凶格解	宣纸线装 1 函 1 册	280.00	九州
149 御定奇门宝鉴	宣纸线装 1 函 3 册	680.00	九州
150 奇门阐易	宣纸线装 1 函 2 册	480.00	九州
151 六壬总论	宣纸线装 1 函 1 册	280.00	九州
152 稿抄本大六壬翠羽歌	宣纸线装 1 函 1 册	280.00	九州
153 都天六壬神课	宣纸线装 1 函 1 册	280.00	九州
154 大六壬易简	宣纸线装 1 函 2 册	480.00	九州
155 太上六壬明鉴符阴经	宣纸线装 1 函 1 册	280.00	九州
156 增补关煞袖里金百中经	宣纸线装 1 函 1 册	280.00	九州
157 演禽三世相法	宣纸线装 1 函 2 册	480.00	九州
158 合婚便览 和合婚姻咒 合刊	宣纸线装 1 函 1 册	280.00	九州
159 神数十种	宣纸线装 1 函 1 册	280.00	九州

书　　名	作　者	定　价	版别
160 神机灵数一掌经金钱课合刊	宣纸线装1函1册	280.00	九州
161 阴阳二宅易知录	宣纸线装1函2册	480.00	九州
162 阴宅镜	宣纸线装1函2册	480.00	九州
163 阳宅镜	宣纸线装1函1册	280.00	九州
164 清精抄本六圃地学	宣纸线装1函1册	280.00	九州
165 形峦神断书	宣纸线装1函1册	280.00	九州
166 堪舆三昧	宣纸线装1函1册	280.00	九州
167 遁甲奇门捷要	宣纸线装1函1册	280.00	九州
168 奇门遁甲备览	宣纸线装1函1册	280.00	九州
169 原传真本石室藏本圆光真传秘诀合刊	宣纸线装1函1册	280.00	九州
170 明抄全本壬归	宣纸线装1函4册	880.00	九州
171 董德彰水法秘诀水法断诀合刊	宣纸线装1函1册	280.00	九州
172 董德彰先生水法图说	宣纸线装1函1册	280.00	九州
173 董德彰先生泄天机纂要	宣纸线装1函2册	480.00	九州
174 李默斋先生地理秘传	宣纸线装1函2册	480.00	九州
175 新锓希夷陈先生紫微斗数全书	宣纸线装1函3册	680.00	九州
176 海源阁藏明刊麻衣相法全编	宣纸线装1函2册	480.00	九州
177 袁忠彻先生相法秘传	宣纸线装1函3册	680.00	九州
178 火珠林要旨 筮枔	宣纸线装1函2册	480.00	九州
179 火珠林占法秘传 续筮枔	宣纸线装1函1册	280.00	九州
180 六壬类聚	宣纸线装1函4册	880.00	九州
181 新刻麻衣相神异赋	宣纸线装1函1册	280.00	九州
182 诸葛武侯奇门遁甲全书	宣纸线装1函2册	480.00	九州
183 张九仪传地理偶摘	宣纸线装1函1册	280.00	九州
184 张九仪传地理偶注	宣纸线装1函1册	280.00	九州
185 阳宅玄珠	宣纸线装1函1册	280.00	九州
186 阴宅总论	宣纸线装1函1册	280.00	九州
187 新刻杨救贫秘传阴阳二宅便用统宗	宣纸线装1函1册	280.00	九州
188 增补理气图说	宣纸线装1函2册	480.00	九州
189 增补罗经图说	宣纸线装1函1册	280.00	九州
190 重镌官板阳宅大全	宣纸线装1函4册	880.00	九州
191 景祐太乙福应经	宣纸线装1函1册	280.00	九州
192 景祐遁甲符应经	宣纸线装1函1册	280.00	九州
193 景祐六壬神定经	宣纸线装1函1册	280.00	九州
194 御制禽遁符应经	宣纸线装1函2册	480.00	九州
195 秘传匠家鲁班经符法	宣纸线装1函3册	680.00	九州
196 哈佛藏本太史黄际飞注天玉经	宣纸线装1函1册	280.00	九州
197 李三素先生红囊经解	宣纸线装1函1册	280.00	九州
198 杨曾青囊天玉通义	宣纸线装1函1册	280.00	九州
199 重编大清钦天监焦秉贞彩绘历代推背图解	宣纸线装1函2册	680.00	九州

书　　名	作　者	定　价	版别
200 道光初刻相理衡真	宣纸线装1函4册	880.00	九州
201 新刻袁柳庄先生秘传相法	宣纸线装1函3册	680.00	九州
202 袁忠彻相法古今识鉴	宣纸线装1函2册	480.00	九州
203 袁天纲五星三命指南	宣纸线装1函2册	480.00	九州
204 新刻五星玉镜	宣纸线装1函3册	680.00	九州
205 游艺录:筮遁壬行年斗数相宅	宣纸线装1函1册	280.00	九州
206 新订王氏罗经透解	宣纸线装1函2册	480.00	九州
207 堪舆真诠	宣纸线装1函3册	680.00	九州
208 青囊天机奥旨二种	宣纸线装1函1册	280.00	九州
209 张九仪传地理偶录	宣纸线装1函1册	280.00	九州
210 地学形势集	宣纸线装1函8册	1680.00	九州
211 神相水镜集	宣纸线装1函4册	880.00	九州
212 稀见相学秘笈四种合刊	宣纸线装1函2册	480.00	九州
213 神相金较剪	宣纸线装1函1册	280.00	九州
214 神相证验百条	宣纸线装1函2册	480.00	九州
215 全本神相全编	宣纸线装1函3册	680.00	九州
216 神相全编正义	宣纸线装1函3册	680.00	九州
217 八宅明镜	宣纸线装1函2册	480.00	九州
218 阳宅卜居秘髓	宣纸线装1函3册	680.00	九州
219 地理乾坤法窍	宣纸线装1函3册	680.00	九州
220 秘传廖公画筴拨砂经	宣纸线装1函4册	880.00	九州
221 地理囊金集注	宣纸线装1函1册	280.00	九州
222 赤松子罗经要旨	宣纸线装1函1册	280.00	九州
223 萧仙地理心法堪舆经	宣纸线装1函2册	480.00	九州
224 新刻地理搜龙奥语	宣纸线装1函2册	480.00	九州
225 新刻风水珠神真经	宣纸线装1函2册	480.00	九州
226 寻龙点穴地理索隐	宣纸线装1函1册	280.00	九州
227 杨公撼龙经考注	宣纸线装1函2册	480.00	九州
228 李德贞秘授三元秘诀	宣纸线装1函1册	280.00	九州
229 地理支陇乘气论	宣纸线装1函2册	480.00	九州
230 道光刻全本相山撮要	宣纸线装2函6册	1500.00	九州
231 药王真传祝由科全编	宣纸线装1函1册	280.00	九州
232 梵音斗科符箓秘书	宣纸线装1函2册	580.00	九州
233 御定奇门灵占	宣纸线装1函4册	880.00	九州
234 御定奇门宝镜图	宣纸线装1函2册	480.00	九州
235 汇纂大六壬玉钥匙心诀	宣纸线装1函1册	280.00	九州
236 补完直解六壬五变中黄经	宣纸线装1函2册	480.00	九州
237 六壬节要直讲	宣纸线装1函2册	480.00	九州
238 六壬神课捷要占验	宣纸线装1函1册	280.00	九州
239 六壬袖传神课捷要	宣纸线装1函1册	280.00	九州
240 秘藏大六壬大全善本	宣纸线装2函8册	1800.00	九州

书　　　　名	作　　者	定　价	版别
增补四库青乌辑要[宣纸线装全18函59册]	郑同校	11680.00	九州
第1种:宅经[宣纸线装1册]	[署]黄帝撰	180.00	九州
第2种:葬书[宣纸线装1册]	[晋]郭璞撰	220.00	九州
第3种:青囊序青囊奥语天玉经[宣纸线装1册]	[唐]杨筠松撰	220.00	九州
第4种:黄囊经[宣纸线装1册]	[唐]杨筠松撰	220.00	九州
第5种:黑囊经[宣纸线装2册]	[唐]杨筠松撰	380.00	九州
第6种:锦囊经[宣纸线装1册]	[晋]郭璞撰	200.00	九州
第7种:天机贯旨红囊经[宣纸线装2册]	[清]李三素撰	380.00	九州
第8种:玉函天机素书/至宝经[宣纸线装1册]	[明]董德彰撰	200.00	九州
第9种:天机一贯[宣纸线装2册]	[清]李三素撰辑	380.00	九州
第10种:撼龙经[宣纸线装1册]	[唐]杨筠松撰	200.00	九州
第11种:疑龙经葬法倒杖[宣纸线装1册]	[唐]杨筠松撰	220.00	九州
第12种:疑龙经辨正[宣纸线装1册]	[唐]杨筠松撰	200.00	九州
第13种:寻龙记太华经[宣纸线装1册]	[唐]曾文辿撰	220.00	九州
第14种:宅谱要典[宣纸线装2册]	[清]铣溪野人校	380.00	九州
第15种:阳宅必用[宣纸线装2册]	心灯大师校订	380.00	九州
第16种:阳宅撮要[宣纸线装2册]	[清]吴鼒撰	380.00	九州
第17种:阳宅正宗[宣纸线装1册]	[清]姚承舆撰	200.00	九州
第18种:阳宅指掌[宣纸线装2册]	[清]黄海山人撰	380.00	九州
第19种:相宅新编[宣纸线装1册]	[清]焦循校刊	240.00	九州
第20种:阳宅井明[宣纸线装2册]	[清]邓颖出撰	380.00	九州
第21种:阴宅井明[宣纸线装1册]	[清]邓颖出撰	220.00	九州
第22种:灵城精义[宣纸线装2册]	[南唐]何溥撰	380.00	九州
第23种:龙穴砂水说[宣纸线装1册]	清抄秘本	180.00	九州
第24种:三元水法秘诀[宣纸线装2册]	清抄秘本	380.00	九州
第25种:罗经秘传[宣纸线装2册]	[清]傅禹辑	380.00	九州
第26种:穿山透地真传[宣纸线装2册]	[清]张九仪撰	380.00	九州
第27种:催官篇发微论[宣纸线装2册]	[宋]赖文俊撰	380.00	九州
第28种:入地眼神断要诀[宣纸线装2册]	清抄秘本	380.00	九州
第29种:玄空大卦秘断[宣纸线装1册]	清抄秘本	200.00	九州
第30种:玄空大五行真传口诀[宣纸线装1册]	[明]蒋大鸿等撰	220.00	九州
第31种:杨曾九宫颠倒打劫图说[宣纸线装1册]	[唐]杨筠松撰	200.00	九州
第32种:乌兔经奇验经[宣纸线装1册]	[唐]杨筠松撰	180.00	九州
第33种:挨星考注[宣纸线装1册]	[清]汪董缘订定	260.00	九州
第34种:地理挨星说汇要[宣纸线装1册]	[明]蒋大鸿撰辑	220.00	九州
第35种:地理捷诀[宣纸线装1册]	[清]傅禹辑	200.00	九州
第36种:地理三仙秘旨[宣纸线装1册]	清抄秘本	200.00	九州
第37种:地理三字经[宣纸线装3册]	[清]程思乐撰	580.00	九州
第38种:地理雪心赋注解[宣纸线装2册]	[唐]卜则巍撰	380.00	九州
第39种:蒋公天元余义[宣纸线装1册]	[明]蒋大鸿等撰	220.00	九州
第40种:地理真传秘旨[宣纸线装3册]	[唐]杨筠松撰	580.00	九州

书　　名	作　者	定　价	版别
增补四库未收方术汇刊第一辑(全28函)	线装影印本	11800.00	九州
第一辑01函:火珠林·卜筮正宗	[宋]麻衣道者著	340.00	九州
第一辑02函:全本增删卜易·增删卜易真诠	[清]野鹤老人撰	720.00	九州
第一辑03函:渊海子平音义评注·子平真诠·命理易知	[明]杨淙增校	360.00	九州
第一辑04函:滴天髓·附滴天秘诀·穷通宝鉴·附月谈赋	[宋]京图撰	360.00	九州
第一辑05函:参星秘要诹吉便览·玉函斗首三台通书·精校三元总录	[清]俞荣宽撰	460.00	九州
第一辑06函:陈子性藏书	[清]陈应选撰	580.00	九州
第一辑07函:崇正辟谬永吉通书·选择求真	[清]李奉来辑	500.00	九州
第一辑08函:增补选择通书玉匣记·永宁通书	[晋]许逊撰	400.00	九州
第一辑09函:新增阳宅爱众篇	[清]张觉正撰	480.00	九州
第一辑10函:地理四弹子·地理铅弹子砂水要诀	[清]张九仪注	340.00	九州
第一辑11函:地理五诀	[清]赵九峰著	200.00	九州
第一辑12函:地理直指原真	[清]释如玉撰	280.00	九州
第一辑13函:宫藏真本入地眼全书	[宋]释静道著	680.00	九州
第一辑14函:罗经顶门针·罗经解定·罗经透解	[明]徐之镆撰	360.00	九州
第一辑15函:校正详图青囊经·平砂玉尺经·地理辨正疏	[清]王宗臣著	300.00	九州
第一辑16函:一贯堪舆	[明]唐世友辑	240.00	九州
第一辑17函:阳宅大全·阳宅十书	[明]一壑居士集	600.00	九州
第一辑18函:阳宅大成五种	[清]魏青江撰	600.00	九州
第一辑19函:奇门五总龟·奇门遁甲统宗大全·奇门遁甲元灵经	[明]池纪撰	500.00	九州
第一辑20函:奇门遁甲秘笈全书	[明]刘伯温辑	280.00	九州
第一辑21函:奇门庐中阐秘	[汉]诸葛武侯撰	600.00	九州
第一辑22函:奇门遁甲元机·太乙秘书·六壬大占	[宋]岳珂纂辑	360.00	九州
第一辑23函:性命圭旨	[明]尹真人撰	480.00	九州
第一辑24函:紫微斗数全书	[宋]陈抟撰	200.00	九州
第一辑25函:千镇百镇桃花镇	[清]云石道人校	220.00	九州
第一辑26函:清抄真本祝由科秘诀全书·轩辕碑记医学祝由十三科	[上古]黄帝传	800.00	九州
第一辑27函:增补秘传万法归宗	[唐]李淳风撰	160.00	九州
第一辑28函:神机灵数一掌经金钱课·牙牌神数七种·珍本演禽三世相法	[清]诚文信校	440.00	九州
增补四库未收方术汇刊第二辑(全36函)	线装影印本	13800.00	九州
第二辑第1函:六爻断易一撮金·卜易秘诀海底眼	[宋]邵雍撰	200.00	九州
第二辑第2函:秘传子平渊源	燕山郑同校辑	280.00	九州
第二辑第3函:命理探原	[清]袁树珊撰	280.00	九州
第二辑第4函:命理正宗	[明]张楠撰集	180.00	九州
第二辑第5函:造化玄钥	庄圆校补	220.00	九州
第二辑第6函:命理寻源·子平管见	[清]徐乐吾撰	280.00	九州
第二辑第7函:京本风鉴相法	[明]回阳子校辑	380.00	九州
第二辑第8-9函:钦定协纪辨方书8册	[清]允禄编	780.00	九州
第二辑第10-11函:鳌头通书10册	[明]熊宗立撰辑	880.00	九州

书　　　名	作　者	定　价	版别
第二辑第12-13函:象吉通书	[清]魏明远撰辑	1080.00	九州
第二辑第14函:选择宗镜·选择纪要	[朝鲜]南秉吉撰	360.00	九州
第二辑第15函:选择正宗	[清]顾宗秀撰辑	480.00	九州
第二辑第16函:仪度六壬选日要诀	[清]张九仪撰	680.00	九州
第二辑第17函:葬事择日法	郑同校辑	280.00	九州
第二辑第18函:地理不求人	[清]吴明初撰辑	240.00	九州
第二辑第19函:地理大成一·山法全书	[清]叶九升撰	680.00	九州
第二辑第20函:地理大成二·平阳全书	[清]叶九升撰	360.00	九州
第二辑第21函:地理大成三·地理六经注·地理大成四·罗经指南拔雾集·地理大成五·理气四诀	[清]叶九升撰	300.00	九州
第二辑第22函:地理录要	[明]蒋大鸿撰	480.00	九州
第二辑第23函:地理人子须知	[明]徐善继撰	480.00	九州
第二辑第24函:地理四秘全书	[清]尹一勺撰	380.00	九州
第二辑第25-26函:地理天机会元	[明]顾陵冈辑	1080.00	九州
第二辑第27函:地理正宗	[清]蒋宗城校订	280.00	九州
第二辑第28函:全图鲁班经	[明]午荣编	280.00	九州
第二辑第29函:秘传水龙经	[明]蒋大鸿撰	480.00	九州
第二辑第30函:阳宅集成	[清]姚廷銮纂	480.00	九州
第二辑第31函:阴宅集要	[清]姚廷銮纂	240.00	九州
第二辑第32函:辰州符咒大全	[清]觉玄子辑	480.00	九州
第二辑第33函:三元镇宅灵符秘箓·太上洞玄祛病灵符全书	[明]张宇初编	240.00	九州
第二辑第34函:太上混元祈福解灾三部神符	[明]张宇初编	360.00	九州
第二辑第35函:测字秘牒·先天易数·冲天易数/马前课	[清]程省撰	360.00	九州
第二辑第36函:秘传紫微	古朝鲜抄本	240.00	九州
子部善本1:新刊地理玄珠	精装古本影印	380.00	华龄
子部善本2:参赞玄机地理仙婆集	精装古本影印	380.00	华龄
子部善本3:章仲山地理九种(上下)	精装古本影印	760.00	华龄
子部善本4:八门九星阴阳二遁全本奇门断	精装古本影印	760.00	华龄
子部善本5:六壬统宗大全	精装古本影印	380.00	华龄
子部善本6:太乙统宗宝鉴	精装古本影印	380.00	华龄
子部善本7:重刊星海词林(全五册)	精装古本影印	1900.00	华龄
子部善本8:万历初刻三命通会(上下)	精装古本影印	760.00	华龄
子部善本9:增广沈氏玄空学(上下)	精装古本影印	760.00	华龄
子部善本10:江公择日秘稿	精装古本影印	380.00	华龄
子部善本11:刘氏家藏阐微通书(上下)	精装古本影印	760.00	华龄
子部善本12:影印增补高岛易断(上下)	精装古本影印	760.00	华龄
子部善本13:清刻足本铁板神数	精装古本影印	380.00	华龄
子部善本14:增订天官五星集腋(上下)	精装古本影印	760.00	华龄
子部善本15:太乙奇门六壬兵备统宗(上中下)	精装古本影印	1140.00	华龄
子部善本16:御定景祐奇门大全(上下)	精装古本影印	760.00	华龄
子部善本17:地理四秘全书十二种	精装古本影印	380.00	华龄

书　　名	作　者	定　价	版别
子部善本18：全本地理统一全书	精装古本影印	380.00	华龄
子部善本19：廖公画策扒砂经(上下)	精装古本影印	760.00	华龄
子部善本20：明刊玉髓真经(上下)	精装古本影印	760.00	华龄
子部善本21：蒋大鸿家藏地学捷旨	精装古本影印	380.00	华龄
子部善本22：阳宅安居金镜	精装古本影印	380.00	华龄
子部善本23：新刊地理紫囊书(上下)	精装古本影印	760.00	华龄
子部善本24：地理大成五种(上下)	精装古本影印	760.00	华龄
子部善本25：初刻鳌头通书大全(上中下)	精装古本影印	1140.00	华龄
子部善本26：初刻象吉备要通书大全(上中下)	精装古本影印	1140.00	华龄
子部善本27：钦定协纪辨方书(武英殿板)(上下)	精装古本影印	760.00	华龄
子部善本28：初刻陈子性藏书(上中下)	精装古本影印	1140.00	华龄
子平遗书第1辑(甲子至戊辰，全三册)	精装古本影印	980.00	华龄
子平遗书第2辑(庚午至甲戌，全三册)	精装古本影印	980.00	华龄
子平遗书第3辑(乙亥至戊子，全三册)	精装古本影印	980.00	华龄
子平遗书第4辑(庚寅至庚子，全三册)	精装古本影印	980.00	华龄
子平遗书第5辑(辛丑至癸丑，全三册)	精装古本影印	980.00	华龄
子平遗书第6辑(甲寅至辛酉，全三册)	精装古本影印	980.00	华龄
风水择吉第一书：辨方(精装)	李明清著	168.00	华龄
珞琭子三命消息赋古注通疏(精装上下)	一明注疏	188.00	华龄
增补高岛易断(简体横排精装上下)	(清)王治本编译	198.00	华龄
中国古代术数基础理论(精装1函5册)	刘昌易著	495.00	团结
飞盘奇门：鸣法体系校释(精装上下)	刘金亮撰	198.00	九州
白话高岛易断(上下)	孙正治孙奥麟译	128.00	九州
润德堂丛书全编1：述卜筮星相学	袁树珊著	38.00	华龄
润德堂丛书全编2：命理探原	袁树珊著	38.00	华龄
润德堂丛书全编3：命谱	袁树珊著	68.00	华龄
润德堂丛书全编4：大六壬探原 养生三要	袁树珊著	38.00	华龄
润德堂丛书全编5：中西相人探原	袁树珊著	38.00	华龄
润德堂丛书全编6：选吉探原 八字万年历	袁树珊著	38.00	华龄
润德堂丛书全编7：中国历代卜人传(上中下)	袁树珊著	168.00	华龄
三式汇刊1：大六壬口诀纂	[明]林昌长辑	68.00	华龄
三式汇刊2：大六壬集应钤	[明]黄宾廷撰	198.00	华龄
三式汇刊3：奇门大全秘纂	[清]湖海居士撰	68.00	华龄
三式汇刊4：大六壬总归	[宋]郭子晟撰	58.00	华龄
三式汇刊5：大六壬心镜	[唐]徐道符辑	48.00	华龄
三式汇刊6：壬窍	[清]无无野人撰	48.00	华龄
青囊汇刊1：青囊秘要	[晋]郭璞等撰	48.00	华龄
青囊汇刊2：青囊海角经	[晋]郭璞等撰	48.00	华龄
青囊汇刊3：阳宅十书	[明]王君荣撰	48.00	华龄
青囊汇刊4：秘传水龙经	[明]蒋大鸿撰	68.00	华龄
青囊汇刊5：管氏地理指蒙	[三国]管辂撰	48.00	华龄

书　　　名	作　者	定　价	版别
青囊汇刊6:地理山洋指迷	[明]周景一撰	32.00	华龄
青囊汇刊7:地学答问	[清]魏清江撰	58.00	华龄
青囊汇刊8:地理铅弹子砂水要诀	[清]张九仪撰	68.00	华龄
青囊汇刊9:地理啖蔗录	[清]袁守定著	48.00	华龄
青囊汇刊10:八宅明镜	[清]箬冠道人编	48.00	华龄
青囊汇刊11:罗经透解	[清]王道亨著	48.00	华龄
青囊汇刊12:阳宅三要	[清]赵玉材撰	48.00	华龄
子平汇刊1:渊海子平大全	[宋]徐子平撰	48.00	华龄
子平汇刊2:秘本子平真诠	[清]沈孝瞻撰	38.00	华龄
子平汇刊3:命理金鉴	[清]志于道撰	38.00	华龄
子平汇刊4:秘授滴天髓阐微	[清]任铁樵注	48.00	华龄
子平汇刊5:穷通宝鉴评注	[清]徐乐吾注	48.00	华龄
子平汇刊6:神峰通考命理正宗	[明]张楠撰	38.00	华龄
子平汇刊7:新校命理探原	[清]袁树珊撰	48.00	华龄
子平汇刊8:重校绘图袁氏命谱	[清]袁树珊撰	68.00	华龄
子平汇刊9:增广汇校三命通会(全三册)	[明]万民英撰	168.00	华龄
纳甲汇刊1:校正全本增删卜易	郑同点校	68.00	华龄
纳甲汇刊2:校正全本卜筮正宗	郑同点校	48.00	华龄
纳甲汇刊3:校正全本易隐	郑同点校	48.00	华龄
纳甲汇刊4:校正全本易冒	郑同点校	48.00	华龄
纳甲汇刊5:校正全本易林补遗	郑同点校	38.00	华龄
纳甲汇刊6:校正全本卜筮全书	郑同点校	68.00	华龄
古今图书集成术数丛刊:卜筮(全二册)	[清]陈梦雷辑	80.00	华龄
古今图书集成术数丛刊:堪舆(全二册)	[清]陈梦雷辑	120.00	华龄
古今图书集成术数丛刊:相术(全一册)	[清]陈梦雷辑	60.00	华龄
古今图书集成术数丛刊:选择(全一册)	[清]陈梦雷辑	50.00	华龄
古今图书集成术数丛刊:星命(全三册)	[清]陈梦雷辑	180.00	华龄
古今图书集成术数丛刊:术数(全三册)	[清]陈梦雷辑	200.00	华龄
四库全书术数初集(全四册)	郑同点校	200.00	华龄
四库全书术数二集(全三册)	郑同点校	150.00	华龄
四库全书术数三集:钦定协纪辨方书(全二册)	郑同点校	98.00	华龄
增补鳌头通书大全(全三册)	[明]熊宗立撰辑	180.00	华龄
增补象吉备要通书大全(全三册)	[清]魏明远撰辑	180.00	华龄
增广沈氏玄空学	郑同点校	68.00	华龄
地理点穴撼龙经	郑同点校	32.00	华龄
绘图地理人子须知(上下)	郑同点校	78.00	华龄
玉函通秘	郑同点校	48.00	华龄
绘图入地眼全书	郑同点校	28.00	华龄
绘图地理五诀	郑同点校	48.00	华龄
一本书弄懂风水	郑同著	48.00	华龄
风水罗盘全解	傅洪光著	58.00	华龄

书　　名	作　者	定　价	版别
堪舆精论	胡一鸣著	29.80	华龄
堪舆的秘密	宝通著	36.00	华龄
中国风水学初探	曾涌哲	58.00	华龄
全息太乙（修订版）	李德润著	68.00	华龄
时空太乙（修订版）	李德润著	68.00	华龄
故宫珍本六壬三书（上下）	张越点校	128.00	华龄
大六壬通解（全三册）	叶飘然著	168.00	华龄
壬占汇选（精抄历代六壬占验汇选）	肖岱宗点校	48.00	华龄
大六壬指南	郑同点校	28.00	华龄
六壬金口诀指玄	郑同点校	28.00	华龄
大六壬寻源编[全三册]	[清]周螙辑录	180.00	华龄
六壬辨疑　毕法案录	郑同点校	32.00	华龄
时空太乙（修订版）	李德润著	68.00	华龄
全息太乙（修订版）	李德润著	68.00	华龄
大六壬断案疏证	刘科乐著	58.00	华龄
六壬时空	刘科乐著	68.00	华龄
御定奇门宝鉴	郑同点校	58.00	华龄
御定奇门阳遁九局	郑同点校	78.00	华龄
御定奇门阴遁九局	郑同点校	78.00	华龄
奇门秘占合编：奇门庐中阐秘·四季开门	[汉]诸葛亮撰	68.00	华龄
奇门探索录	郑同编订	38.00	华龄
奇门遁甲秘笈大全	郑同点校	48.00	华龄
奇门旨归	郑同点校	48.00	华龄
奇门法窍	[清]锡孟樨撰	48.00	华龄
奇门精粹——奇门遁甲典籍大全	郑同点校	68.00	华龄
御定子平	郑同点校	48.00	华龄
增补星平会海全书	郑同点校	68.00	华龄
五行精纪：命理通考五行渊微	郑同点校	38.00	华龄
绘图三元总录	郑同编校	48.00	华龄
绘图全本玉匣记	郑同编校	32.00	华龄
周易初步：易学基础知识36讲	张绍金著	32.00	华龄
周易与中医养生：医易心法	成铁智著	32.00	华龄
梅花心易阐微	[清]杨体仁撰	48.00	华龄
梅花易数讲义	郑同著	58.00	华龄
白话梅花易数	郑同编著	30.00	华龄
梅花周易数全集	郑同点校	58.00	华龄
一本书读懂易经	郑同著	38.00	华龄
白话易经	郑同编著	38.00	华龄
知易术数学：开启术数之门	赵知易著	48.00	华龄
术数入门——奇门遁甲与京氏易学	王居恭著	48.00	华龄
周易虞氏义笺订（上下）	[清]李翊灼校订	78.00	九州

书　　名	作　者	定　价	版别
阴阳五要奇书	[晋]郭璞撰	88.00	九州
壬奇要略(全5册:大六壬集应钤3册,大六壬口诀纂1册,御定奇门秘纂1册)	肖岱宗郑同点校	300.00	九州
周易明义	邱勇强著	73.00	九州
论语明义	邱勇强著	37.00	九州
中国风水史	傅洪光撰	32.00	九州
古本催官篇集注	李佳明校注	48.00	九州
鲁班经讲义	傅洪光著	48.00	九州
天星姓名学	侯景波著	38.00	燕山
解梦书	郑同、傅洪光著	58.00	燕山

周易书斋是国内最大的易学术数类图书邮购服务的专业书店，成立于2001年，现有易学及术数类图书现货6000余种，在海内外易学研究者中有着巨大的影响力。通讯地址：北京市102488信箱58分箱　邮编：102488　王兰梅收。

1、学易斋官方旗舰店网址：xyz888.jd.com　微信号：xyz15652026606
2、联系人：王兰梅　电话：13716780854，15652026606，(010) 89360046
3、邮购费用固定，不论册数多少，每次收费7元。
4、银行汇款：户名：**王兰梅**。
　　邮政：601006359200109796　农行：6228480010308994218
　　工行：0200299001020728724　建行：1100579980130074603
　　交行：6222600910053875983　支付宝：13716780854
5、QQ：（周易书斋2）2839202242；QQ群：（周易书斋书友会）140125362。

北京周易书斋敬启